天雲雙清

——趙熙胡薇元的翰墨因緣

重慶出版集團
重慶出版社

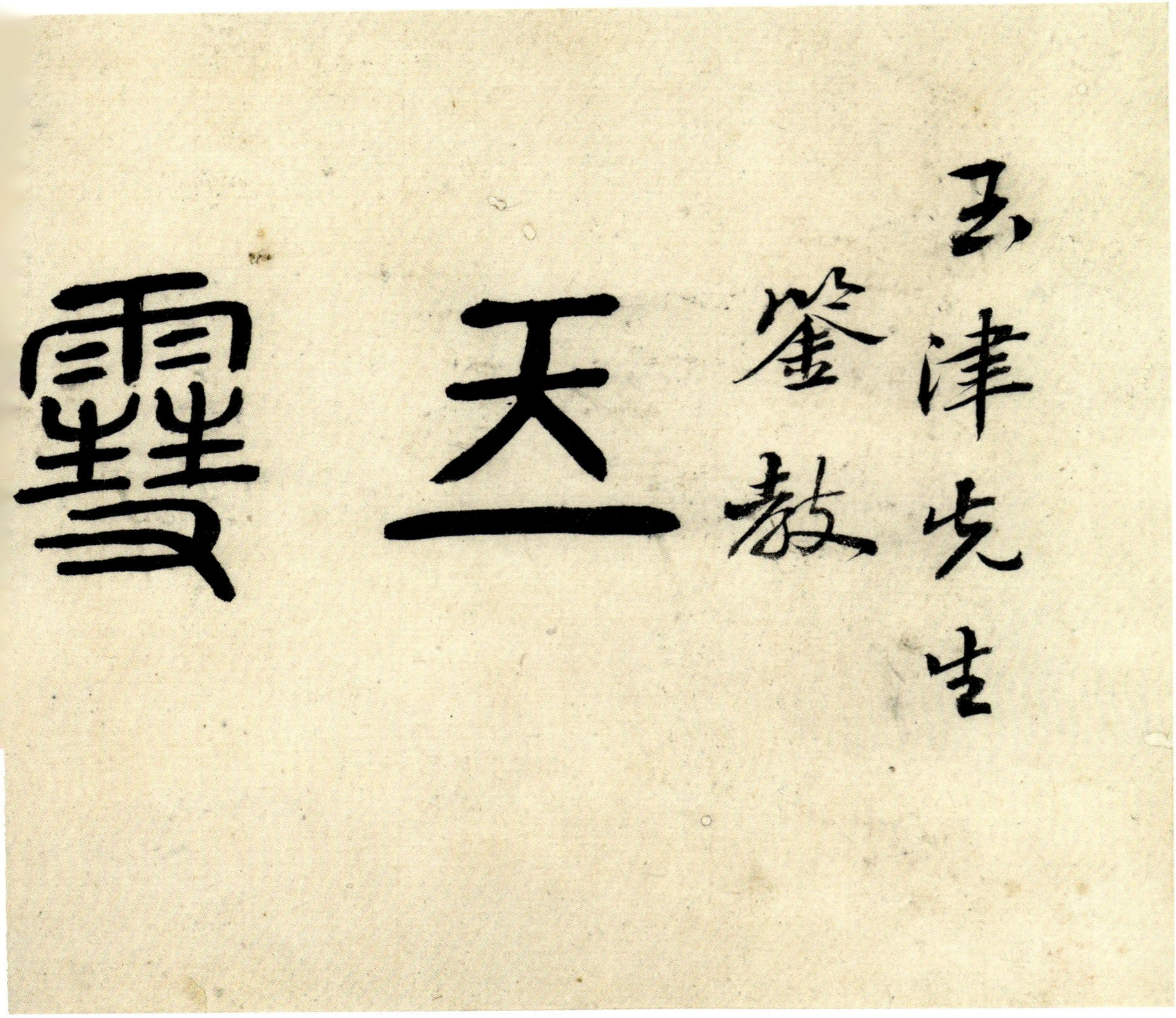

玉津先生
鑒教
玉
雪
雙
清
容秋黃安

雙清

容秋黄安

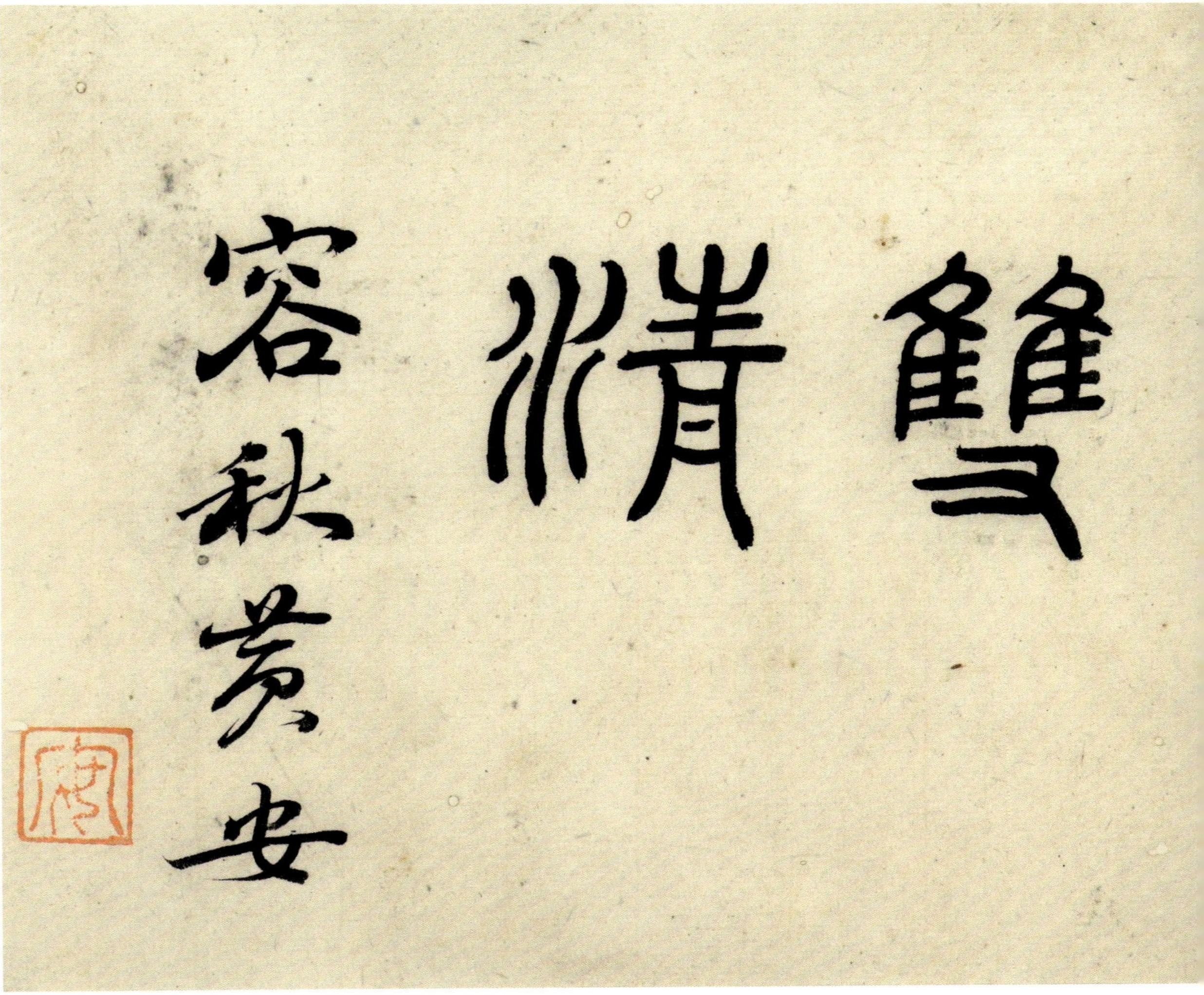

弁言

趙熙號香宋，四川榮縣人。幼年家貧，兄亮傭身以佽事畜，食恒不足，顧常以肩摩齒積之資，市餅餌器玩以獎弟。熙讀書之勤，一八九零年進士及第，歷官翰林院編修，江西道監察御史。為人骨鯁，剛直不畏強禦。兩湖總督楊文鼎侵田斂產，玩法行賄；四川總督趙爾巽掊剋百姓，民不堪命；郵傳部大臣盛宣懷欲強收四川鐵路為國有，而暗賣主權與英夷。皆糾舉彈劾，直聲大震。時康有為、梁啟超名振一時，顧獨景仰趙熙，梁更執弟子禮。熙自奉儉約，寡交遊，惟與劉光第、江春霖輩相友善，以大節相期勉。江以直諫罷歸，劉殉戊戌政變之難，熙憂國傷情，哭之忱慟。熙博雅多才，詩文書畫詞曲，無一不工。詞與王半塘齊名，詩才敏捷，斗酒百篇。為文藝一空依傍，獨具創見。重視戲劇改革，改編情探，膾炙人口。川劇得楊升庵、李調元展翅於前，趙堯生、黃吉安、尹仲錫、冉樵子羽翼於後，推陳出新，大放異彩。辛亥革命後，四川軍閥混戰，熙感時傷世，大聲疾呼，詩詞中有『新鬼多於人數』，與『豆煮箕燃，海外鯨牙，怒濤風起』之句，不啻人民喉舌。然亦有『馬鬣新封乾净，是先朝皇土』之句，則為其階級歷史局限之所使然。此册所集，為趙熙與其師胡玉津於軍閥混戰，流彈飛驚之時，郵牋詶唱，未經刊刻之手稿。惜郭沫若先生裒輯刊印趙堯生詩集時，未及見也。癸巳夏，江友樵補記珎臧。

趙熙號香宋四川榮縣人幼年家貧兄亮傭身以供事畜食恆不足顧常以肩摩齒積之資市餅餌器玩以獎弟熙讀書之勤一八九零年進士及第歷官翰林院纂修江西道監察御史為人骨鯁剛直不畏強禦兩湖總督楊文鼎侵田畝產玩法行賄四川總督趙爾巽剖剋百姓民不堪命郵傳部大臣盛宣懷欲強收四川鐵路為國有而賣主權與英美時糾舉彈劾直聲大震時康有為梁啟超名振一時顧獨敬仰趙熙梁更執弟子禮熙自奉儉約寡交游惟與劉光第江春霖輩相友善以大節相期勉江以直諫罷歸劉殉戊戌政變之難熙憂國傷情哭之慟熙博雅多才詩文書畫詞

一空依傍獨具隻眼見重現戲劇改革改編情採膾炙人口川劇潯陽什菴李調元展翅於前趙堯生黃吉安尹仲錫冉樵子羽翼於後推陳出新大放異彩辛亥革命後四川軍閥混戰熙感時傷世大聲疾呼詩詞中有新鬼多於人數與豆煮萁燃海外鯨牙怒濤風起之句不啻人民喉舌然亦有馬鬣新封乾淨是先朝皇土之句則為其階級歷史局限之所使然此冊所集為趙熙與其師胡玉津於軍閥混戰流彈飛驚之時郵牋酬唱未經刊刻之手稿惜郭沫若先生裒輯刊印趙堯生詩集時未及見也 癸巳夏 江友樵補記珍藏

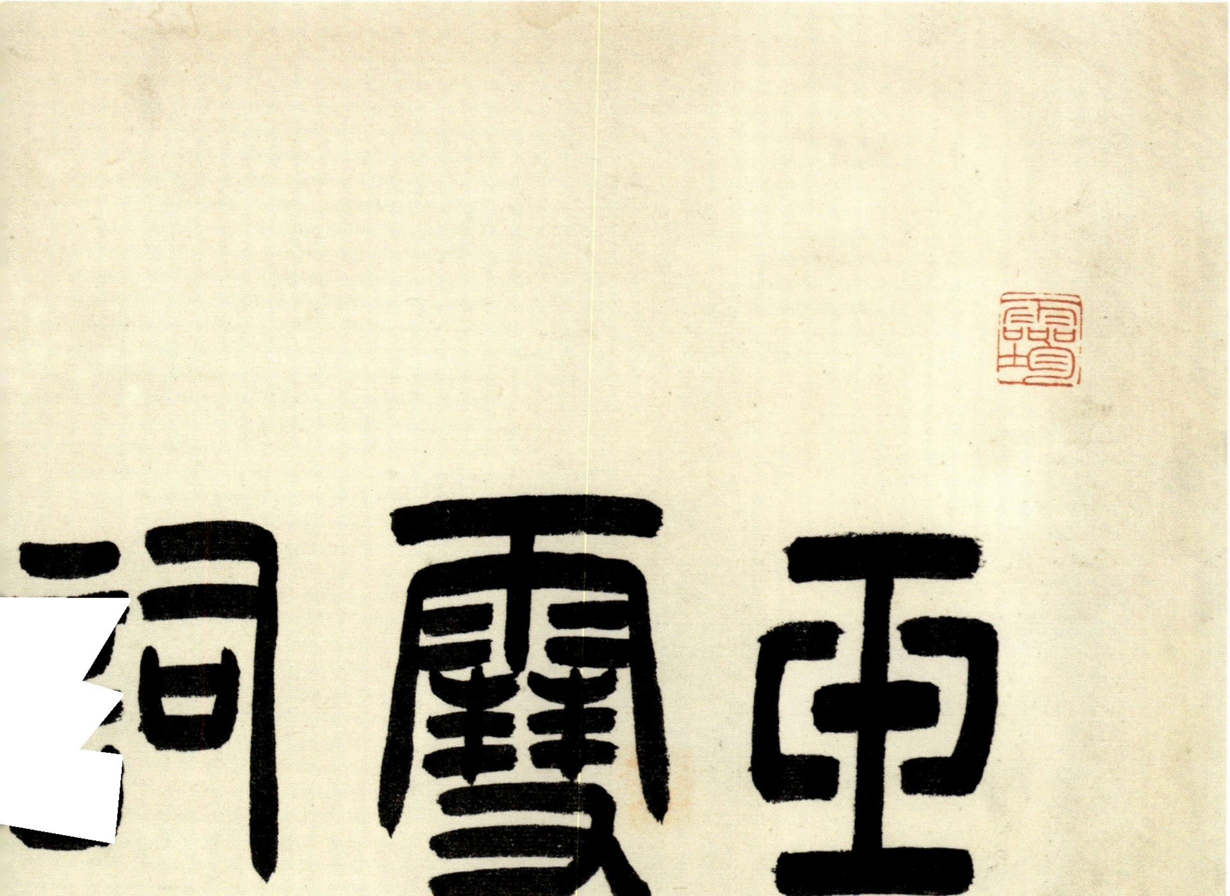

璧合翰詞雪玉

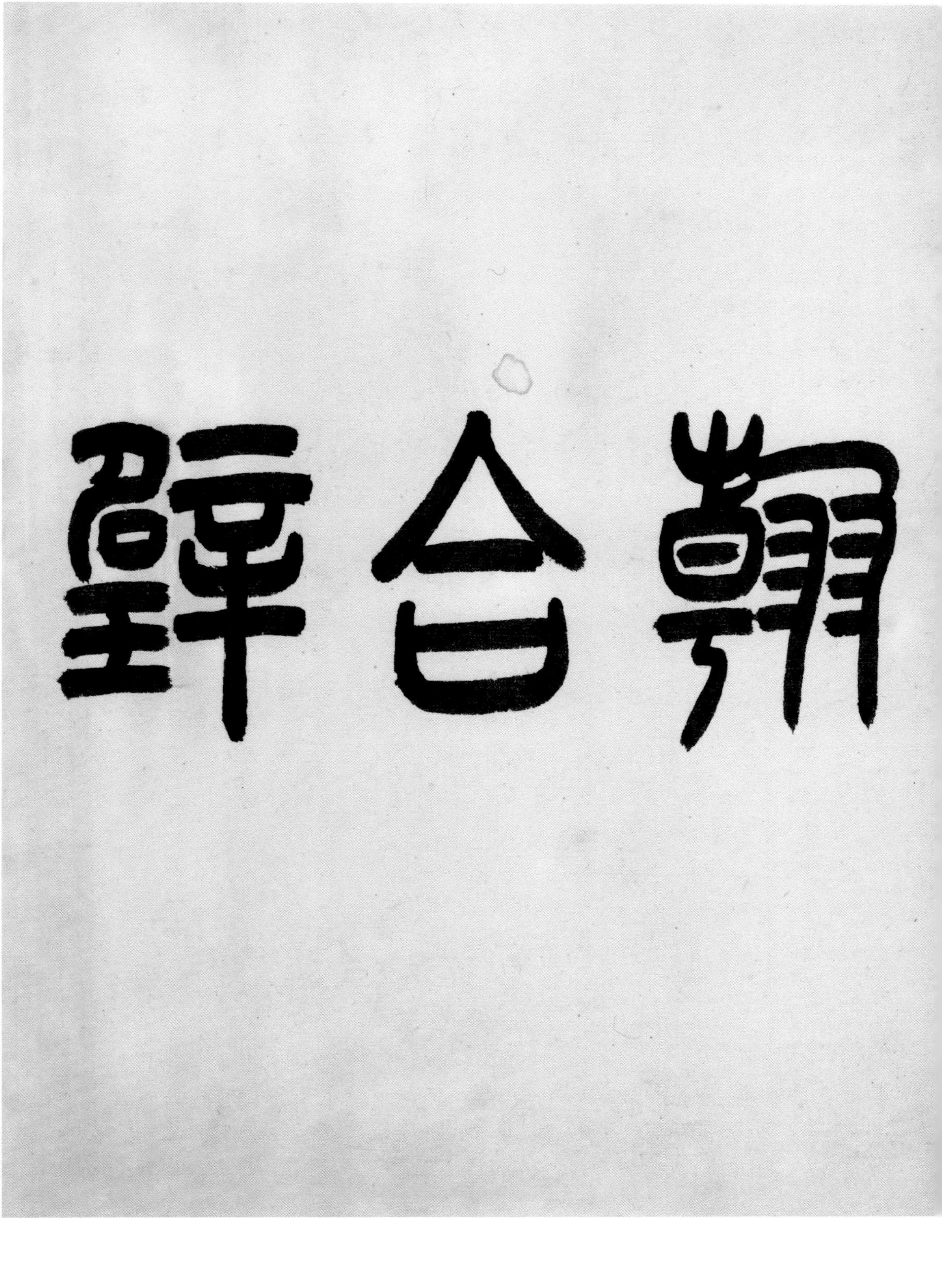

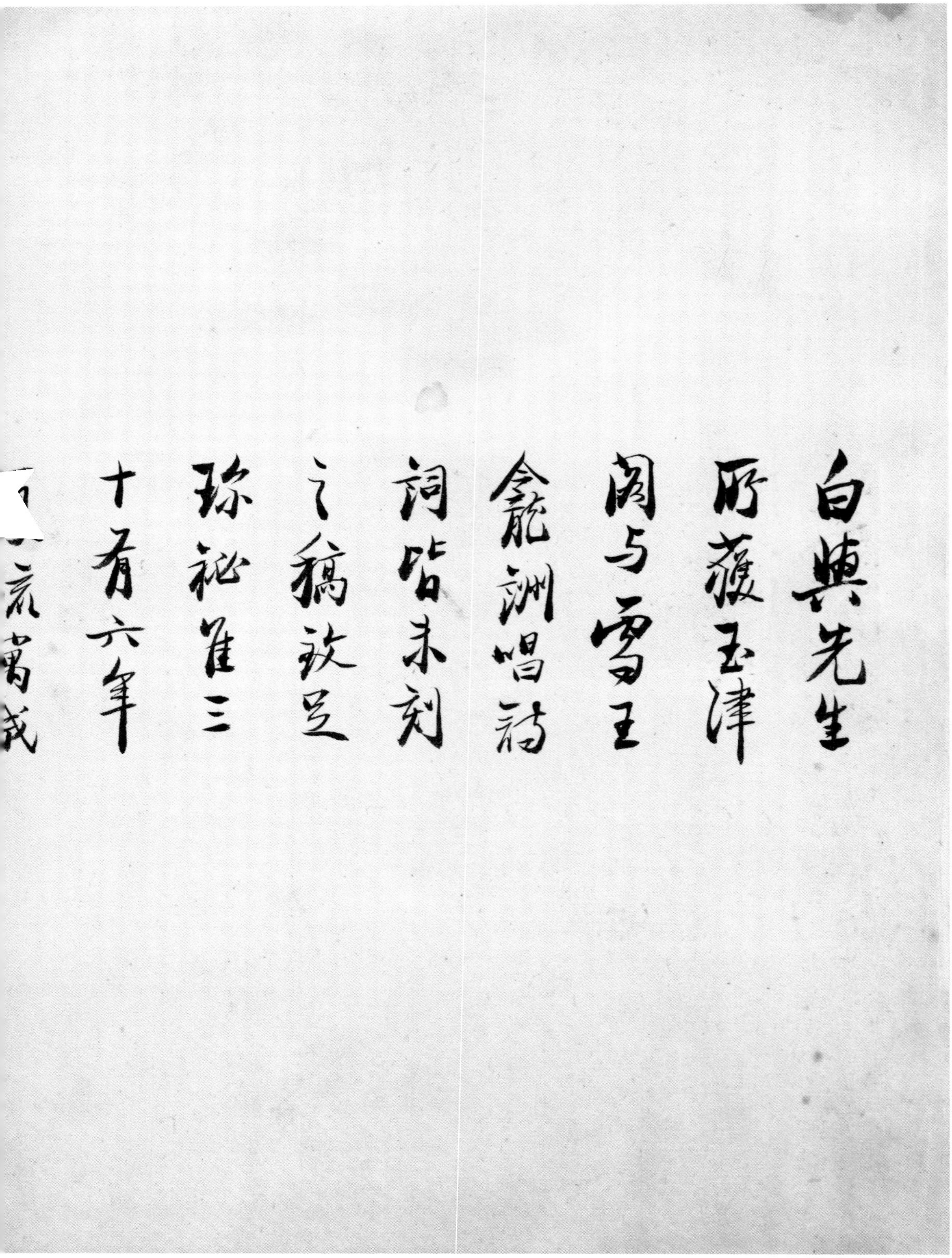

白與先生所獲玉津閣與雪王龕詶唱詩詞，皆未刻之稿，致足珎秘。唯三十有六年夏，流寓成都，假讀月餘，為篆首歸之。

滄浪散人易忠籙。

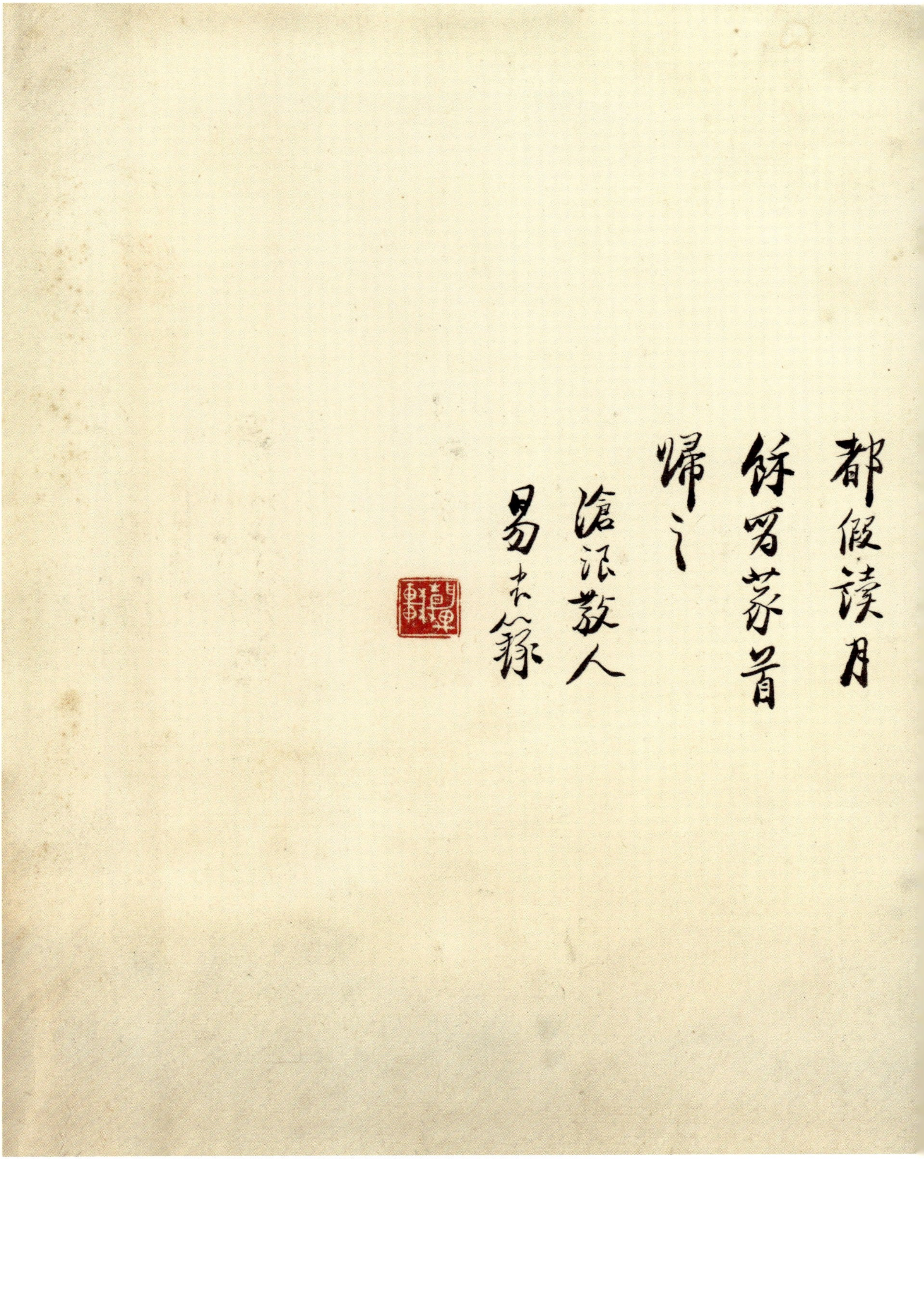
都假讀月
餘寫蔡首
歸之
滄浪散人
易未心錄

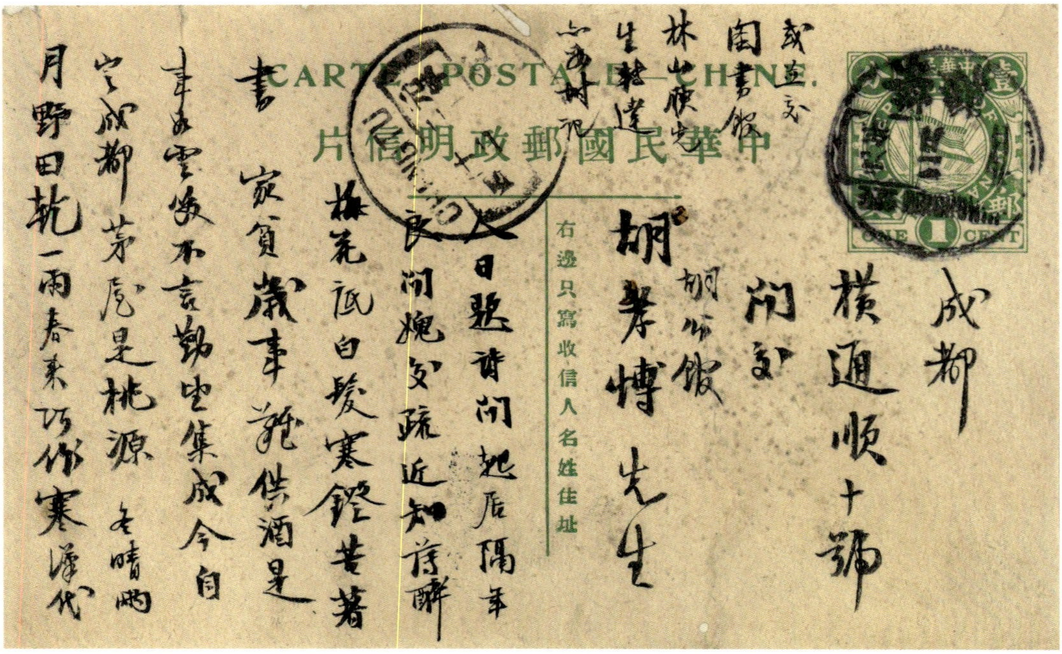

成都
橫通順十號
問交
胡公館
胡孝博 先生

或並交
圖書館
林山腴先
生轉達，
亦妥。拊記。

人日題詩問起居，隔年
良問媿交疏。近知薄醉
梅花底，白髮寒鐙苦著
書。家貧歲事難供酒，是
事如雲笑不言。勤望集成今白
定，成都茅屋是桃源。冬晴兩
月野田乾，一雨春來巧作寒。漢代

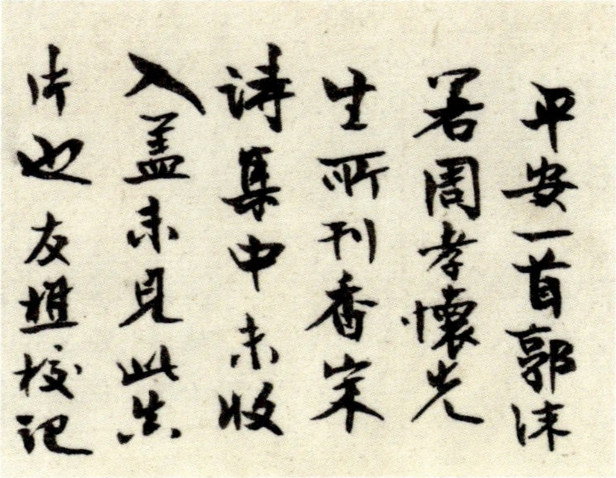

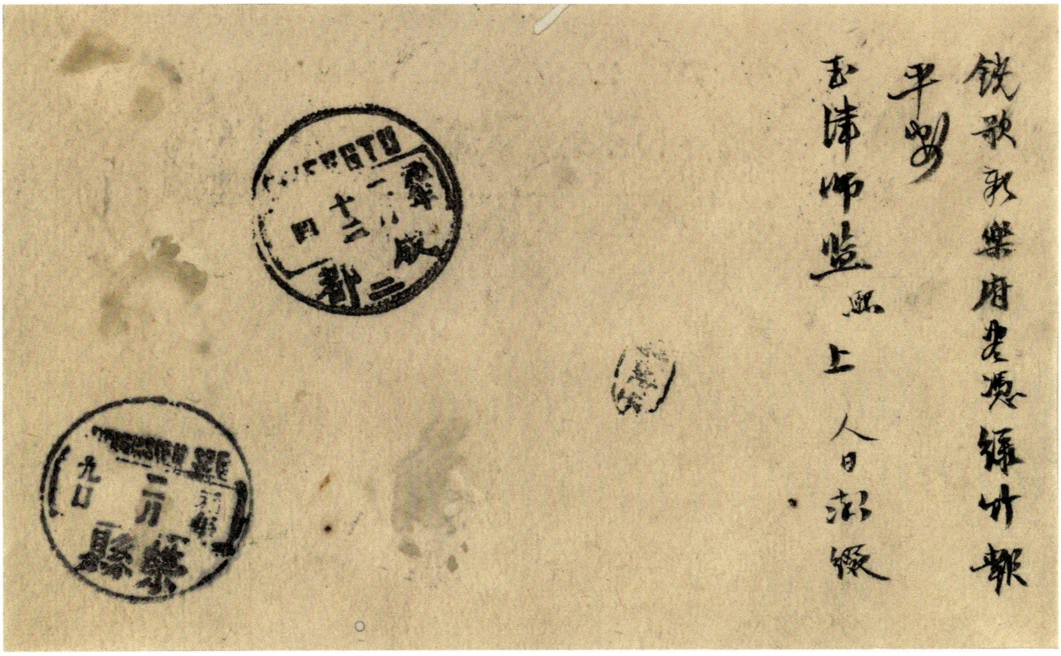

鐃歌新樂府，盡憑綠竹報
平安。
玉津師監。熙上。人日率綴。

平安一首，郭沫
若、周孝懷先
生所刊香宋
詩集中未收
入，蓋未見此真
片也。友樵校記。

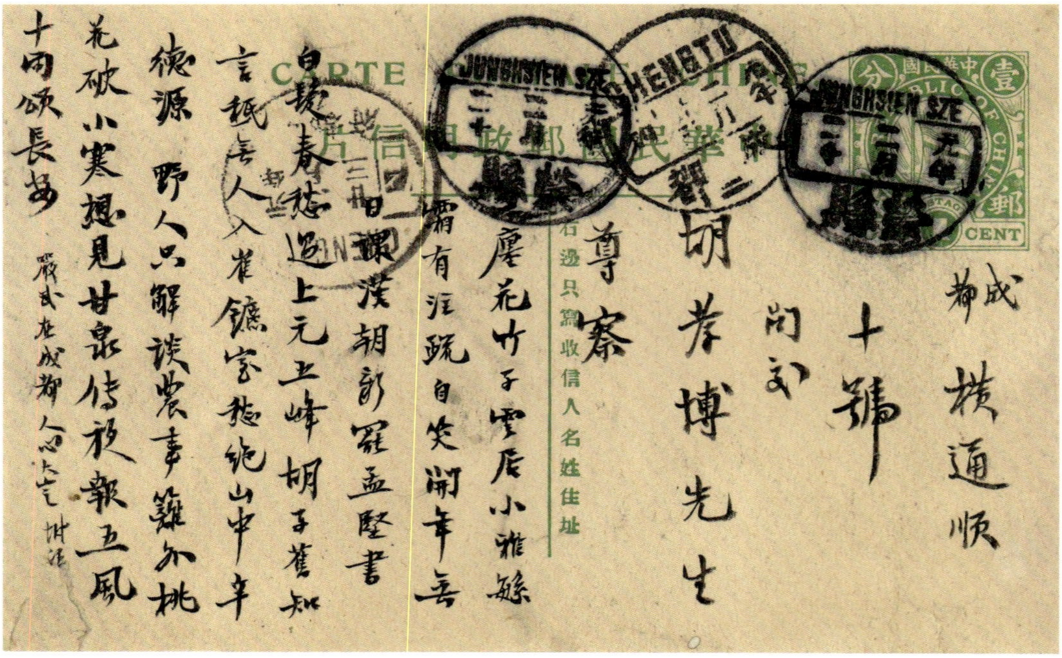

成都 橫通順
十號
問交
胡孝博 先生
尊察
一塵花竹子雲居，小雅緜
霜有注疏。自笑開年無
日課，漢朝新罷孟堅書。
白髮春愁過上元，五峰胡子舊知
言。秖無人入崔鑣室，愁絕山中辛
德源。野人只解談農事，籬外桃
花破小寒。想見甘泉傳夜報，五風
十雨頌長安。嚴武在，成都人心大定。坿注。

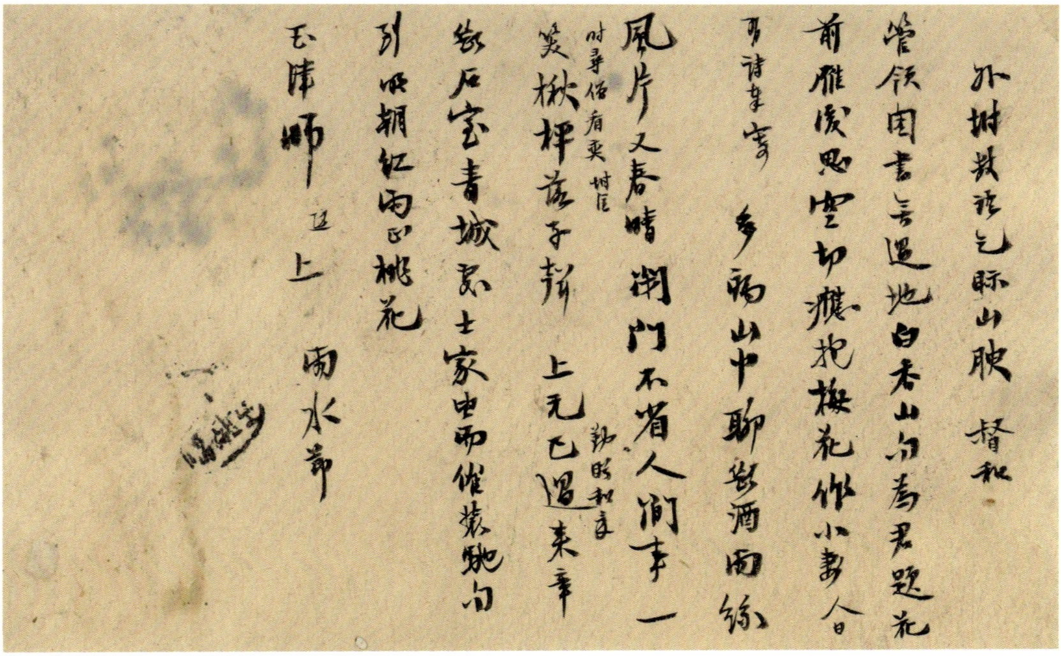

外坩數語，乞睎山腴 督和。
管領圖書無過地，白香山句為君題。花
前雁後思空切，應抱梅花作小妻。人日有詩奉寄。
多病山中聊斷酒，雨絲
風片又春晴。閉門不省人間事，一
笑楸枰落子聲。時尋僧看弈。坩注。上元已過來章
斷，勤昐和示。石室青城處士家。望而催裝馳句
到，明朝紅雨正桃花。
玉津師。熙上。雨水節。

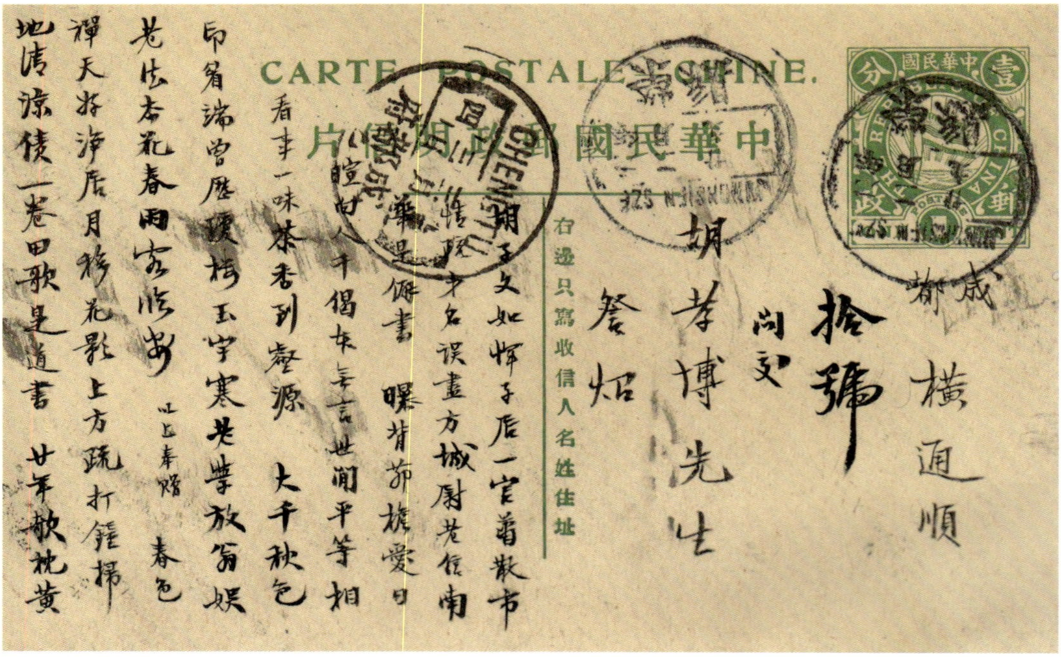

成都横通順
拾號
問交
胡孝博 先生
答炤

胡子文如惲子居，一官蕭散市
情疏。才名誤盡方城尉，老信南
華是僻書。 曝背茆簷愛日
暄，向人千偈本無言。世間平等相
看事，一味茶香到壑源。 大千秋色
印眉端，曾歷瓊樓玉宇寒。老學放翁娱
老法，杏花春雨客臨安。以上奉贈。春色
禪天好靜居，月移花影上方疏。打鐘掃
地清涼債，一卷田歌是道書。 廿年欹枕黃

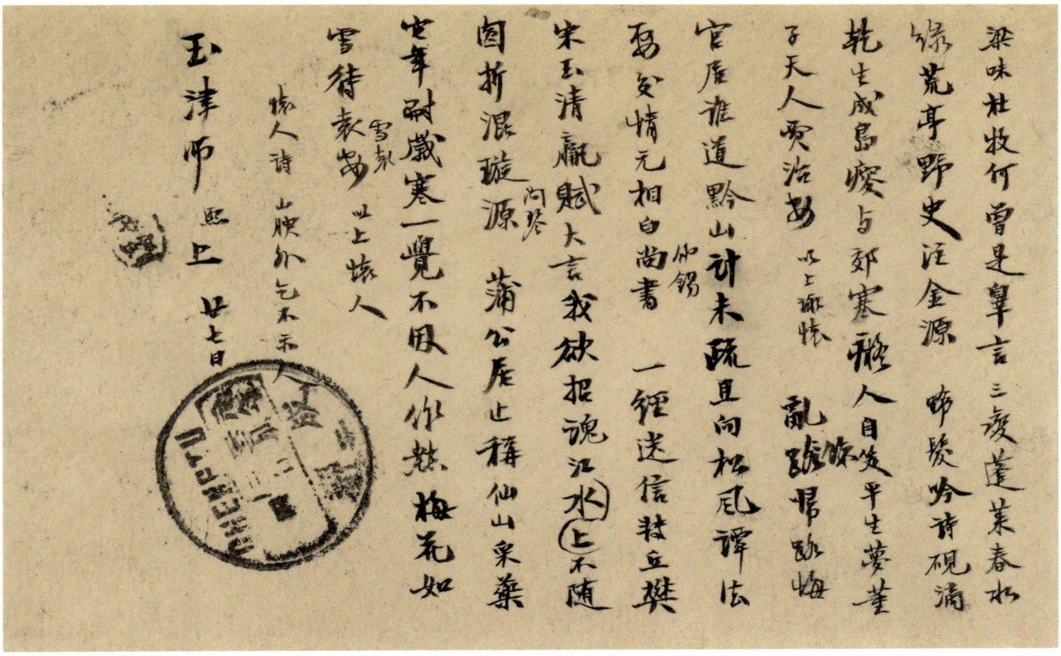

梁味，杜牧何曾是皐言。三變蓬萊春水綠，荒亭野史注金源。晞髮吟詩硯滴乾，生成島瘦與郊寒。癡人自笑平生夢，董子天人賈治安。以上詠懷。亂餘歸路悔官居，誰道黔山計未疏。且向松風譚法要，交情元相白尚書。仲錫。一經迷信轉丘樊，宋玉清羸賦大言。我欲招魂江上水，不隨圓折混璇源。問琴。蒲公居止稱仙山，采藥它年耐歲寒。一覺不因人作熱，梅花如雪待袁安。雪袁。以上懷人。

懷人詩，山腴外乞不示人。

玉津師。熙上。廿七日。

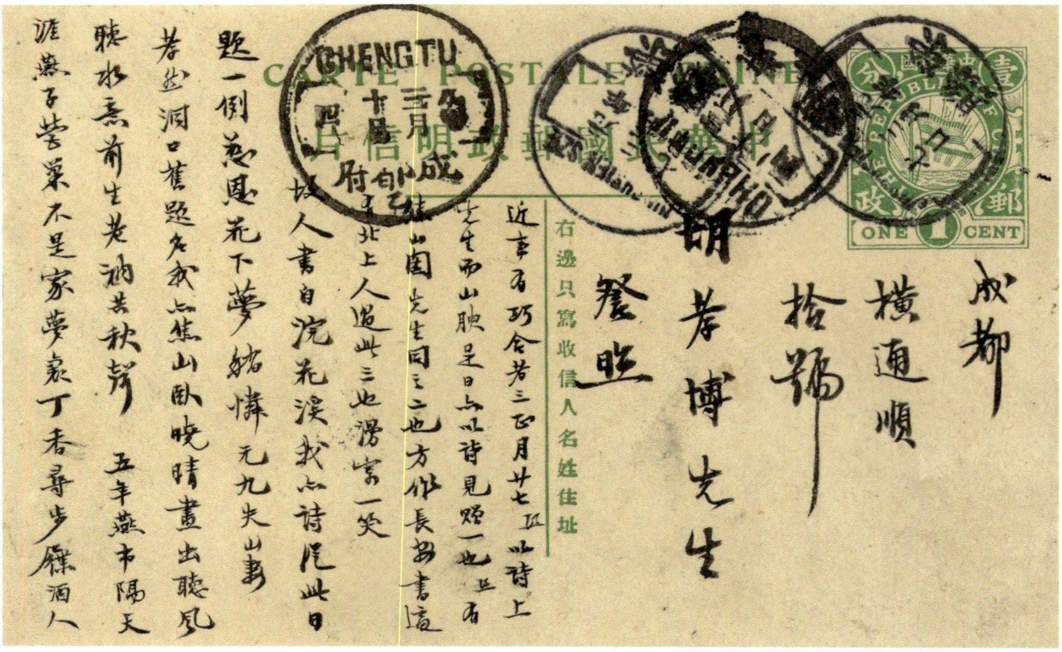

成都
橫通順
拾號
胡孝博 先生
詧照

近事有巧合者三。正月廿七，熙以詩上
先生，而山腴是日亦以詩見贈，一也。熙有
焦山圖，先生同之，二也。方作長安書，適
有北人過此，三也。漫寄一笑。
故人書自浣花溪，我亦詩從此日
題。一例慈恩花下夢，稍憐元九失山妻。
孝然洞口舊題名，我亦焦山臥曉晴。畫出聽風
聽水意，前生老衲共秋聲。五年燕市隔天
涯，燕子營巢不是家。夢裏丁香尋步屧，酒人

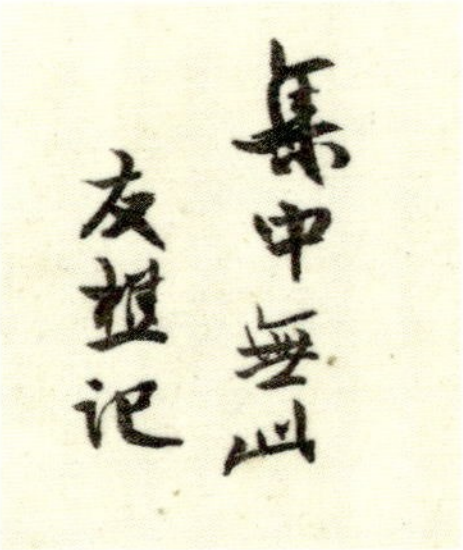

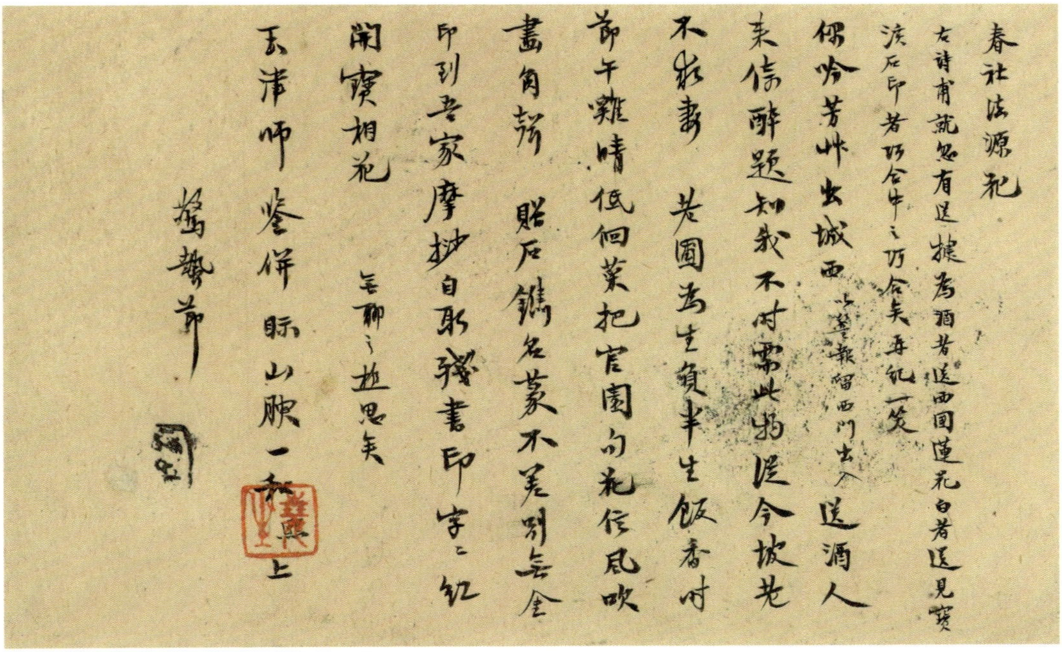

集中無此。
友樵記。

春社法源花。
右詩甫就，忽有送犍為酒者，送西國蓮花白者，送見寶
溪石印者，巧合中之巧合矣。再紀一笑。
偶吟芳草出城西，以警報，留西門出入。送酒人
來倚醉題。知我不時需此物，從今坡老
不求妻。老圃為生負半生，飯香時
節午雞晴。低佪菜把官園句，花信風吹
畫角聲。贈石鐫名篆不差，別無金
印到吾家。摩抄自取殘書印，字字紅
開寶相花。無聊之樵思矣。
玉津師鑒，併阹山朠一和。熙上。鷲贄節。

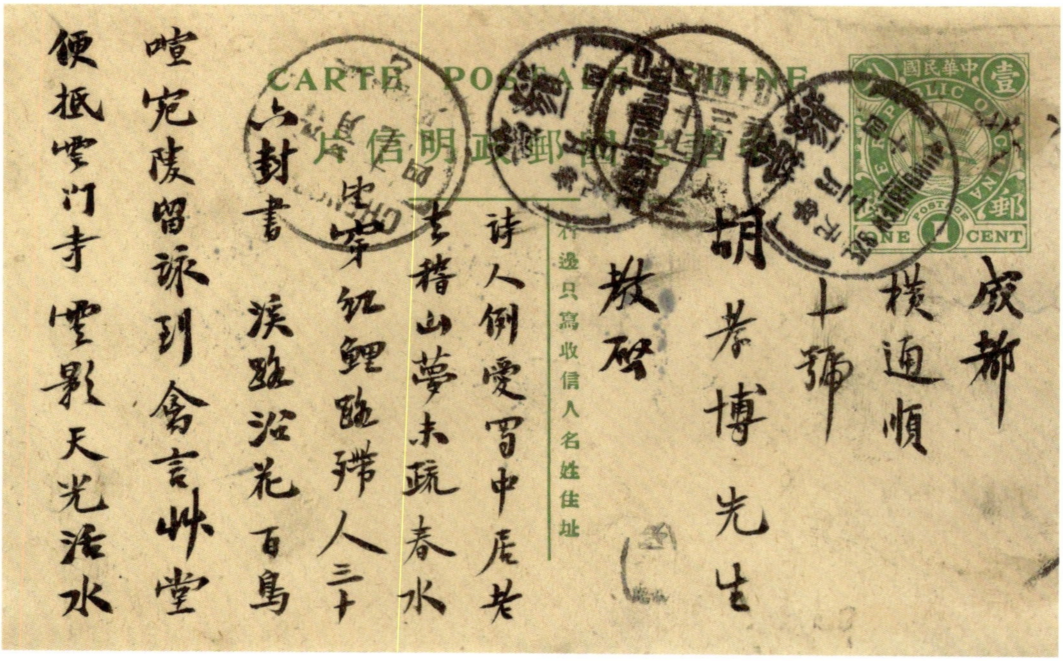

成都
橫通順
十號
胡孝博 先生
教啟

詩人例愛蜀中居，老
去稽山夢未疏。春水
望穿紅鯉路，螮人三十
六封書。 溪路沿花百鳥
喧，宛陵留詠到禽言。艸堂
便抵雲門寺，雲影天光活水

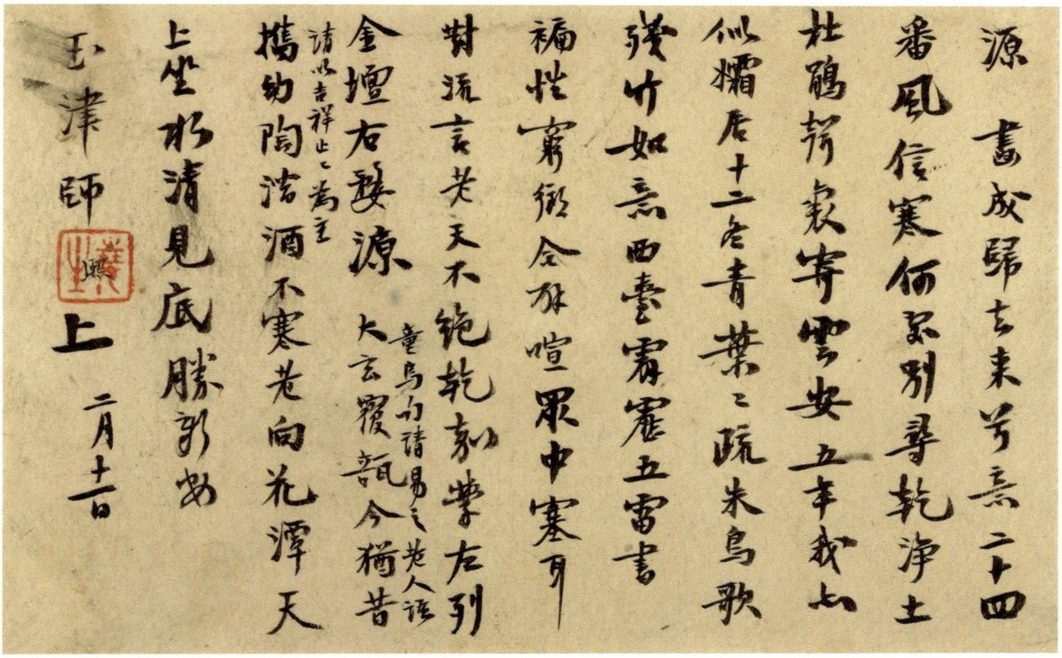

源。畫成歸去來兮意，二十四
番風信寒。何處別尋乾淨土，
杜鵑聲裏寄雲安。五年我亦
似孀居，十二冬青葉葉疏。朱鳥歌
殘竹如意，西臺霹靂五雷書。
褊性窮鄉今辟喧，眾中塞耳
對流言。老天不絕乾嘉學，左列
金壇右婺源。大玄覆瓿今猶昔，童烏句請易之，老人語
請以吉祥止止為主。攜幼陶潛酒不寒。老向花潭天
上坐，水清見底勝新安。
玉津師。熙上。二月十一日。

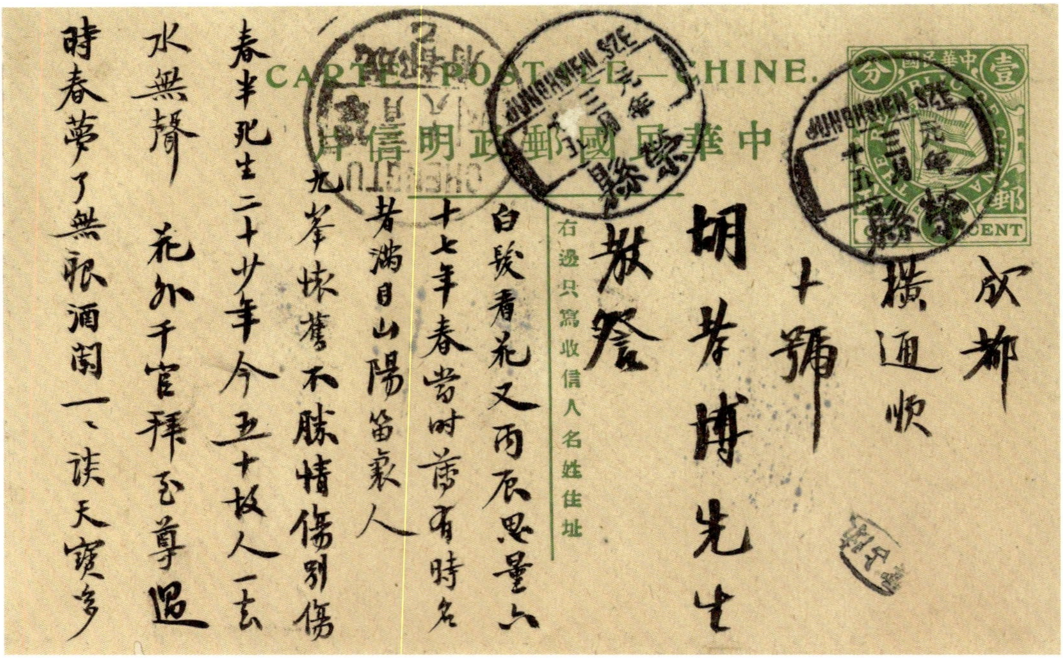

成都
橫通順
十號
胡孝博 先生
教啓

白髮看花又丙辰，思量六
十七年春。當時薄有時名
者，滿目山陽笛裏人。
九峰懷舊不勝情，傷別傷
春半死生。二十少年今五十，故人一去
水無聲。 花外千官拜至尊，過
時春夢了無痕。酒闌一一談天寶，多

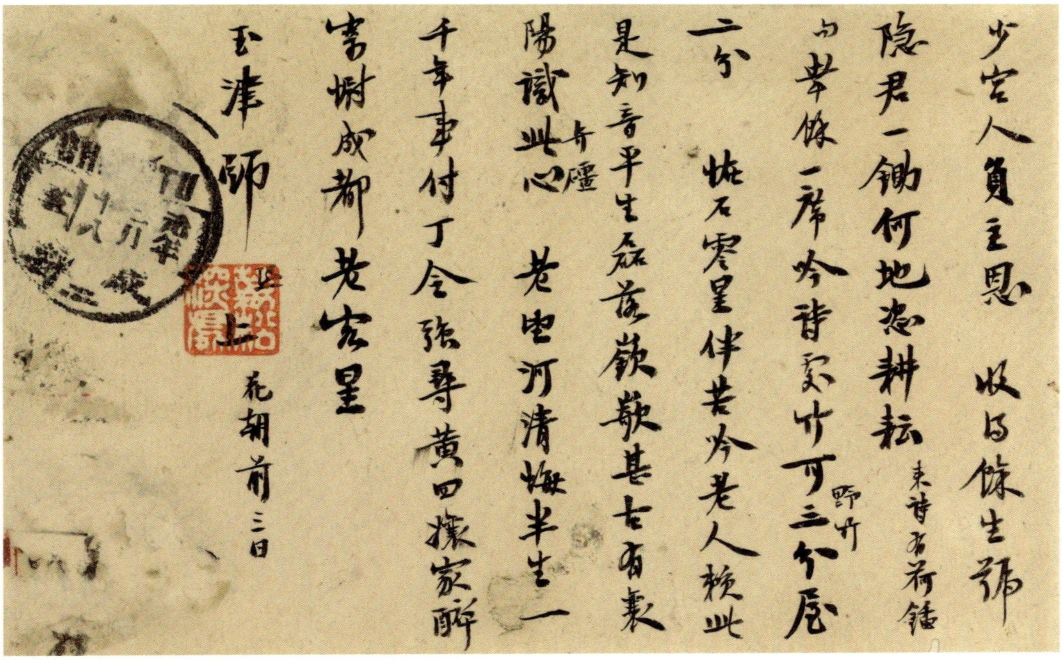

少宮人負主恩。收得餘生號
隱君，一鋤何地恣耕耘。來詩有荷鍤句。
幸餘一席吟詩處，竹可三分屋
二分。野竹。恠石零星伴苦吟，老人賴此
是知音。平生磊落嶔嵚甚，古有襄
陽識此心。奇礓。老望河清悔半生，一
千年事付丁令。強尋黃四孃家醉，
寄㦂成都老客星。
玉津師。熙上。花朝前三日。

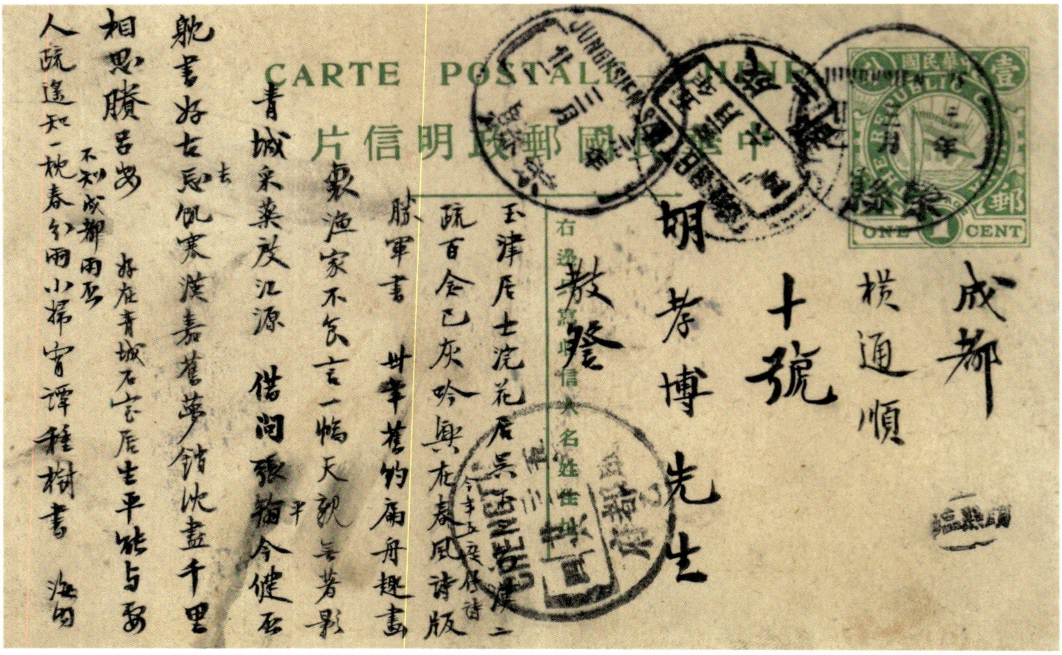

成都
橫通順
十號
胡孝博　先生
教誓

玉津居士浣花居，吳下三高漢二
疏。百念已灰吟興在，今年五度傳詩。春風詩版
勝軍書。卌年舊約扁舟趣，畫
裏漁家不食言。一幅天親無著影，
青城采藥度江源。借問張翰平今健否，
躭書好古忘去饑寒。漢嘉舊夢銷沈盡，千里
相思賸呂安。好在青城石室居，生平能與要
人疏。遙知一枕春分雨，不知成都雨否？小婦宵譚種樹書。　海內

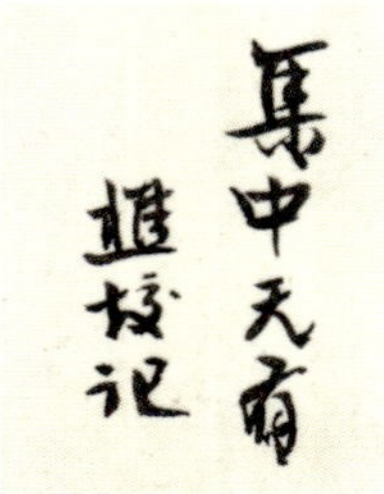

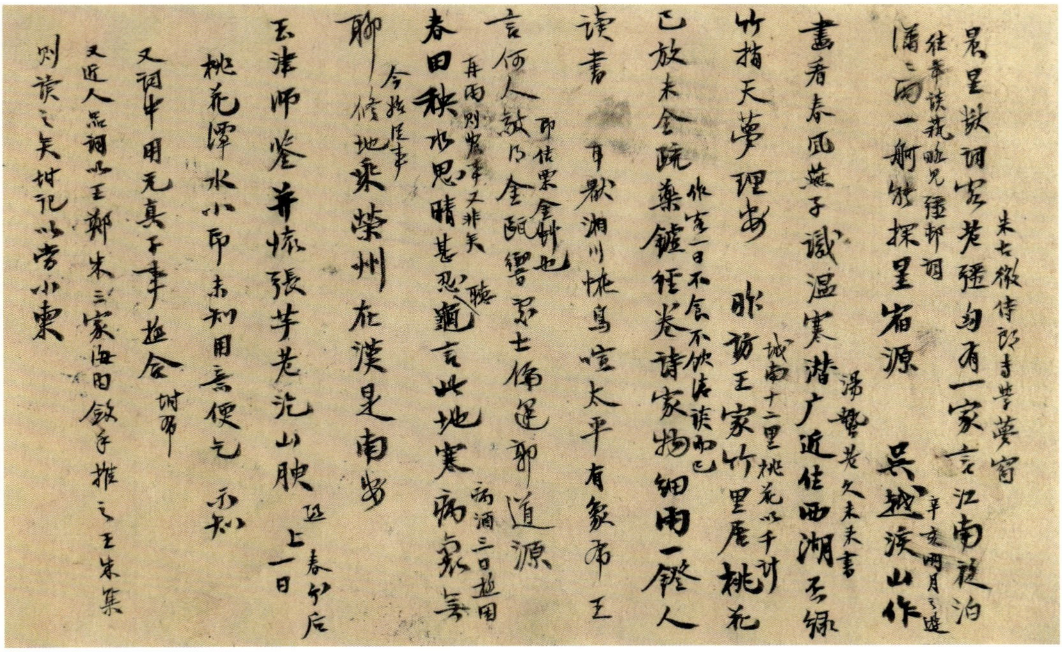

集中無有。
樵校記。

晨星數詞客，老彊匈有一家言。朱古微侍郎專學夢窗。江南夜泊瀟瀟雨，往年談藝，略見彊邨詞。一舸能探星宿源。吴越溪山作畫看，辛亥兩月之遊。春風燕子識溫寒。潛庵近住西湖否，湯蟄老久未來書。綠竹捎天夢理安。昨訪王家竹里居，城南十二里，桃花以千計。桃花已放未全疏。藥爐經卷詩家物，作客一日，不食不飲，清談而已。細雨一鐙人讀書。耳厭湘川怪鳥喧，太平有象布王言。何人敲得金甌響，即佶渠金艸也。處士偏逢郭道源。春田秧水思晴甚，再雨則農事又非矣。忍聽龜言此地寒。病裏無聊修地乘，病酒三日，極困。今始從事。滎州在漢是南安。玉津師鑒，并懷張芋老汔山胦。熙上。春分後一日。

桃花潭水小印，未知用意，便乞示知。

又，詞中用元真子事，極合。垨布。

又，近人品詞，以王、鄭、朱三家，海内斂手推之。王、朱集則讀之矣。垨記以當小柬。

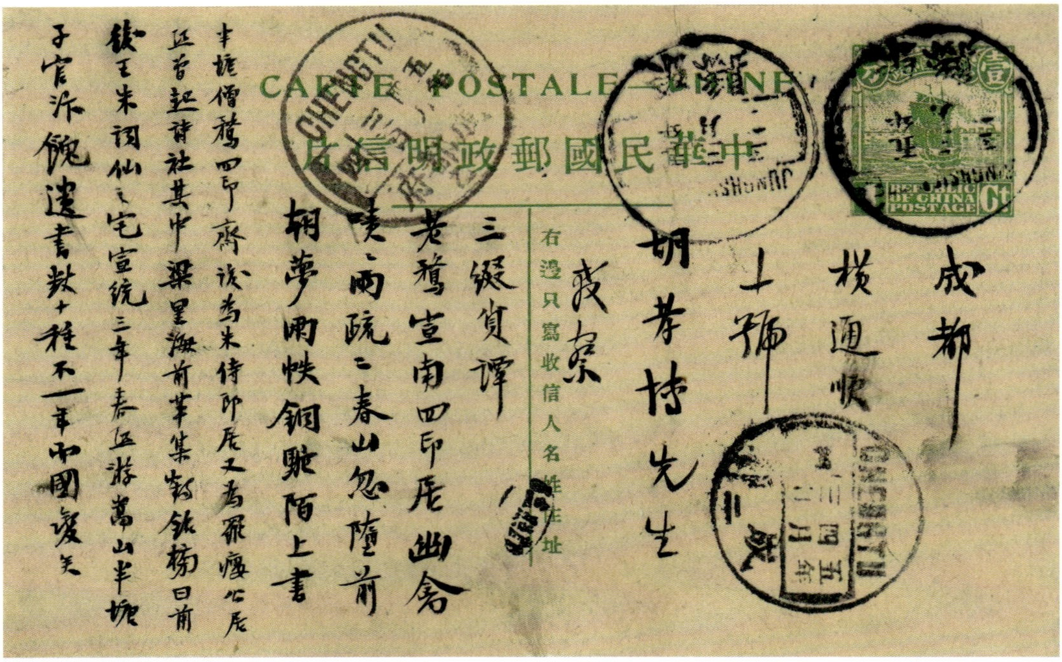

成都
橫通順
十號
胡孝博 先生
教察

三綴瑣譚
老鶩宣南四印居，幽禽
嘖嘖雨疏疏。春山忽墮前
朝夢，兩帙銅駝陌上書。

半塘僧鶩四印齋，後為朱侍郎居，又為羅癭公居，
熙曾起詩社其中，梁星海前輩集鶴銘榜曰：前
後王朱詞仙之宅。宣統三年春，熙遊嵩山，半塘
子官汴，饋遺書數十種，不一年而國變矣。

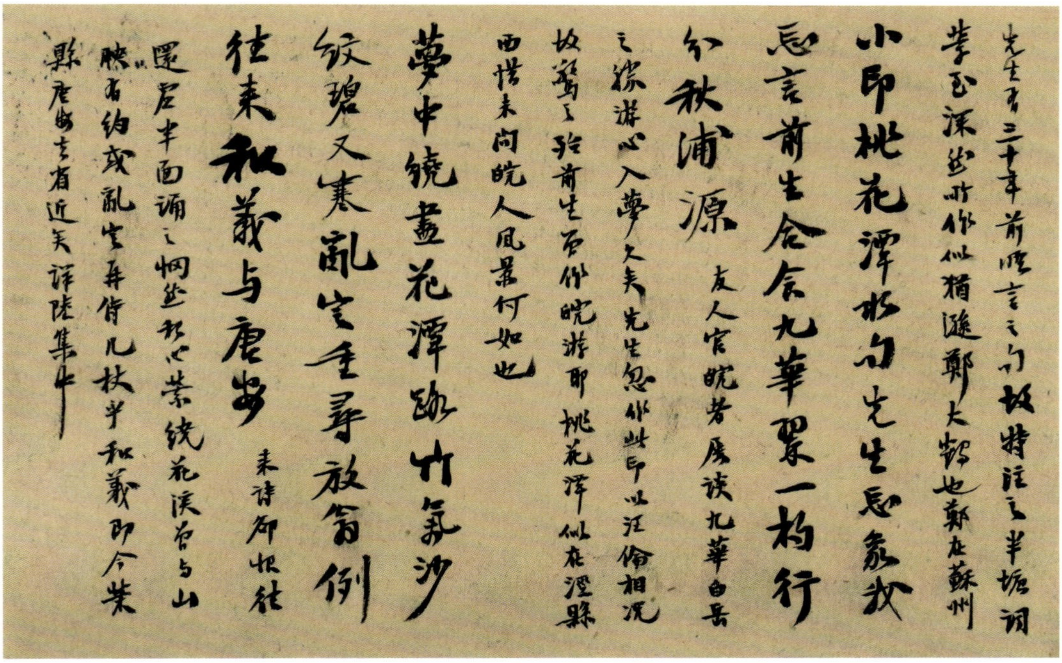

先生有三十年前晤言之句，故特注之。半塘詞學至深，然所作似猶遜鄭大鶴也。鄭在蘇州。

小印桃花潭水句，先生忘象我忘言。前生合食九華翠，一杓行分秋浦源。友人官皖者，屢談九華白岳之勝，遊心入夢久矣。先生忽作此印，以汪倫相況，故驚之，殆前生曾作皖遊耶。桃花潭似在涇縣西，惜未問皖人風景何如也。

夢中繞盡花潭路，竹氣沙紋碧又寒。亂定重尋放翁例，往來和義與唐安。來詩卻恨往還虛半面，誦之惘然。私心縈繞，花溪曾與山腴有約，或亂定再侍几杖乎。和義即今榮縣，唐安去省近矣。詳陸集中。

集中無此。

友樵記。

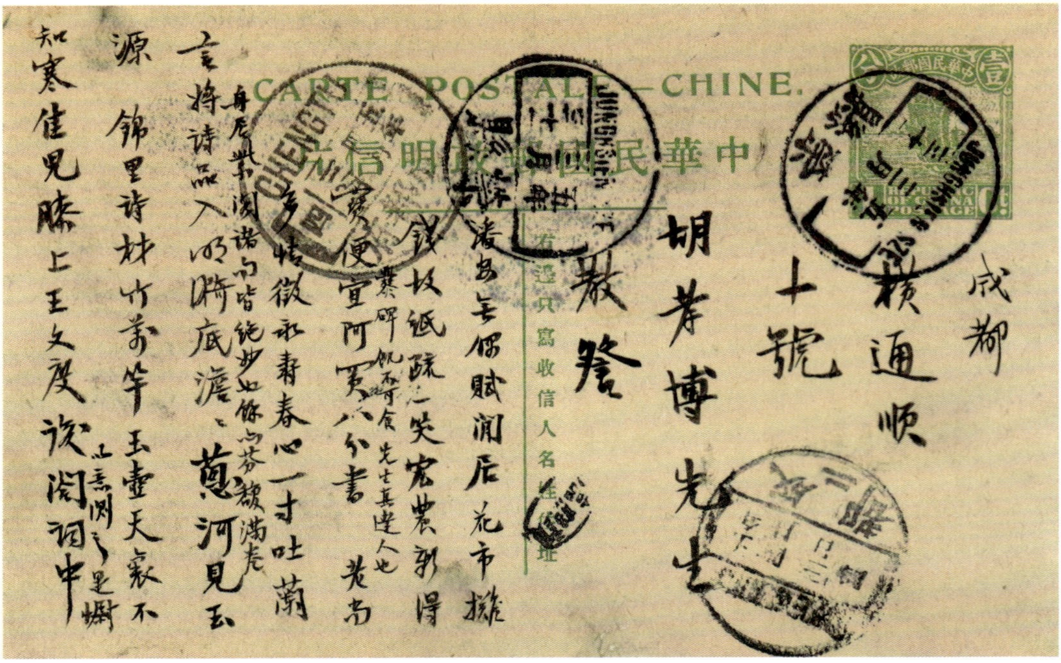

成都
横通順
十號
胡孝博 先生
教誓

潘安無偶賦閒居，花市攤
錢故紙疏。一笑宏農新得
寶，便宜阿買八分書。爨碑饑不可食，先生真達人也。老尚
多情徵永壽，春心一寸吐蘭
言。將詩品入明奇底，丹居、紫閣諸句皆絕妙也，餘亦芬馥滿卷。澹澹蔥河見玉
源。錦里詩材竹萬竿，玉壺大裏不
知寒。佳兒膝上王文度，後閤詞中

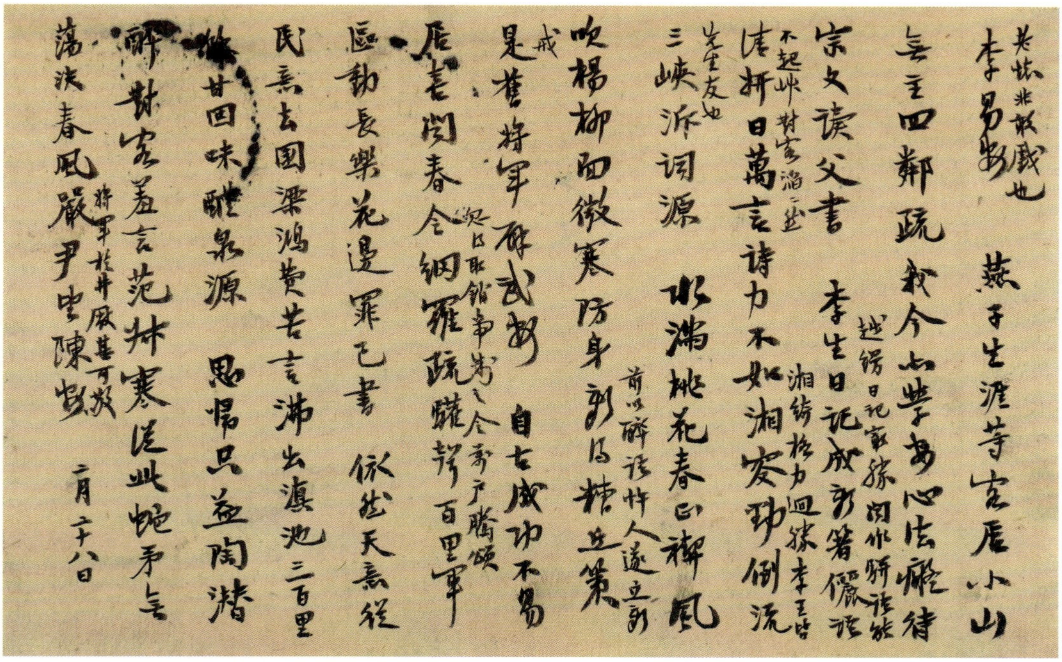

李易安。以意測之。是惻老懷，非敢戲也。燕子生涯等客居，小山
無主四鄰疏。我今亦學安心法，癡待
宗文讀父書。李生日記成新箸，儷語
清妍日萬言。越縵日記最勝，閒作駢語能不起艸，對客滔滔然。詩力不如湘安勁，湘綺格迥勝，李、王皆先生友也。倒流
三峽泝詞源。水滿桃花春正禊，風
吹楊柳面微寒。防身新得槽丘策，前以醉語忤人，遂立新戒。
是舊將軍辟武安。自古成功不易
居，喜聞春令網羅疏。忽得取銷帝制之令，萬戶騰頌。驩聲百里軍
區動，長樂花邊罪己書。依然天意從
民意，去國粱鴻費苦言。沸出滇池三百里，
餘甘回味醴泉源。思歸只益陶潛
醉，對客羞言范叔寒。從此蛇矛無
蕩決，春風嚴尹望陳安。將軍於井廠，甚可敬。二月二十八日。

集中無。
樵記。

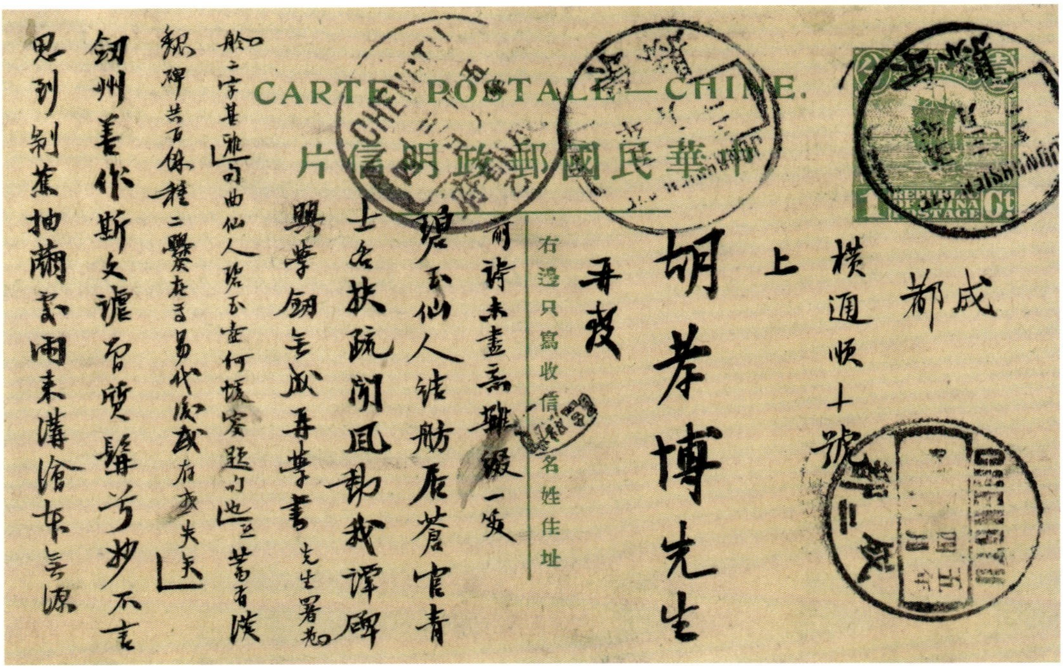

成
都
橫通順十號
上
胡孝博 先生
再教

前詩未竟意，雜綴一笑。
碧玉仙人結舫居，蒼官青
士各扶疏。聞風動我譚碑
興，學劍無成再學書。先生署老
舲二字甚雅。」句曲仙人碧玉壺，何蝯叜題句也。」熙著有漢
魏碑共百餘種，二爨在前易代後，或存或失矣。」
劍州善作斯文謔，曾質髯兮妙不言。
思到剝蕉抽繭處，雨來溝澮本無源。

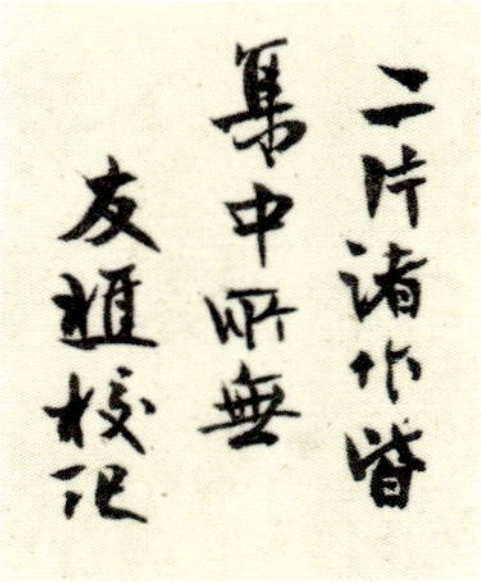

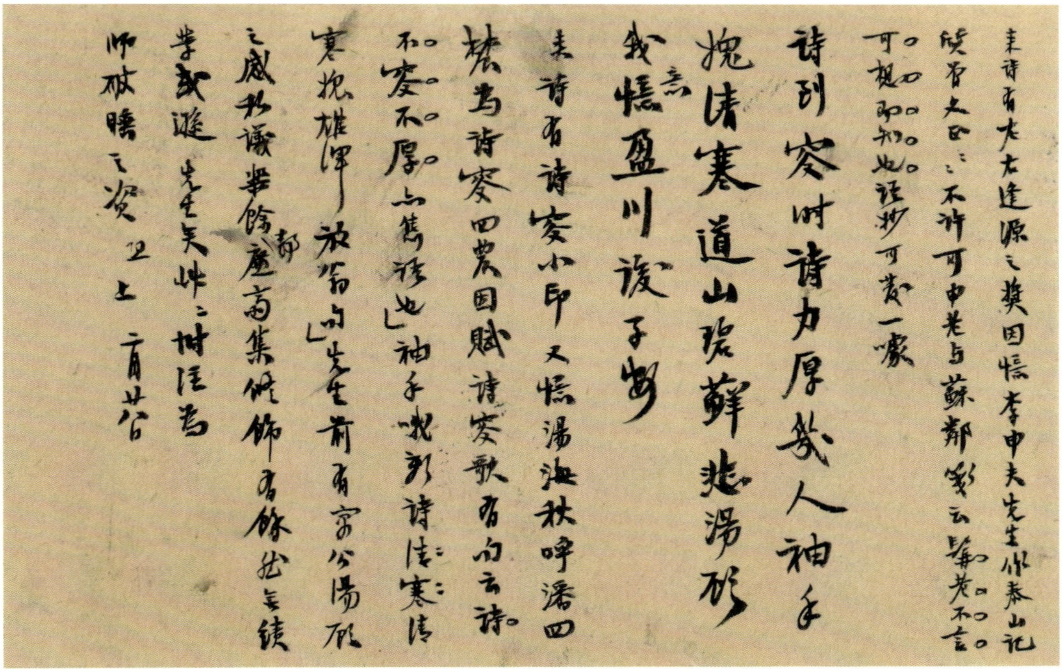

來詩有左右逢源之獎。因憶李申夫先生作泰山記，質曾文正，曾文正不許可。申老與蘇鄰箋云：髯老不言，可想而知也。語妙，可發一噱。

詩到安時詩力厚，幾人袖手媿清寒。道山碧鮮悲湯顧，我意盈川後子安。

來詩有詩安小印。又憶湯海秋呼潘四農為詩安，四農因賦詩安歌，有句云：詩不安不厚。亦雋語也。」袖手哦新詩，清寒媿雄渾。放翁句。」先生前有寓公湯顧之感，私議樂餘靜廉齋集，修飾有餘，然無績學，或遜先生矣。艸艸坿注，為師破睡之資。熙上。二月廿八日。

二片諸作，皆集中所無。友樵校記。

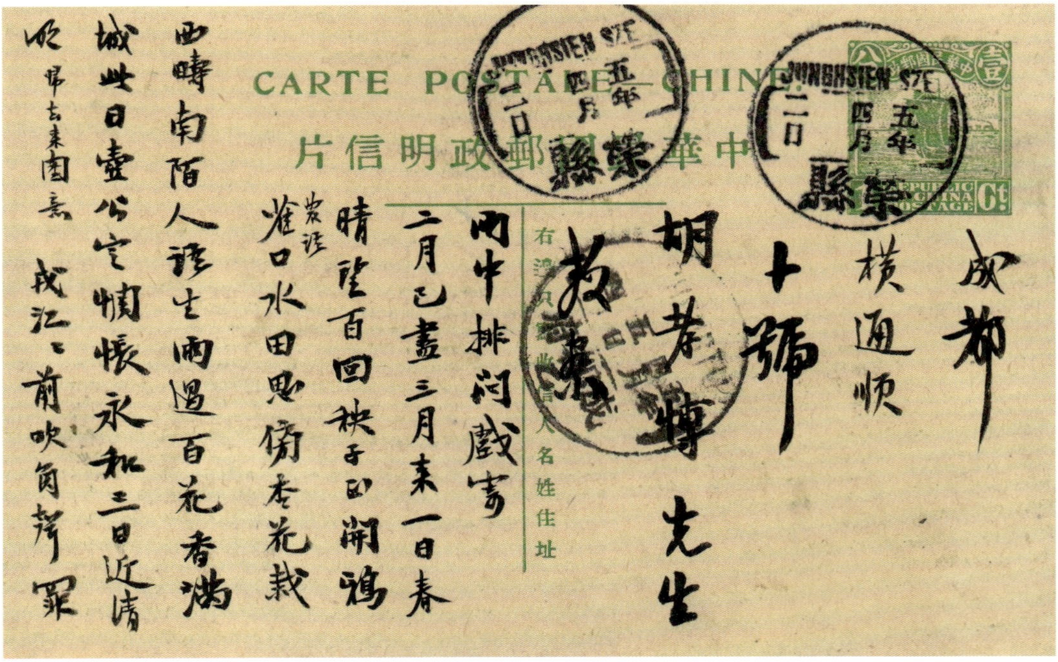

成都
橫通順
十號
胡孝博 先生
教察

雨中排悶戲寄。
二月已盡三月來，一日春
晴望百回。秧子正開鴉
雀口，農語。水田思傍杏花栽。
西疇南陌人語生，雨過百花香滿
城。此日壺公定惆悵，永和三日近清
明。歸去來圖意。戎江江前吹角聲，罪

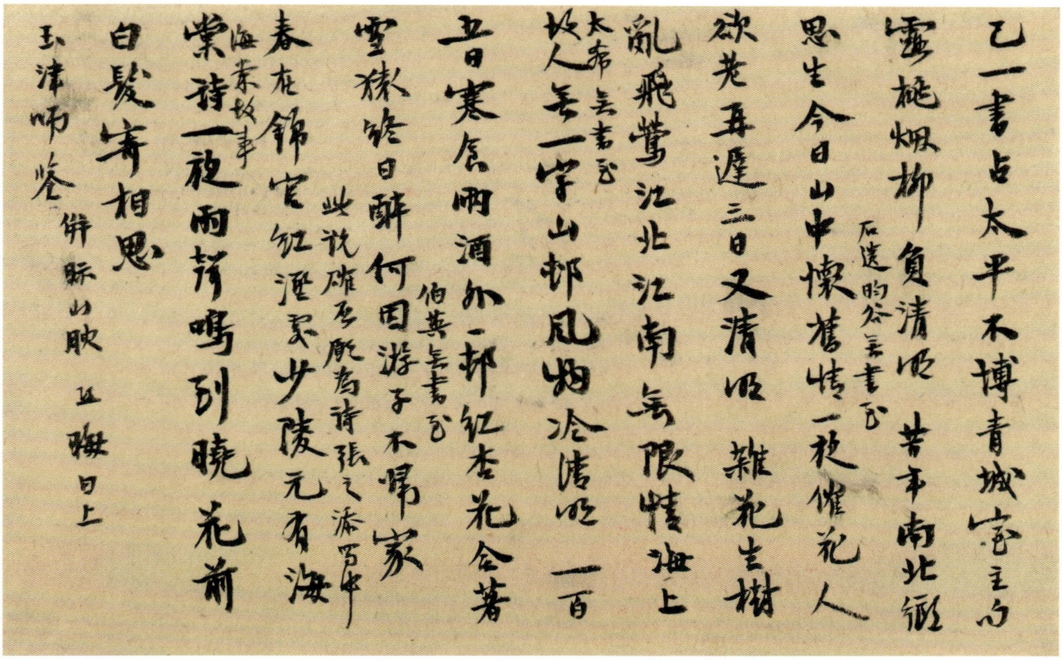

己一書占太平。不博青城室主句，
露桃烟柳負清明。昔年南北鄉
思生，今日山中懷舊情。石遺、昀谷無書至。一夜催花人
欲老，再遲三日又清明。雜花生樹
亂飛鶯，江北江南無限情。海上
故人無一字，太希無書至。山郵風物冷清明。一百
五日寒食雨，酒外一郵紅杏花。合著
雪猿終日醉，何因游子不歸家。伯英無書至。
春在錦官紅濕處，少陵元有海
棠詩。此說確否，願為詩張之，添蜀中海棠故事。一夜雨聲鳴到曉，花前
白髮寄相思。
玉津師鑒。併睎山 熙 腴。晦日上。

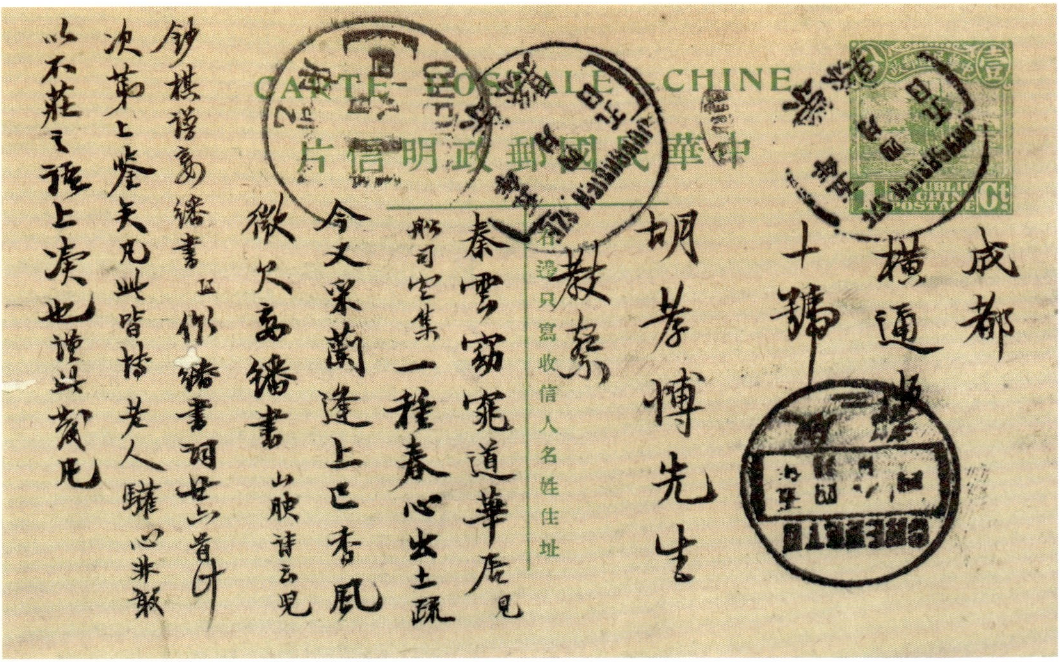

成都
橫通順
十號
胡孝博 先生
教察

秦雲窈窕道華居，見船司空集。
一種春心出土疏。
今又采蘭逢上巳，香風
微欠妾繙書。山腴詩云：兒
鈔棋譜妾繙書。熙作繙書詞廿六首，計
次第上鑒矣。凡此皆博老人驩心，非敢
以不莊之語上瀆也。謹此發凡。

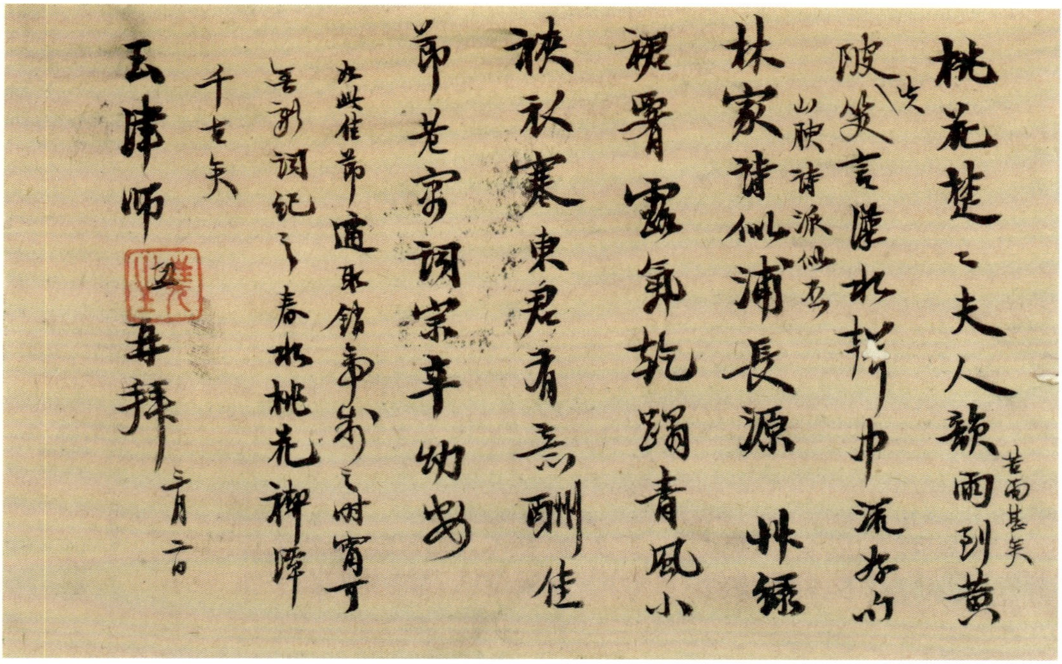

桃花楚楚夫人韻，雨到黃
陂失笑言。苦雨甚矣。漢水聲中流好句，
林家詩似浦長源。山腴詩派似否？艸綠
裙腰露氣乾，蹋青風小
袂衣寒。東君有意酬佳
節，老寓詞宗辛幼安。
如此佳節，適取銷帝制之時，甯可無新詞紀之。春水桃花，褉潭千古矣。
玉津師。熙 再拜。三月二日。

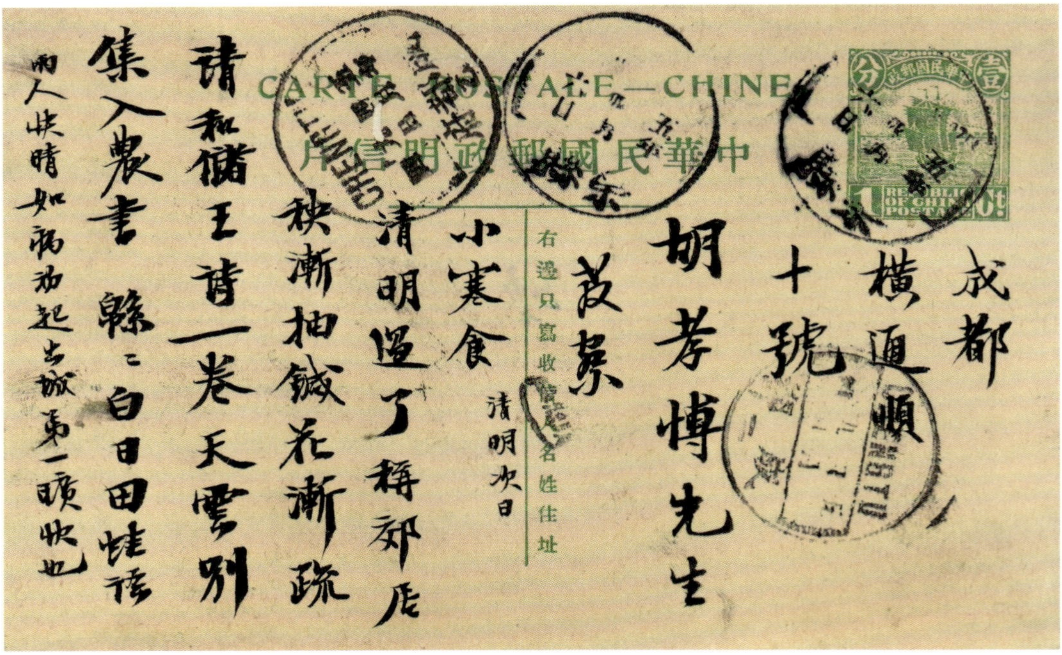

成都
橫通順
十號
胡孝博　先生
教察

小寒食　清明次日。
清明過了稱郊居，
秧漸抽鍼花漸疏。
請和儲王詩一卷，天雲別
集入農書。　緜緜白日田蛙語，
雨人快晴，如病初起，出城第一曠快也。

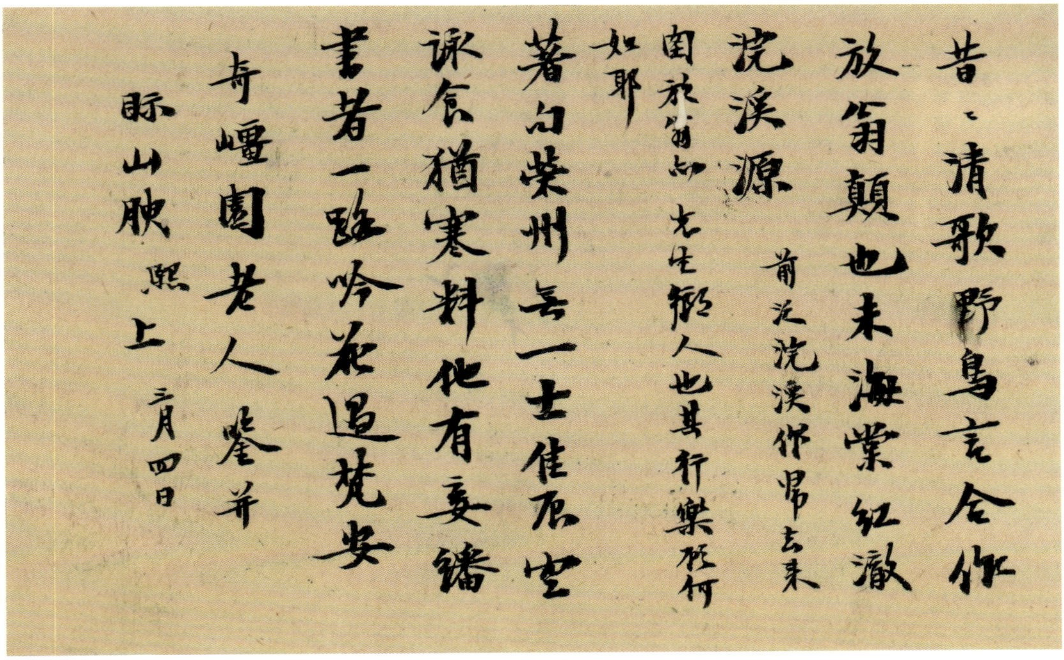

昔昔清歌野鳥言。合作
放翁顛也未，海棠紅澈
浣溪源。前泛浣溪，作歸去來
圖。放翁亦 先生鄉人也。其行樂，顧何
如耶？
著句榮州無一士，佳辰空
詠食猶寒。料他有妾繙
書者，一路吟花過梵安。
奇疊園老人 鑒。並
晾山朠。熙上。三月四日。

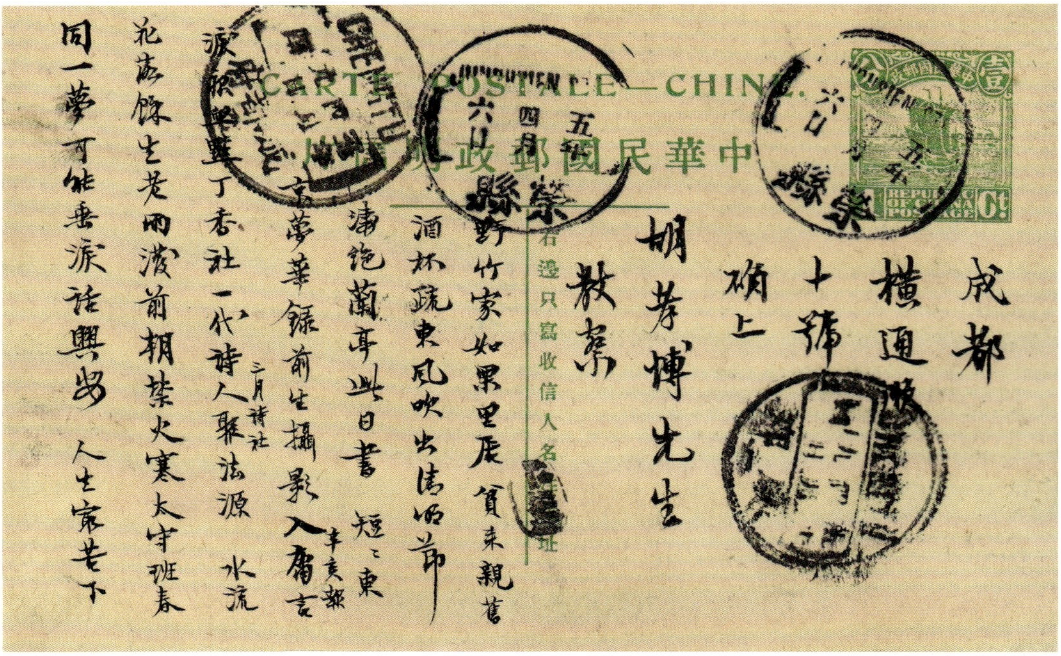

成都
橫通順
十號
確上
胡孝博　先生
教察

野竹家如栗里居，貧來親舊
酒杯疏。東風吹出清明節，
淒絕蘭亭此日書。短短東
京夢華錄，前生攝影入庸言。辛亥報。
淚痕血點丁香社，一代詩人聚法源。三月詩社。水流
花落餘生老，雨潑前朝禁火寒。太守班春
同一夢，可能無淚話興安。人生最苦下

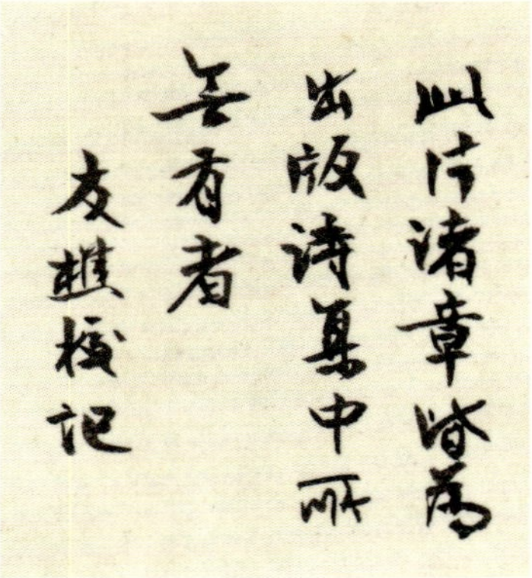

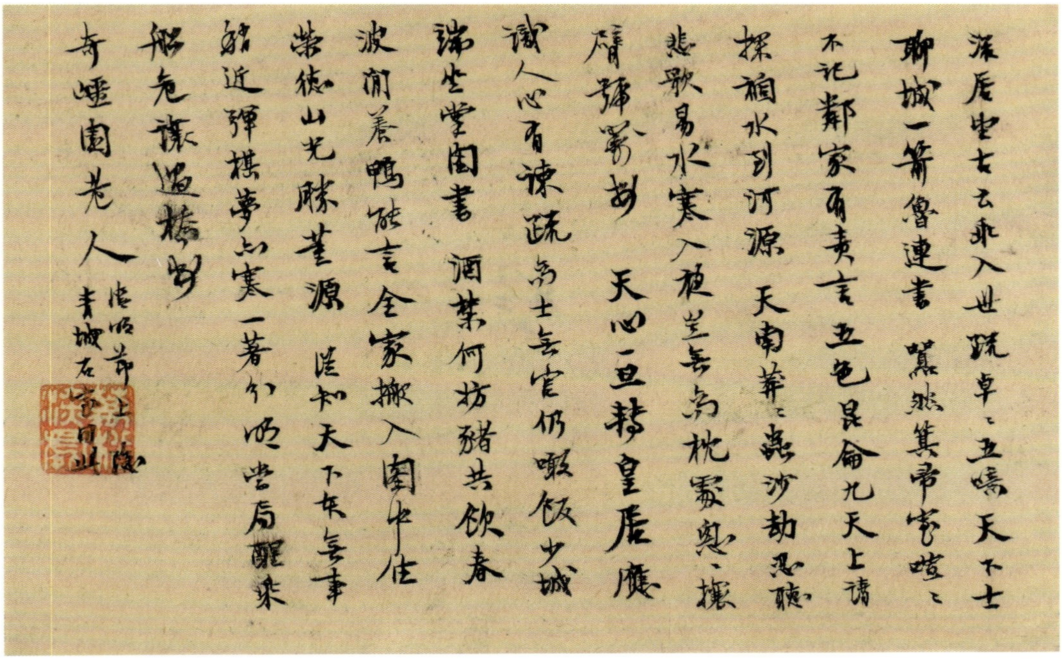

深居，望古云乖入世疏。卓卓五噫天下士，
聊城一箭魯連書。囂然箕帚室喧喧，
不記鄰家有責言。五色昆侖九天上，請
探禍水到河源。天南莽莽蟲沙劫，忍聽
悲歌易水寒。入夜豈無高枕處，恩恩攘
臂號籌安。天心一旦轉皇居，應
識人心有諫疏。高士無官仍啜飯，少城
端坐掌圖書。酒禁何妨豬共飲，春
波閒養鴨能言。全家搬入圖中住，
滎德山光勝董源。從知天下本無事，
稍近彈棋夢亦寒。一著分明當局醒，乘
船危讓過橋安。
奇廬園老人。清明節上。隱。
青城石室同此。

此片諸章皆為
出版詩集中所
無有者。
友樵校記。

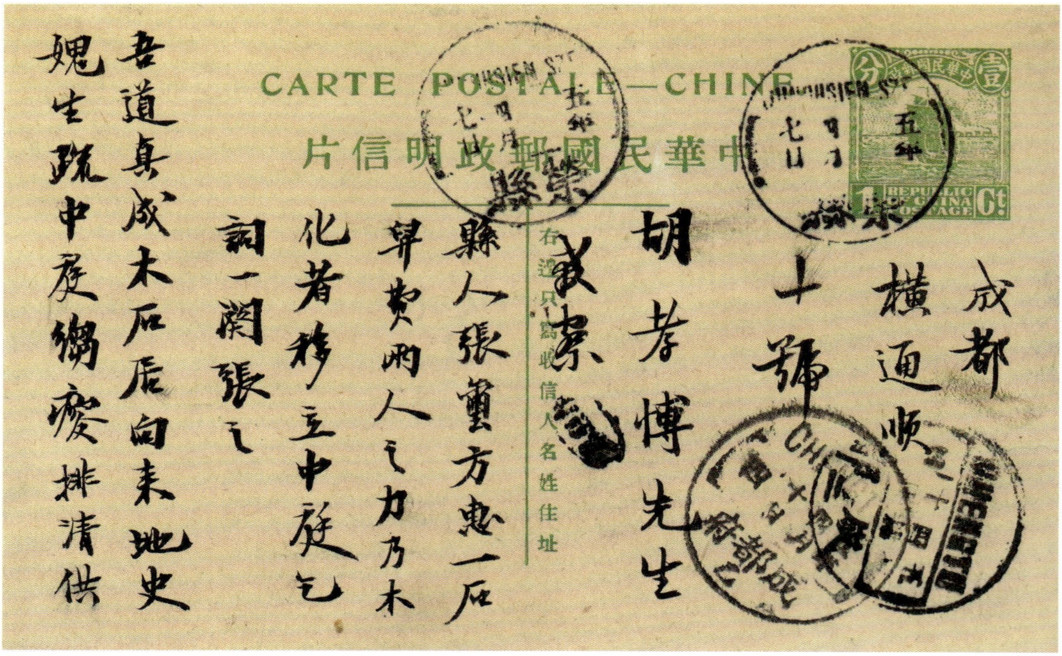

成都
橫通順
十號
胡孝博 先生
教察

縣人張璽方惠一石，
异費兩人之力，乃木
化者，移立中庭，乞
詞一闋張之。
吾道真成木石居，向來地史
媿生疏。中庭緺瘦排清供，

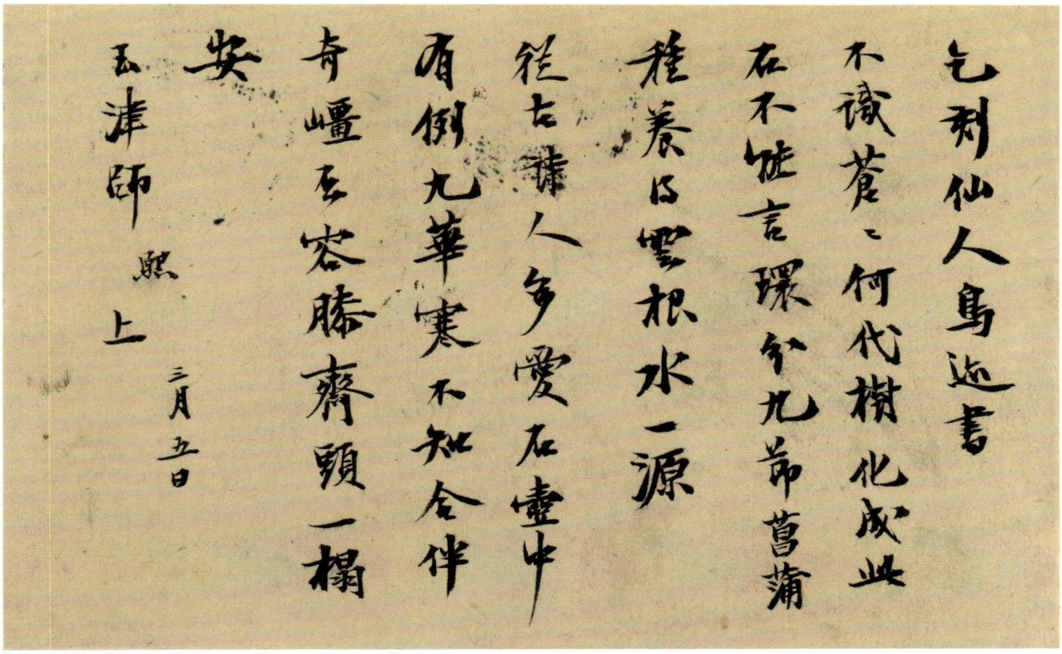

乙刻仙人鳥迹書。
不識蒼蒼何代樹，化成此
石不能言。環分九節菖蒲
種，養得雲根水一源。
從古詩人多愛石，壺中
有例九華寒。不知合伴
奇巘否，容膝齋頭一榻
安。
玉津師。熙 上。三月五日。

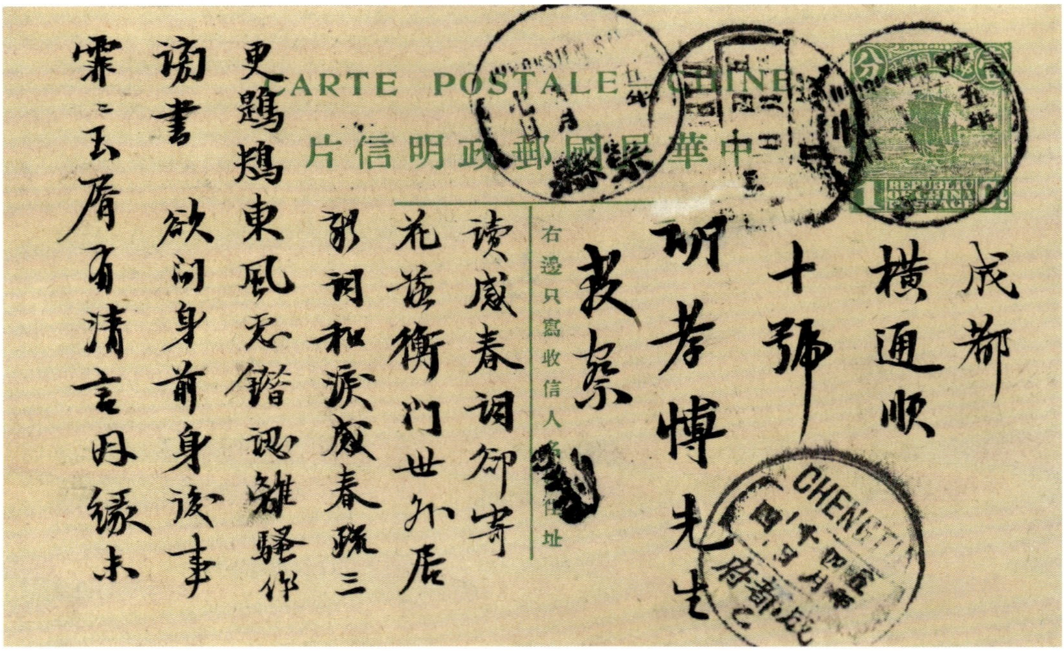

成都
橫通順
十號
胡孝博　先生
教察

讀感春詞，卻寄。
花落衡門世外居，
新詞和淚感春疏，三
更鶗鴂東風惡，錯認離騷作
謗書。欲問身前身後事，
霏霏玉屑有清言。因緣未

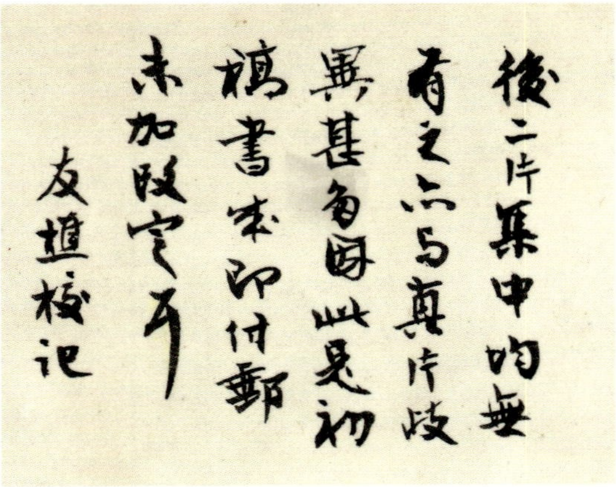

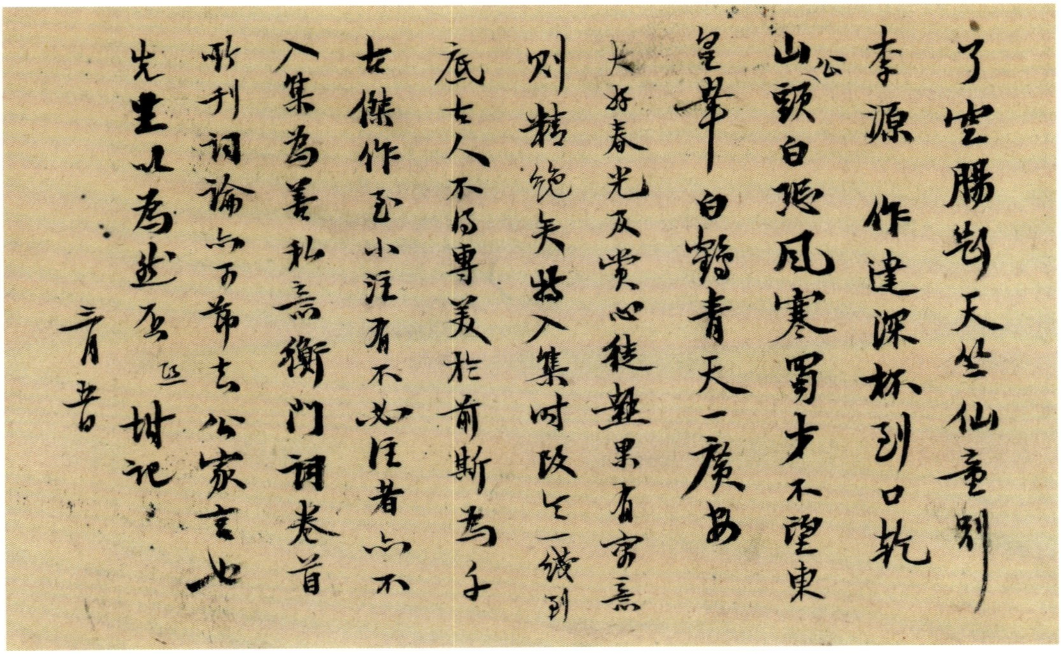

了空腸斷，天竺仙童別
李源。作達深杯到口乾，
山公頭白恐風寒。蜀才不望東
皇幸，白鶴青天一廣安。
大好春光及賞心徒熱，果有寓意
則精絕矣。特入集時，改令一綫到
底，古人不得專美於前，斯為千
古傑作。至小注有不必注者，亦不
入集為善。私意衡門詞卷首
所刊詞論，亦可節去。公家言也，
先生以為然否。熙 坿記。三月五日。

後二片集中均無，
有之亦與真片歧
異甚多。因此是初
稿，書成即付郵，
未加改定耳。
友樵校記。

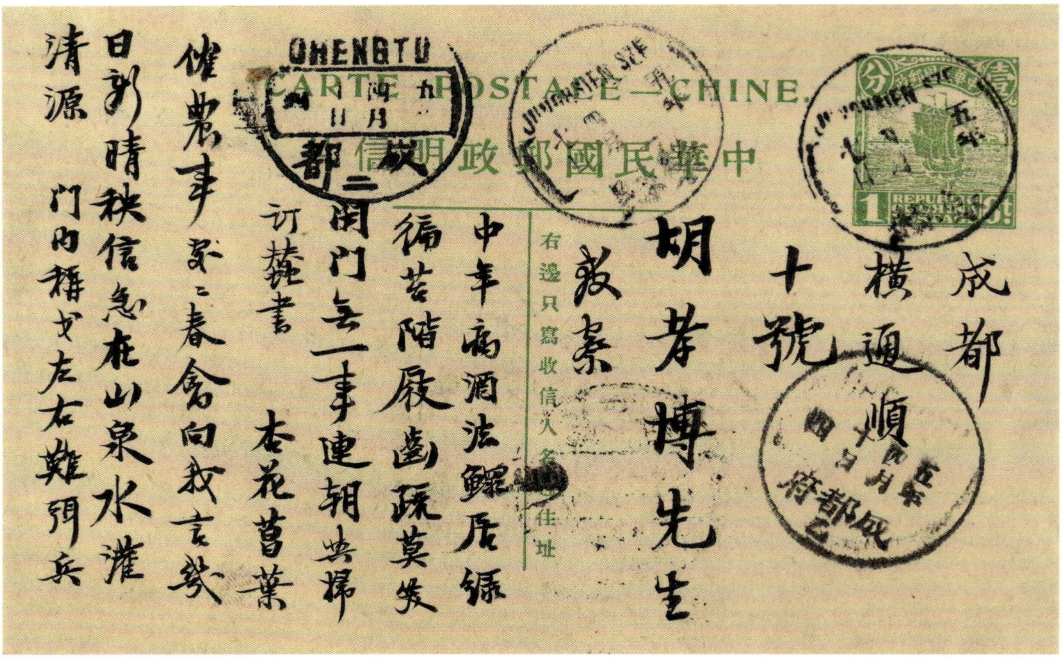

成都
横通順
十號
胡孝博 先生
教察
中年病酒法鰥居，綠
徧苔階屐齒疏。莫笑
閉門無一事，連朝與婦
訂蠹書。杏花菖葉
催農事，處處春禽向我言。幾
日新晴秧信急，在山泉水灌
清源。門内稱戈左右難，弭兵

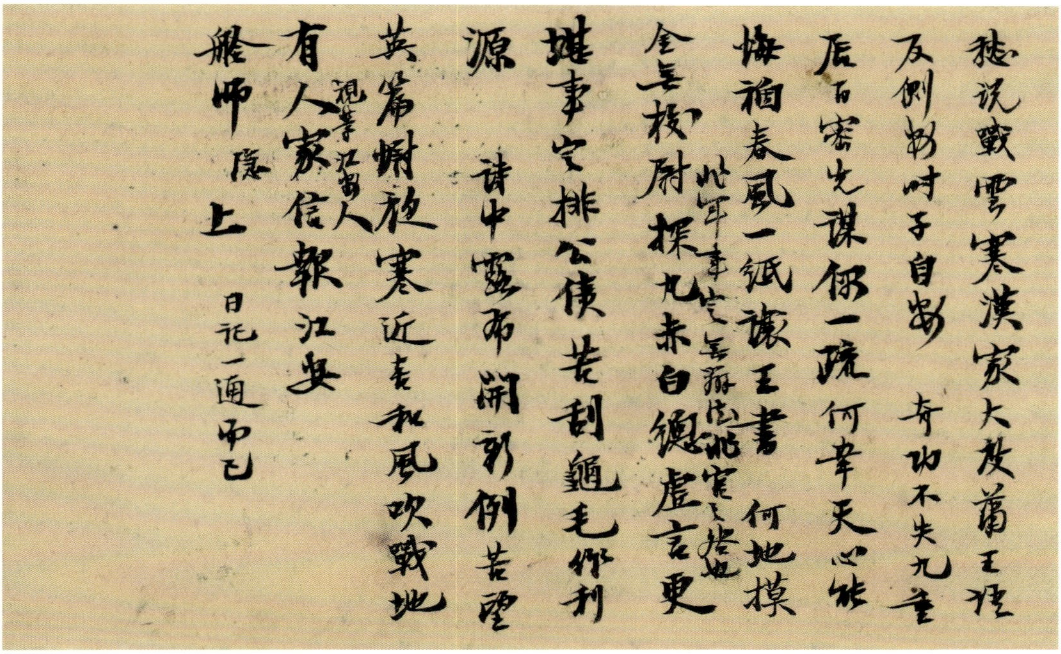

愁說戰雲寒。漢家大度蕭王語，
反側安時子自安。奇功不失九重
居，百密先謀偶一疏。何幸天心能
悔禍，春風一紙讓王書。何地摸
金無校尉，探丸赤白總虛言。非軍事定無辦法，非官之咎也。更
堪事定排公債，苦刮龜毛作利
源。詩中露布開新例，苦望
英篇慰夜寒。近喜和風吹戰地，
有人家信報江安。視學江安人。
舲師。隱 上。日記一通而已。

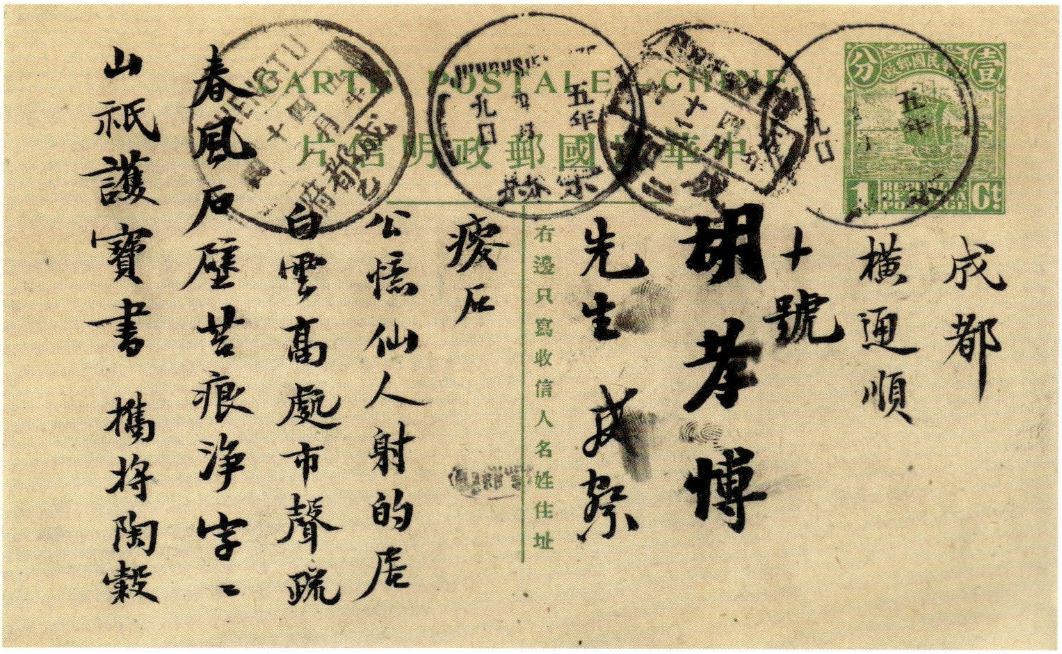

成都
橫通順
十號
胡孝博
先生 教察
瘦石
公憶仙人射的居，
白雲高處市聲疏。
春風石壁苔痕净，字字
山祇護寶書。 攜將陶穀

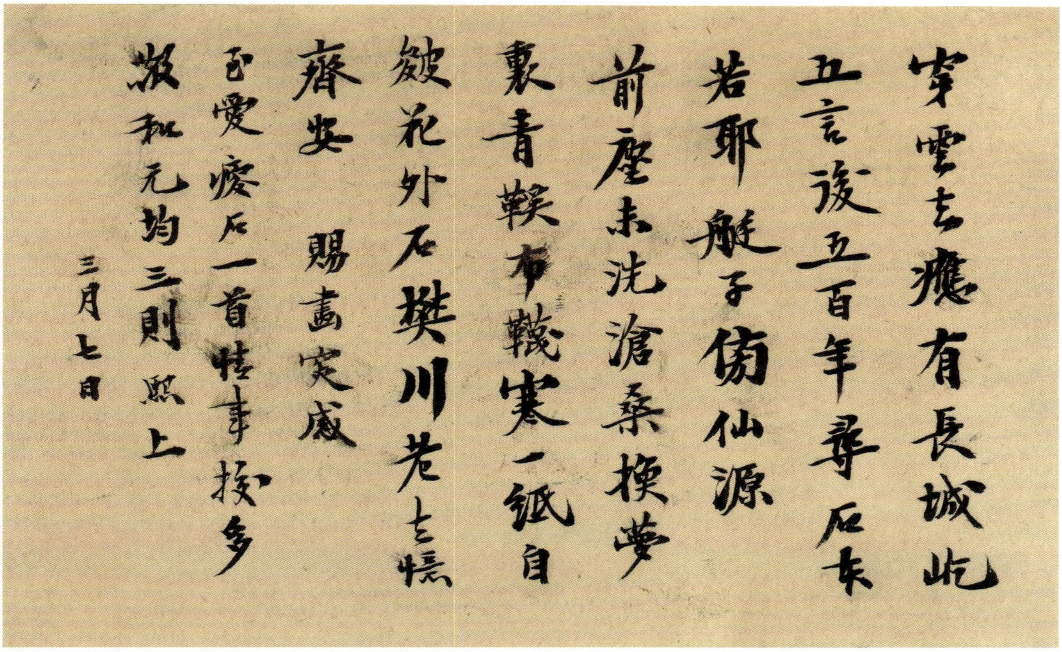

穿雲去，應有長城屹
五言。後五百年尋石本，
若耶艇子傍仙源。
前塵未洗滄桑換，夢
裏青鞵布韈寒，一紙自
皴花外石，樊川老去憶齊安。賜畫罙感
至愛。瘦石一首，情事较多，
敬和元均三則。熙上。三月七日。

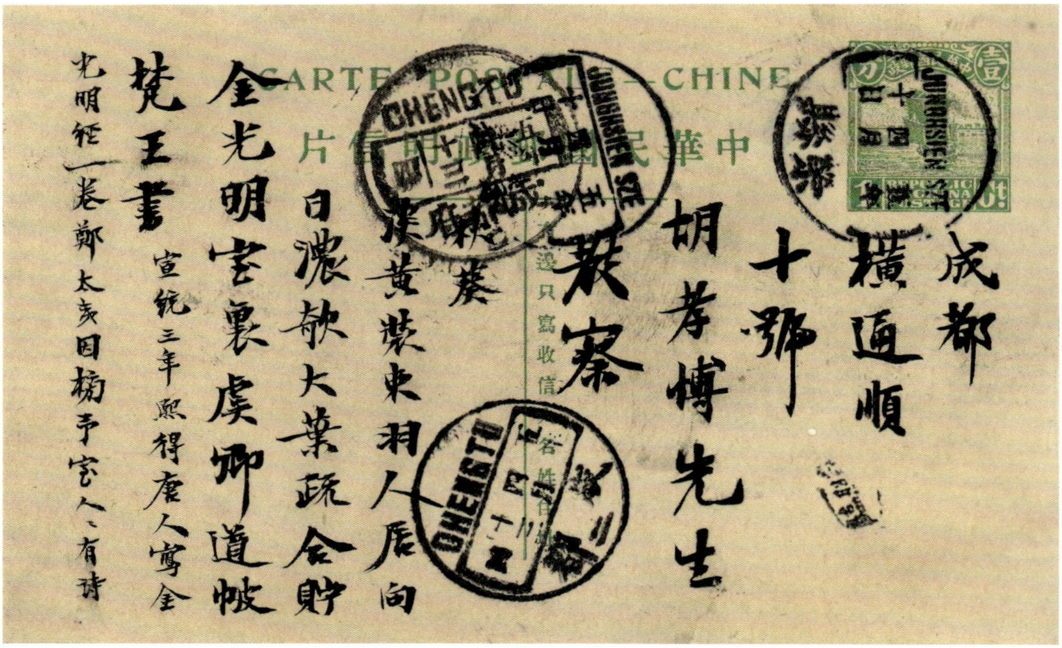

成都
橫通順
十號
胡孝博　先生
教察

秋葵
淡黃裝束羽人居，向
日濃欹大葉疏。合貯
金光明室裏，虞卿道帔
梵王書。宣統三年，熙得唐人寫金
光明經一卷，鄭太夷因榜予室，人人有詩。

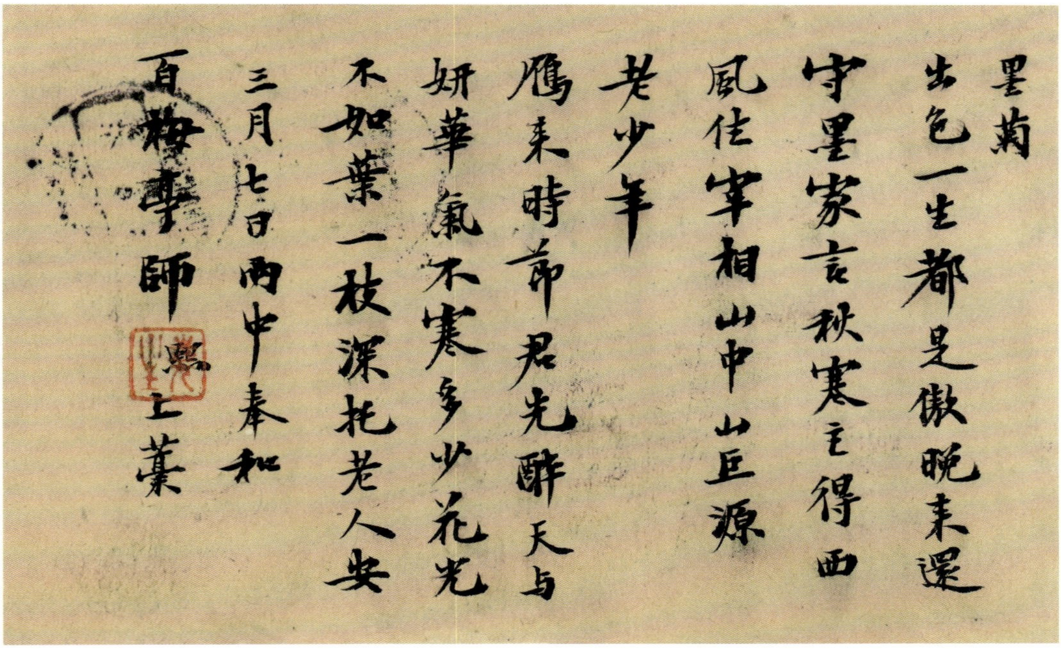

墨菊
出色一生都是傲，晚來還
守墨家言。秋寒主得西
風住，宰相山中山巨源。
老少年
雁來時節君先醉，天與
妍華氣不寒。多少花光
不如葉，一枝深托老人安。
三月七日雨中奉和
百梅亭師。熙　上藁。

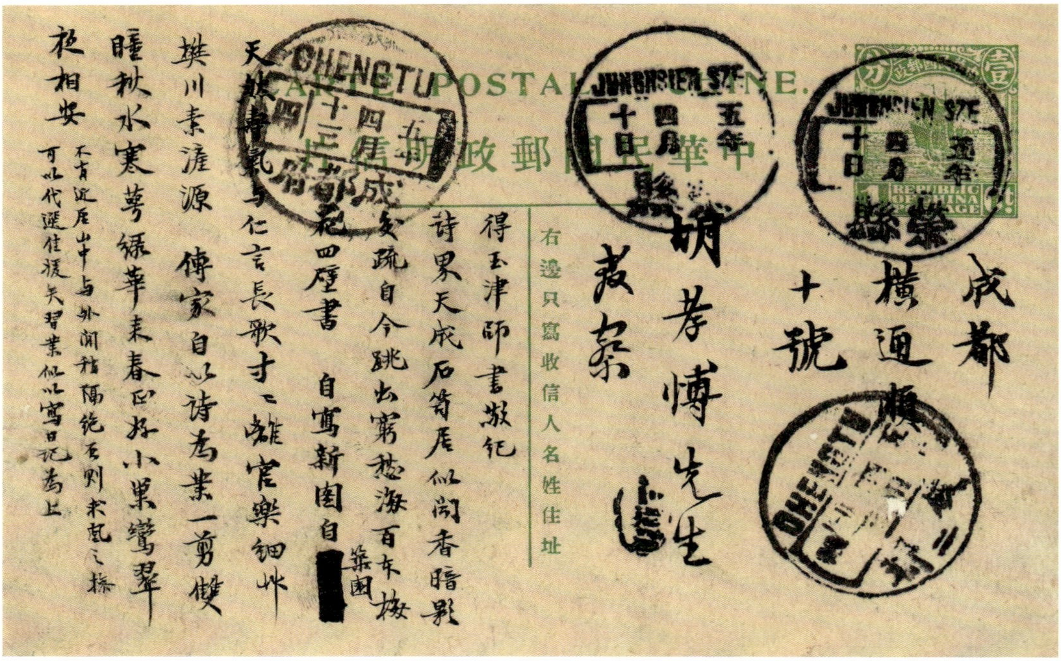

成都
橫通順
十號
胡孝博 先生
教察

得玉津師書，敬記。
詩界天成石笥居，似聞香暗影
交疏。自今跳出窮愁海，百本梅
花四壁書。 自寫新圖自築園，
天然壽氣與仁言。長歌寸寸離宮樂，細艸
樊川素滙源。 傳家自以詩為業，一剪雙
瞳秋水寒。 蕚綠華來春正好，小巢鸞翠
夜相安。不肯近居山中，與外間稍隔絕，否則求凰之操，可以代選佳媛矣。習業似以寫日記為上。

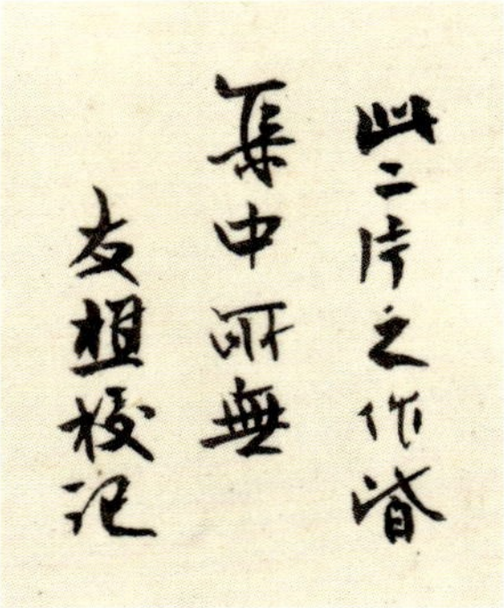

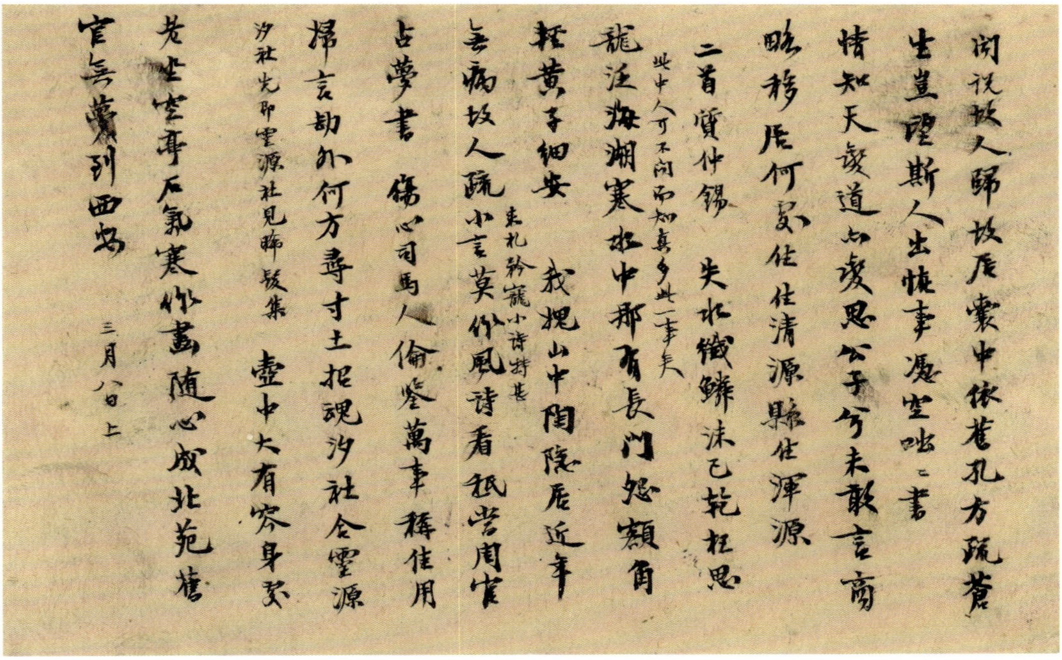

聞說故人歸故居，囊中依舊孔方疏。蒼生豈望斯人出，恠事憑空咄咄書。

情知天變道亦變，思公子兮未敢言。商略移居何處住，住清源縣住渾源。

二首質仲錫。

失水纖鱗沫已乾，枉思龍泛海潮寒。此中人可不問而知，真多此一事矣。水中那有長門怨，額角輕黃子細安。

我媿山中陶隱居，近年無病故人疏。小言莫作風詩看，來札矜寵小詩特甚。秪當周官占夢書。

傷心司馬人倫鑒，萬事稱佳用婦言。劫外何方尋寸土，招魂汐社合靈源。汐社先即靈源社，見晞髮集。壺中大有容身處，老坐空亭石氣寒。作畫隨心成北苑，舊官無夢到西安。

三月八日上。

此二片之作，皆集中所無。友樵校記。

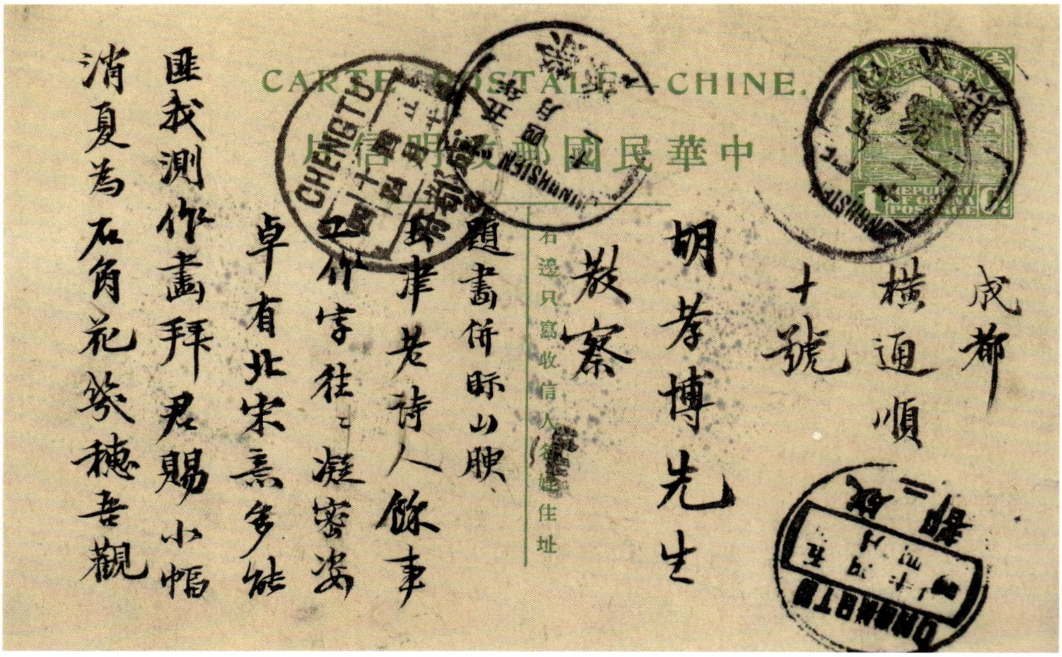

成都
橫通順
十號
胡孝博 先生
教察

題畫，併眎山腴。
玉津老詩人，餘事
工作字。往往凝密姿，
卓有北宋意。多能
匪我測，作畫拜君賜。小幅
消夏為，石角花幾穗。吾觀

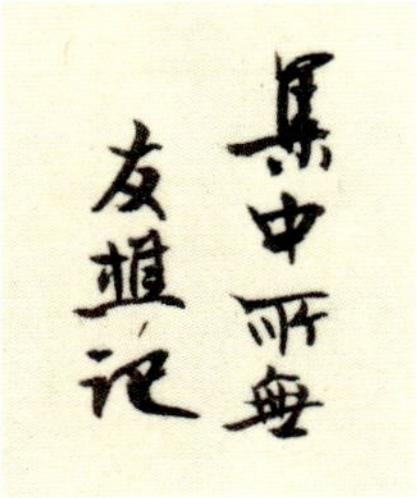

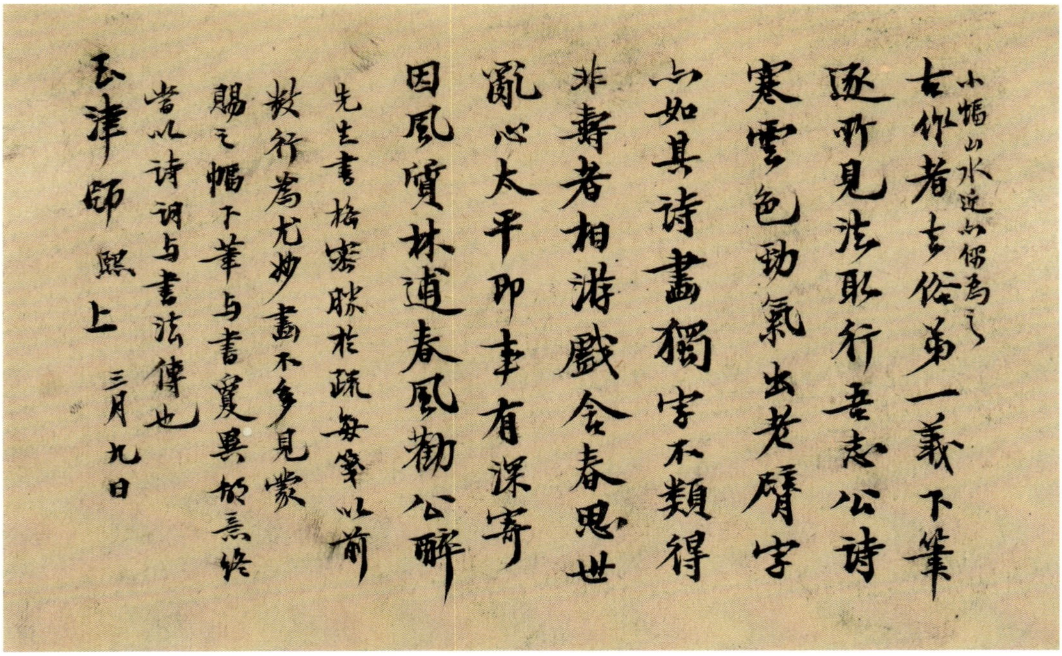

古作者，小幅山水，亦偶為之。近去俗弟一義。下筆逐所見，法取行吾志。公詩寒雲色，勁氣出老臂。字亦如其詩，畫獨字不類。得非壽者相，遊戲含春思。世亂心太平，即事有深寄。因風質林逋，春風勸公醉。

先生書格，密勝於疏。每箋以前數行為尤妙。畫不多見，蒙賜之幅，下筆與書迥異，鄙意終當以詩詞與書法傳也。

玉津師。熙　上。三月九日。

集中所無。友樵記。

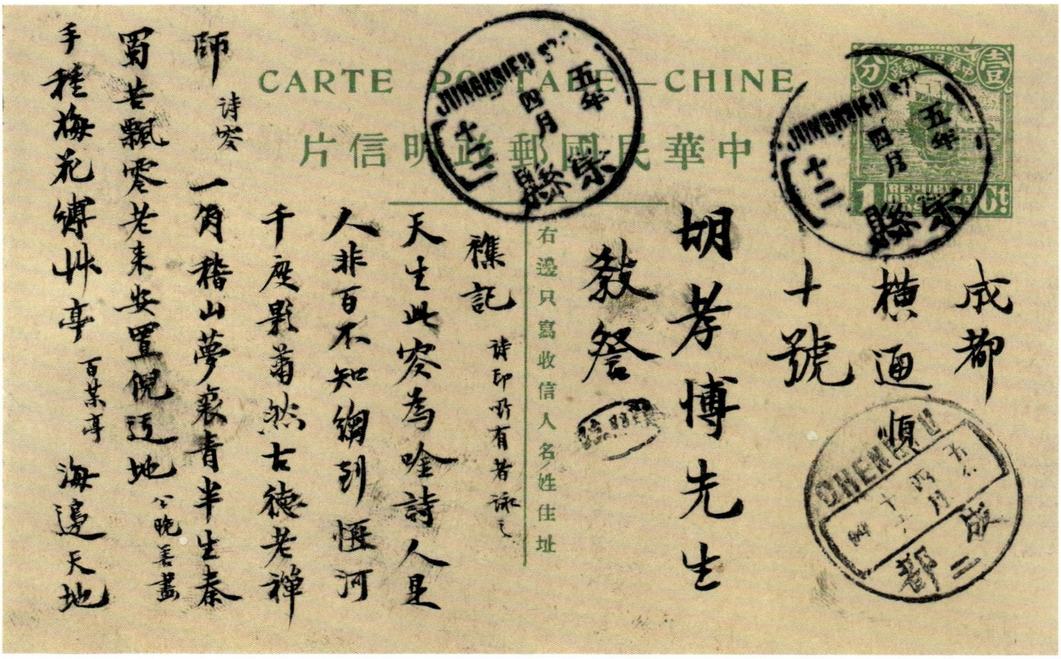

成都
横通順
十號
胡孝博 先生
教뇌

襍記 詩印所有者詠之。
天生此安為唫詩，人是
人非百不知。縐到恒河
千度影，蕭然古德老禪
師。詩妄。 一角稽山夢裏青，半生秦
蜀苦飄零。老來安置倪迂地，公晚善畫。
手種梅花縛艸亭。百某亭。 海邊天地

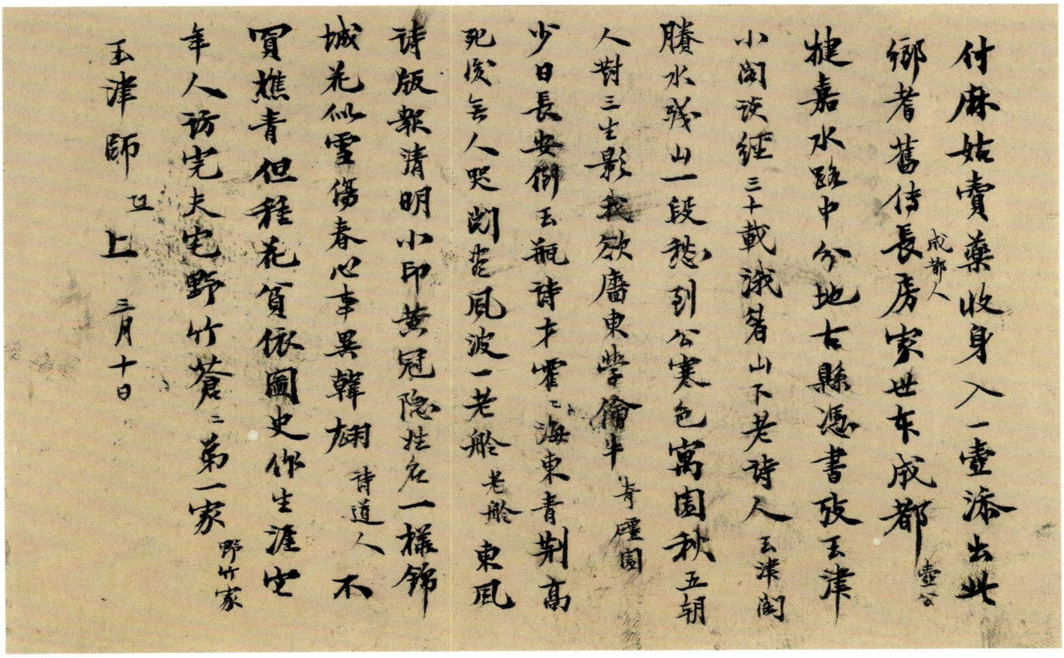

付麻姑，賣藥收身入一壺。添出此
鄉耆舊傳，長房 成都人。 家世本成都。 壺公。
犍嘉水路中分地，古縣憑書攷玉津。
小閣談經三十載，洑眉山下老詩人。 玉津閣。
賸水殘山一段愁，到公寒色寓園秋。五朝
人對三生影，我欲廧東學儈牛。 奇礓園。
少日長安倒玉瓶，詩才霍霍海東青。荊高
死後無人哭，閱盡風波一老舲。 老舲。 東風
詩版報清明，小印黃冠隱姓名。一樣錦
城花似雪，傷春心事異韓翃。 詩道人。 不
買樵青但種花，貧依圖史作生涯。它
年人訪完夫宅，野竹蒼蒼第一家。 野竹家。
玉津師。 熙 上。 三月十日。

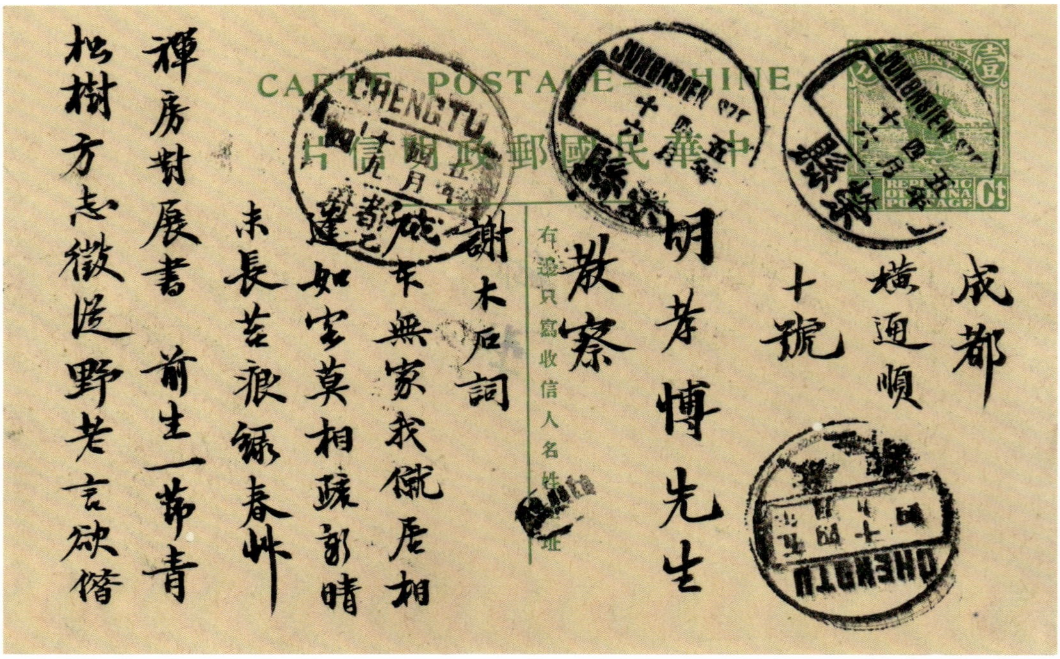

成都
橫通順
十號
胡孝博 先生
教察

謝木石詞
石本無家我儗居，相
逢如客莫相疏。新晴
未長苔痕綠，春艸
禪房對展書。前生一節青
松樹，方志徵從野老言。欲借

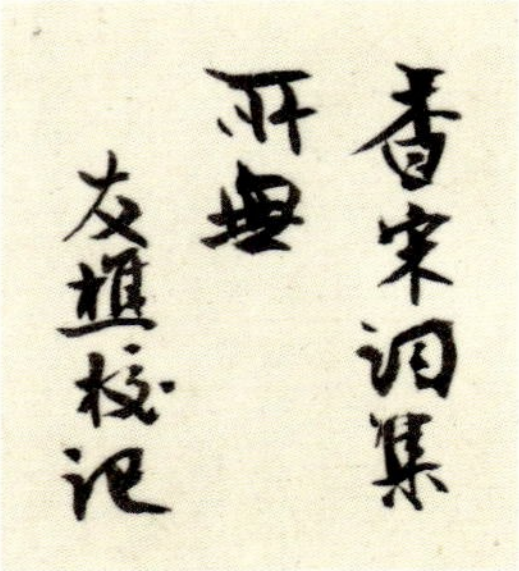

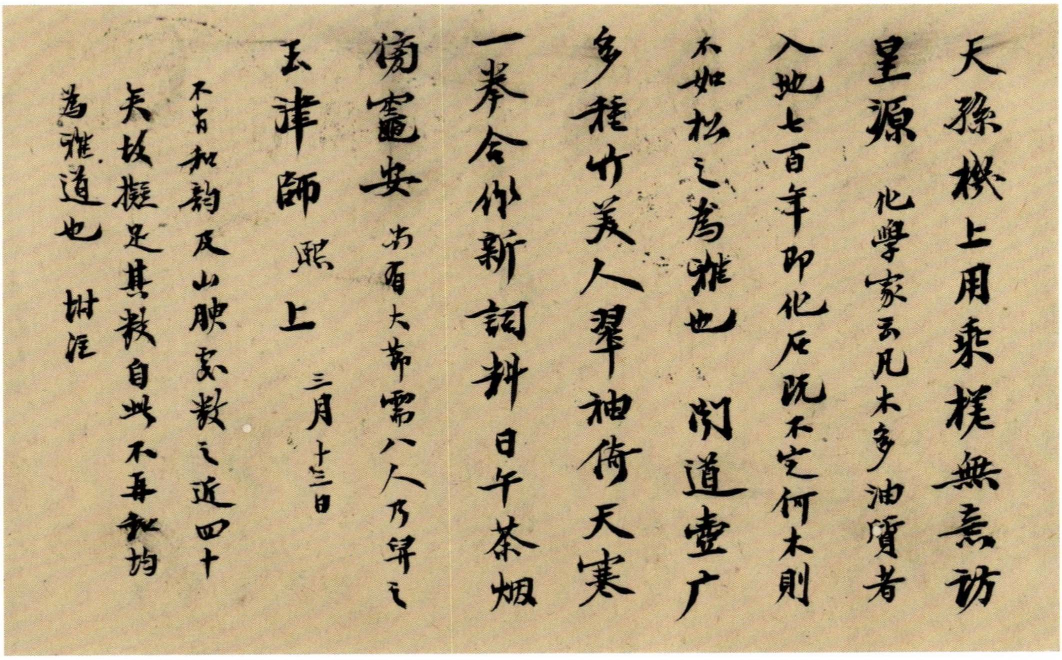

天孫機上用，乘槎無意訪
星源。化學家云：凡木多油質者，入地七百年即化石。既不定何木，則不如松之為雅也。聞道壺庵
多種竹，美人翠袖倚天寒。
一拳合作新詞料，日午茶烟
傍竈安。尚有大節，需八人乃舁之。
玉津師。熙　上。三月十三日。
不肖和韻及山腴處，數之近四十矣。故擬足其數，自此不再和均，為雅道也。坿注。

香宋詞集所無。
友樵校記。

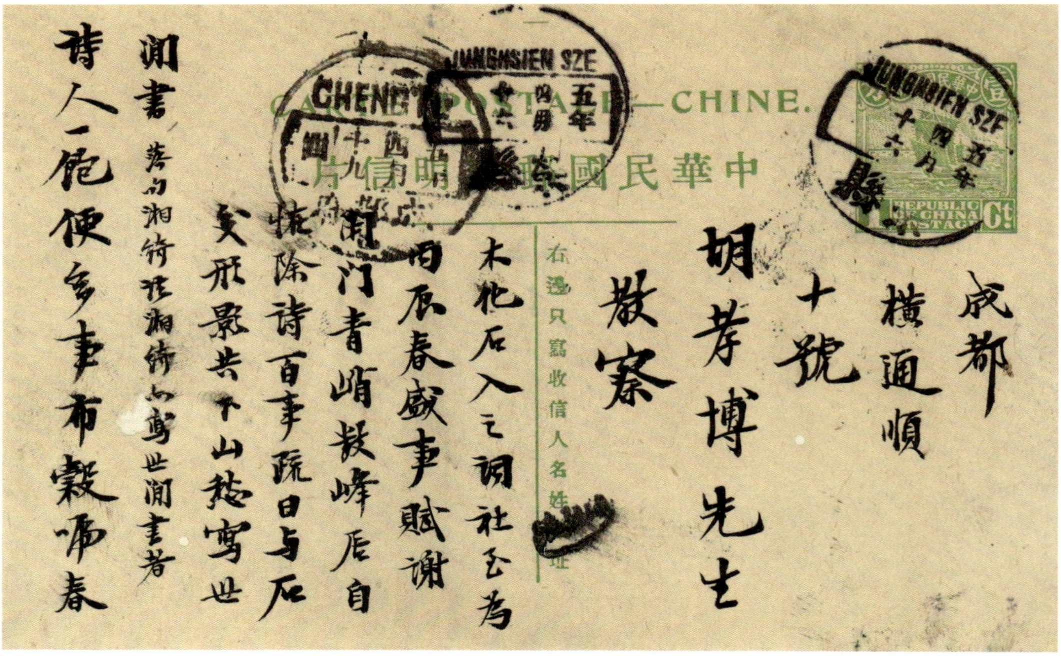

成都
横通順
十號
胡孝博　先生
教察

木化石入之詞社，至為
丙辰春盛事，賦謝。
閉門青峭數峰居，自
佐除詩百事疏。日與石
交形影共，下山愁寫世
間書。落句湘綺語，湘綺亦寫世間書者。
詩人一飽便多事，布穀啼春

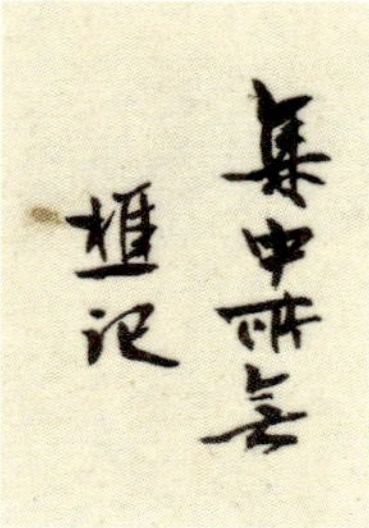

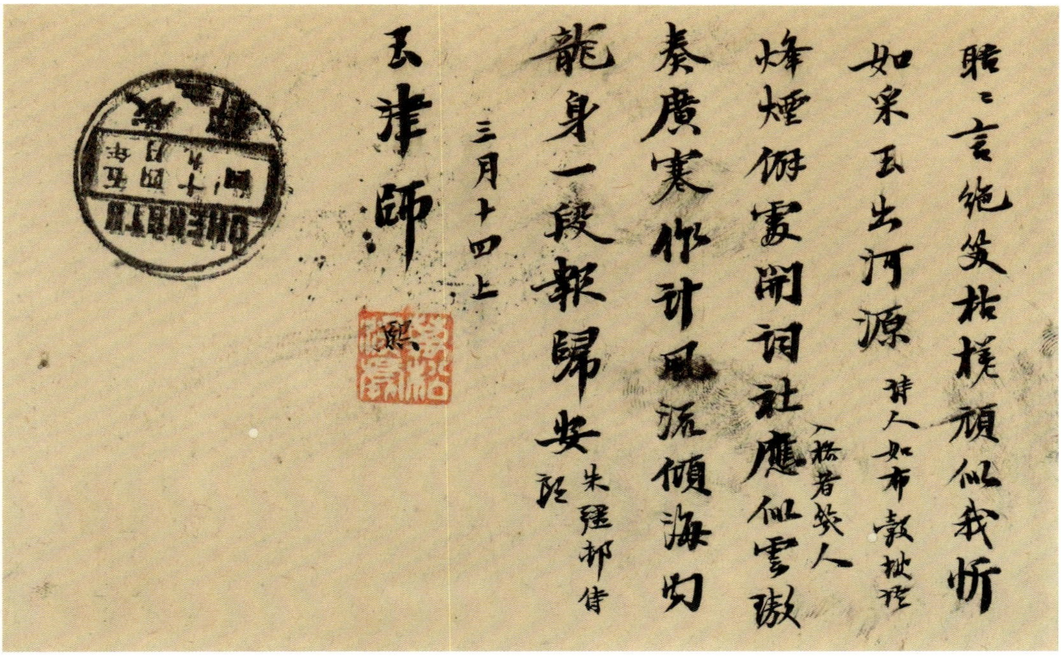

聒聒言。絕笑枯槎頑似我，忻如采玉出河源。詩人如布穀、坡語。烽煙僻處開詞社，入格者幾人？應似雲璈奏廣寒。作計風流傾海內，龍身一段報歸安。朱彊邨侍郎。三月十四上玉津師。熙。

集中所無。樵記。

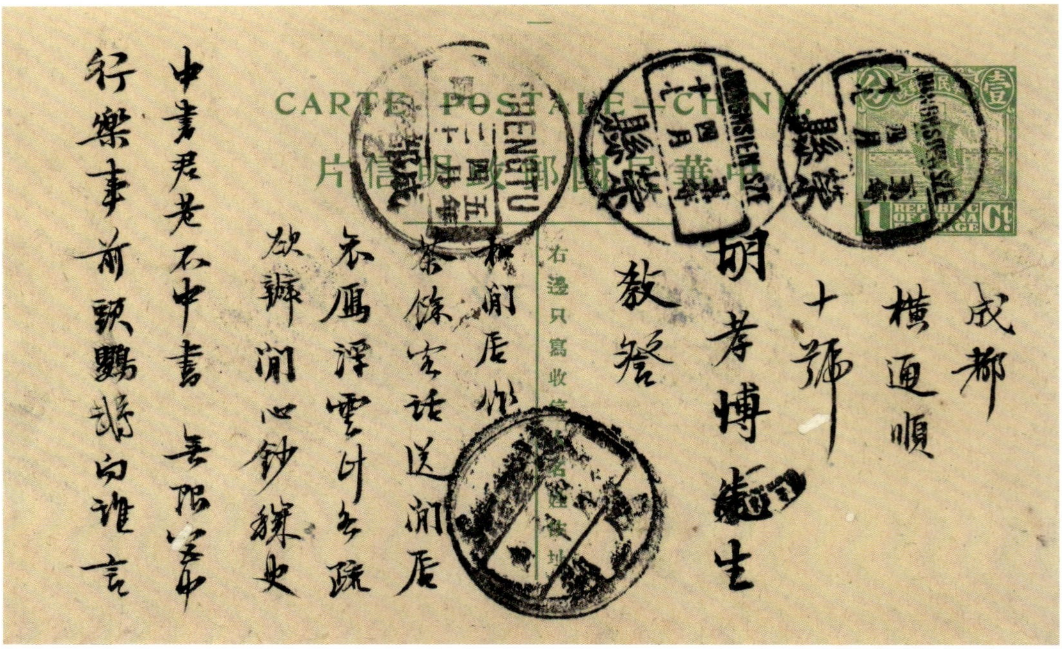

成都
橫通順
十號
胡孝博　先生
教晉

和閒居作
茶餘客話送閒居，
哀雁浮雲計各疏。
欲辨閒心鈔穢史，
中書君老不中書。無限宮中
行樂事，前頭鸚鵡向誰言。

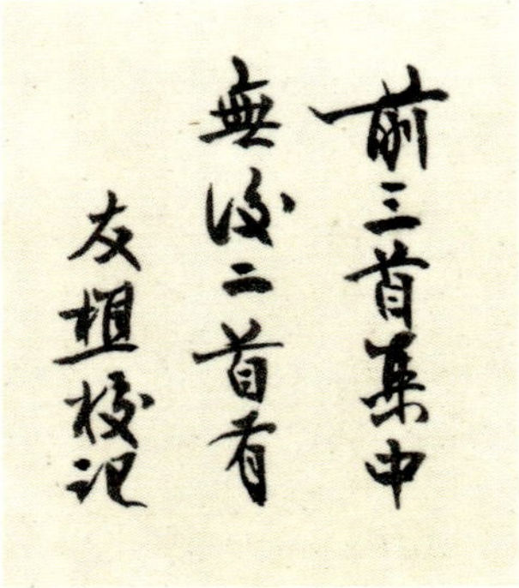

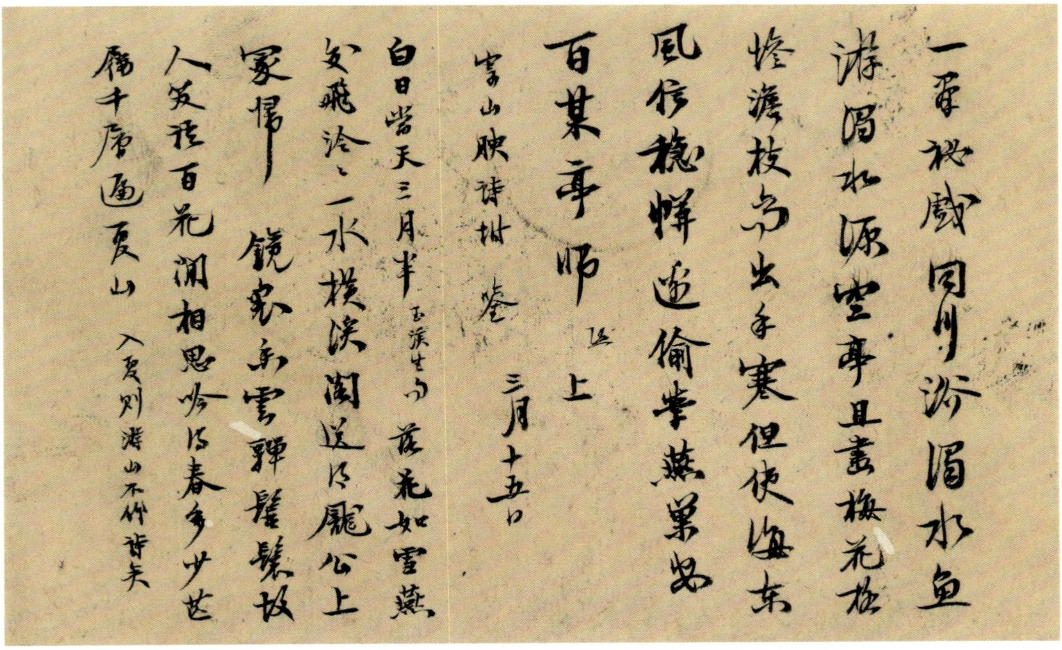

一羣秘戲同川浴，濁水魚
游濁水源。空亭且畫梅花格，
慘澹枝高出手寒。但使海東
風信穩，幙遏偷學燕巢安。
百某亭師。熙上。
寄山腴詩坩鑒。三月十五日。
白日當天三月半，玉溪生句。落花如雪燕
交飛。泠泠一水橫溪閣，送得龐公上
塚歸。鏡裏香雲彈髻鬟，故
人笑語百花間。相思吟得春多少，芒
屨千層遍夏山。入夏則遊山，不作詩矣。

前三首集中
無，後二首有。
友樵校記。

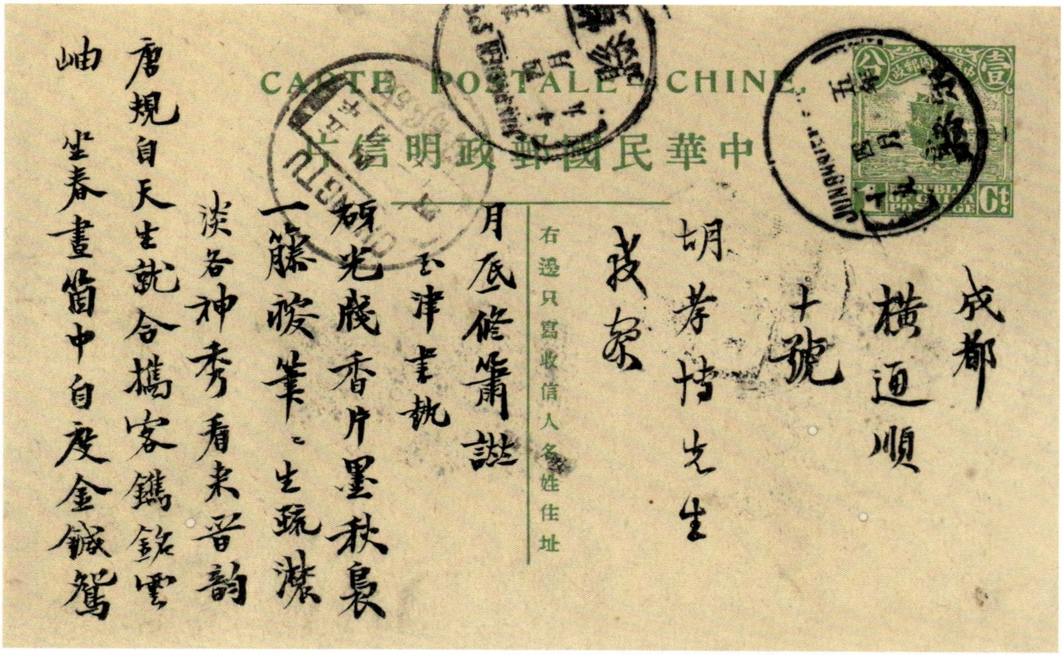

成都
橫通順
十號
胡孝博 先生
教察

月底修簫謚
玉津書執
碩光牋，香片墨。秋裊
一籐瘦。筆筆生疏，濃
淡各神秀。看來晉韻
唐規，自天生就。合攜客、鐫銘雲
岫。 坐春晝。箇中自度金鍼，鴛

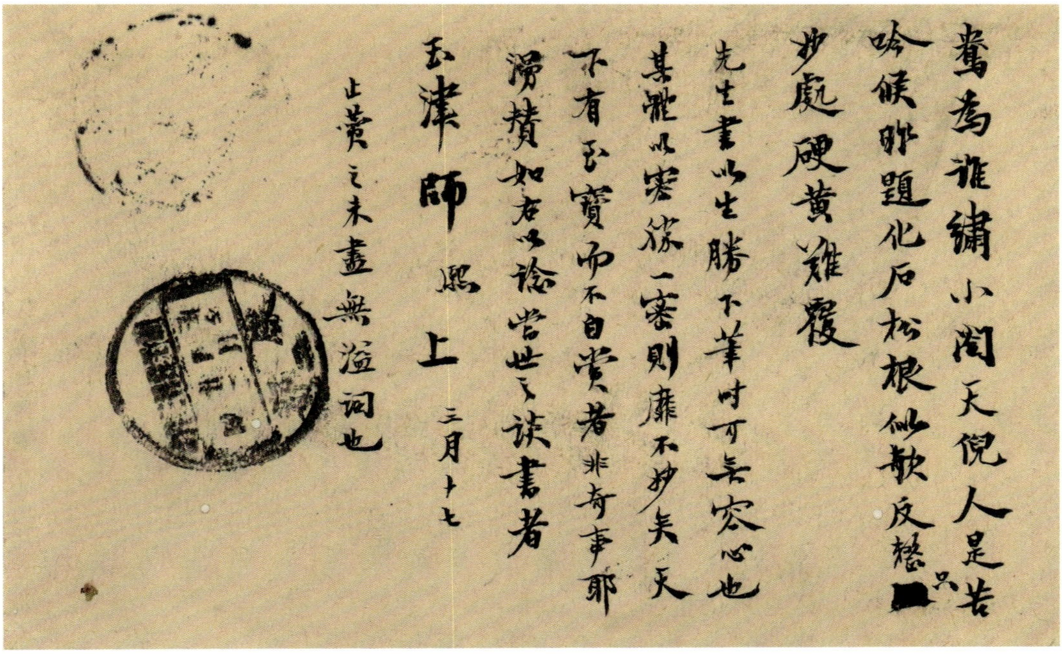

鶯為誰繡。小閣天倪，人是苦
吟候。昨題化石松根，似歆反整。只
妙處、硬黃難覆。
先生書以生勝，下筆時可無容心也。
其體以密勝，一密則靡不妙矣。天
下有至寶而不自賞者，非奇事耶。
漫贊如右，以諗當世之談書者。
玉津師。　熙　上。三月十七。
止贊之未盡，無溢詞也。

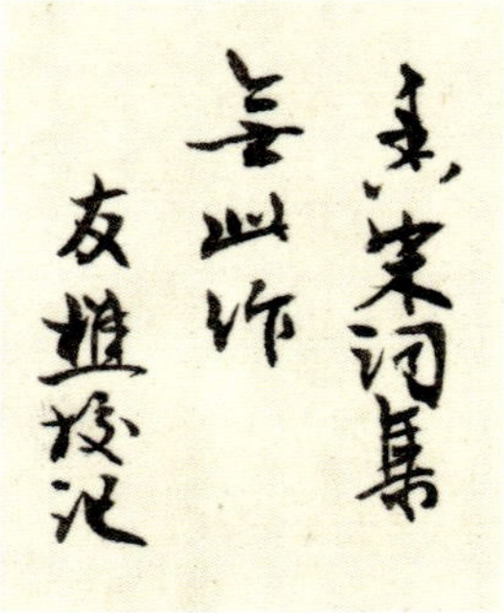

香宋詞集
無此作。
友樵校記。

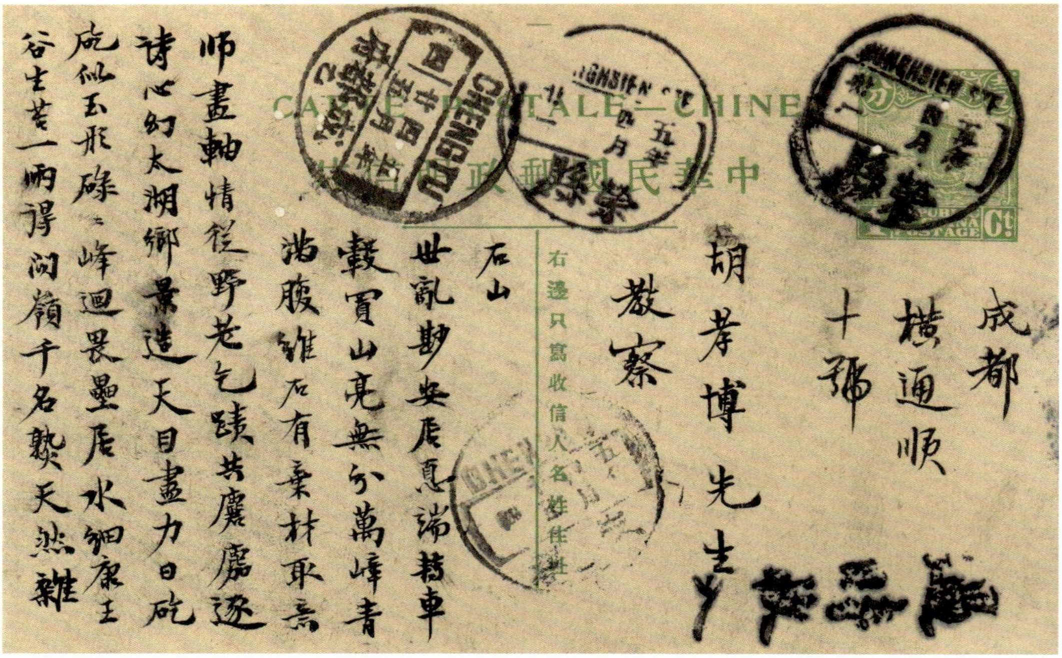

成都
横通順
十號
胡孝博 先生
教察

石山
世亂尠安居，悳端轉車
轂。買山亮無分，萬嶂青
滿腹。維石有棄材，取意
師畫軸。情從野老乞，蹟共麚麍逐。
詩心幻太湖，鄉景造天目。盡力日砭
砭，似玉形碌碌。峰迴畏壘居，水細康王
谷。生苔一兩得，問嶺千名熟。天然雜

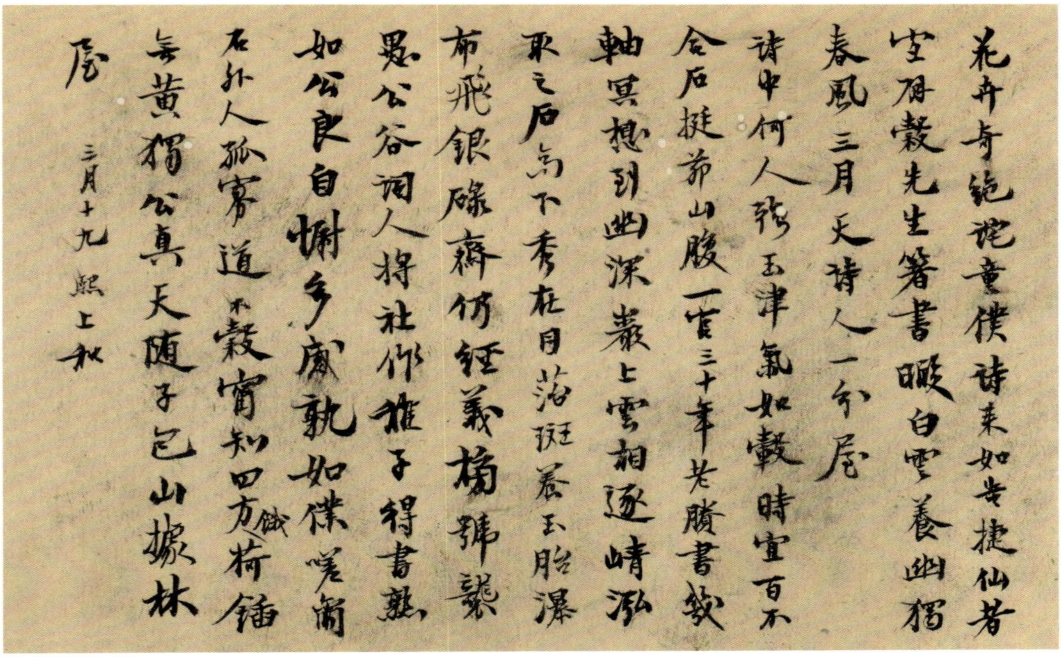

花卉，奇絶詫童僕。詩來如告捷，仙者
宜辟穀。先生箸書暇，白雲養幽獨。
春風三月天，詩人一分屋。
詩中何人強，玉津氣如轂。時宜百不
合，石挺茆山腹。一官三十年，老臏書幾
軸。冥想到幽深，巖上雲相逐。崝泓
取之石，高下秀在目。落斑養玉胎，瀑
布飛銀碌。齋仍經義榜，號襄
愚公谷。詞人將社作，稚子得書熟。
如公良自憪，多感孰如僕。嗟爾
石外人，孤寡道不穀。甯知四方餓，荷鍤
無黃獨。公真天隨子，包山據林
屋。　三月十九，熙　上和。

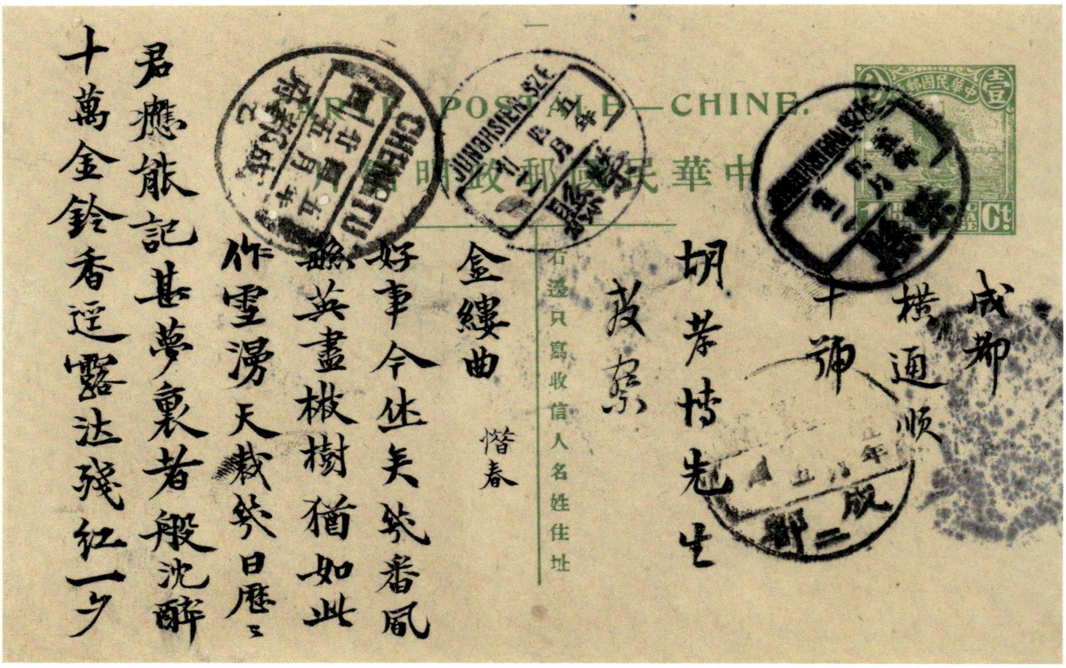

成都
橫通順
十號
胡孝博　先生
教察

金縷曲　惜春

好事今休矣。幾番凬，
緜英盡枨，樹猶如此。
作雪漫天裁幾日，歷歷
君應能記。甚夢裏，者般沉醉。
十萬金鈴香逕露，泣殘紅，一夕

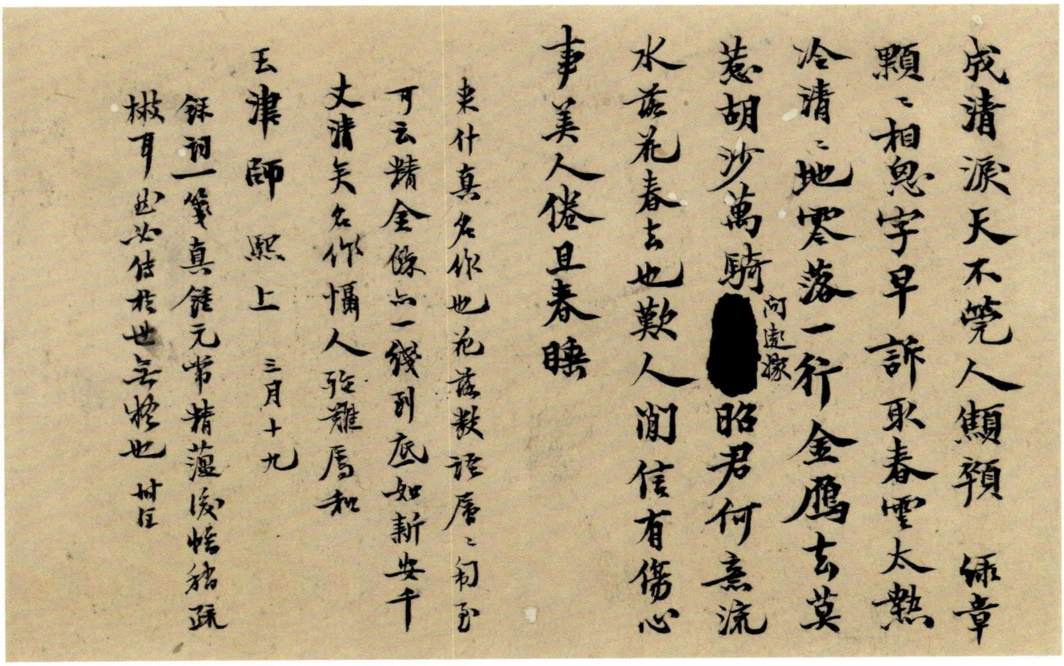

成清淚。天不筦，人顛頞。綠章
顆顆相思字，早訴取，春雲太熱，
冷清清地。零落一行金鴈去，莫
惹胡沙萬騎。問遠嫁，昭君何意。流
水落花春去也，歎人間，信有傷心
事。美人倦，且春睡。

來什真名作也。花落數語層層闊至
可云精金餘，亦一綫到底，如新安千
丈清矣。名作懾人，殆難屬和。
玉津師。　熙上。　三月十九。

錄詞一箋，真鍾元常精藴，後幅稍疏
嫩耳。然必傳於世，無疑也。坩注。

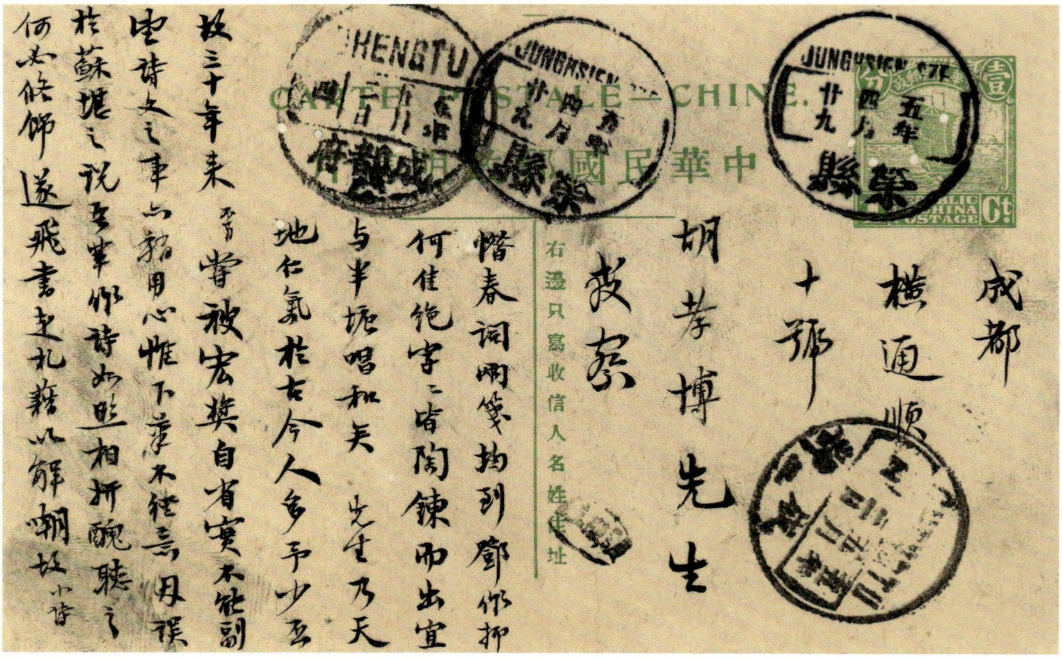

成都
橫通順
十號
胡孝博　先生
教察

惜春詞兩箋均到，鄧作抑
何佳絕，字字皆陶鍊而出，宜
與半塘唱和矣。先生乃天
地仁氣，於古今人多予少否，
故三十年來，不肖嘗被宏獎，自省實不能副
望。詩文之事，亦稍用心，惟下筆不經意，因誤
於蘇堪之說，吾輩作詩如照相，妍醜聽之，
何必修飾。遂飛書走札，藉以解嘲，故小詩

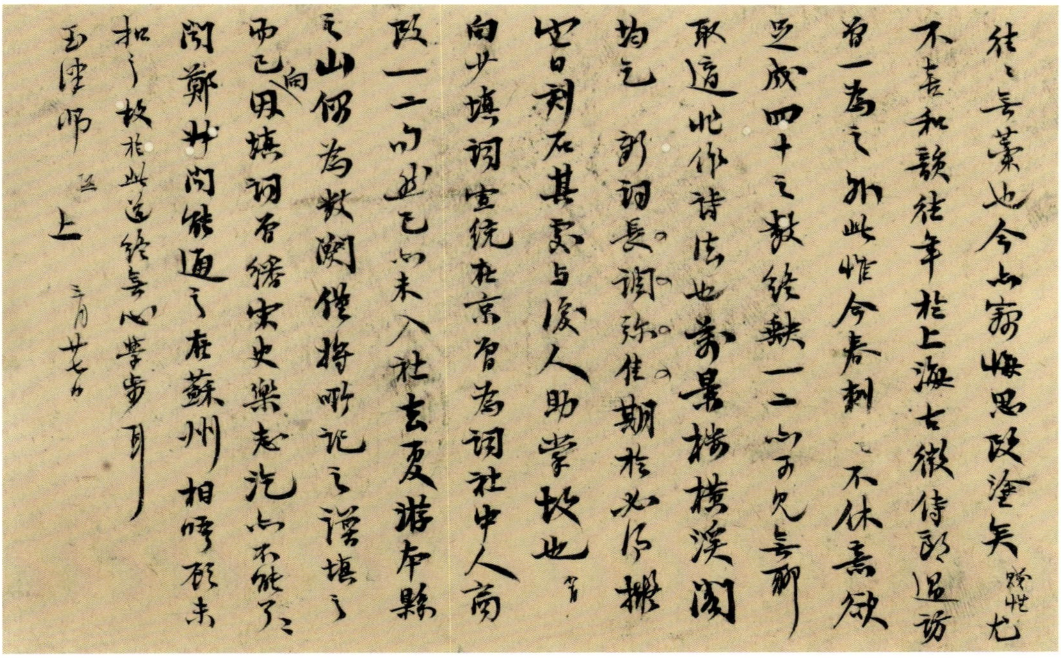

往往無藁也。今亦竊悔，思改塗矣。賤性尤不喜和韻，往年於上海，古微侍郎過訪，曾一為之，外此惟今春。剌剌不休，意欲足成四十之數，終缺一二，亦可見無聊取適，非作詩法也。萬景樓、横溪閣均乙　新詞，長調彌佳。期於必得，擬它日刻石其處，與後人助掌故也。不肖向少填詞，宣统在京，曾為詞社中人商改一二句，然已亦未入社。去夏遊本縣之山，偶為數闋，僅將所記之譜填之而已。向因填詞，曾繙宋史樂志，汔亦不能了了。聞鄭叔問能通之，在蘇州相晤，顧未扣之，故於此道，終無心學步耳。

玉津師。熙　上。三月廿七日。

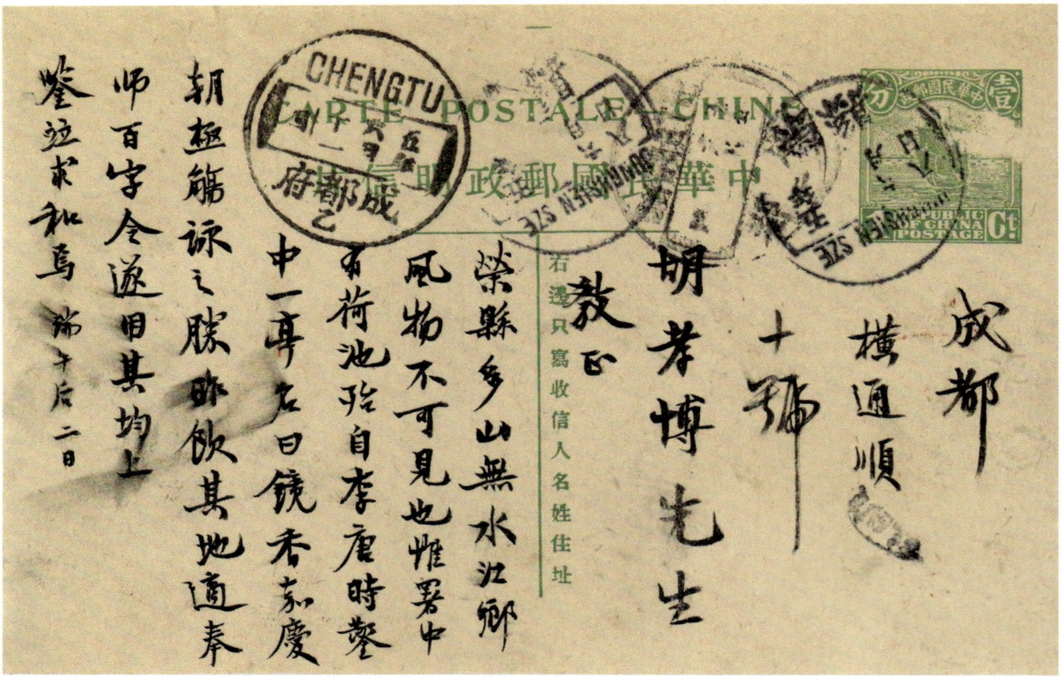

成都
橫通順
十號
胡孝博 先生
教正

榮縣多山無水，江鄉
風物不可見也。惟署中
有荷池，殆自李唐時鑿，
中一亭，名曰鏡香，嘉慶
朝極觴詠之勝。昨飲其地，適奉
師百字令，遂用其均上
鑒，并求和焉。端午後二日。

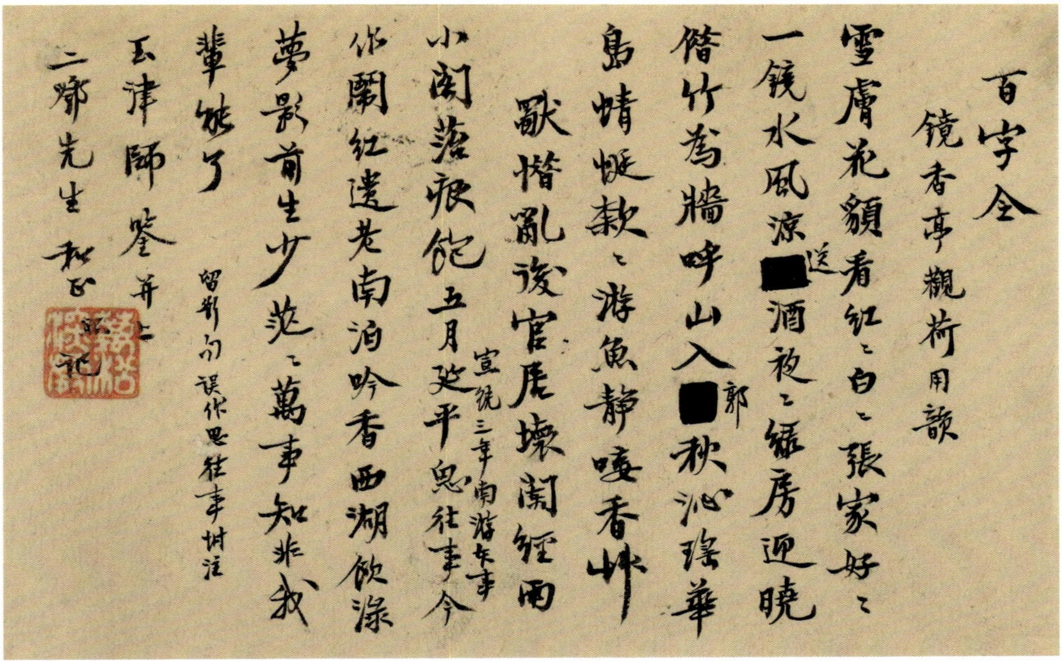

百字令 鏡香亭觀荷用韻。

雪膚花額，看紅紅白白，張家好好。
一鏡水風涼送酒，夜夜綠房迎曉。
借竹為牆，呼山入郭，秋沁瑤華
島。蜻蜓款款，遊魚靜唼香艸。
獸惜亂後官居，壞闌經雨，
小閣落痕飽。五月延平思往事，宣統三年南遊本事。今
作鬧紅遺老。南泊吟香，西湖飲淥，
夢影前生少。茫茫萬事，知非我
輩能了。留斷句誤作思往事，附注。

玉津師 鑒，并上
二鄧先生 和正。 熙記。

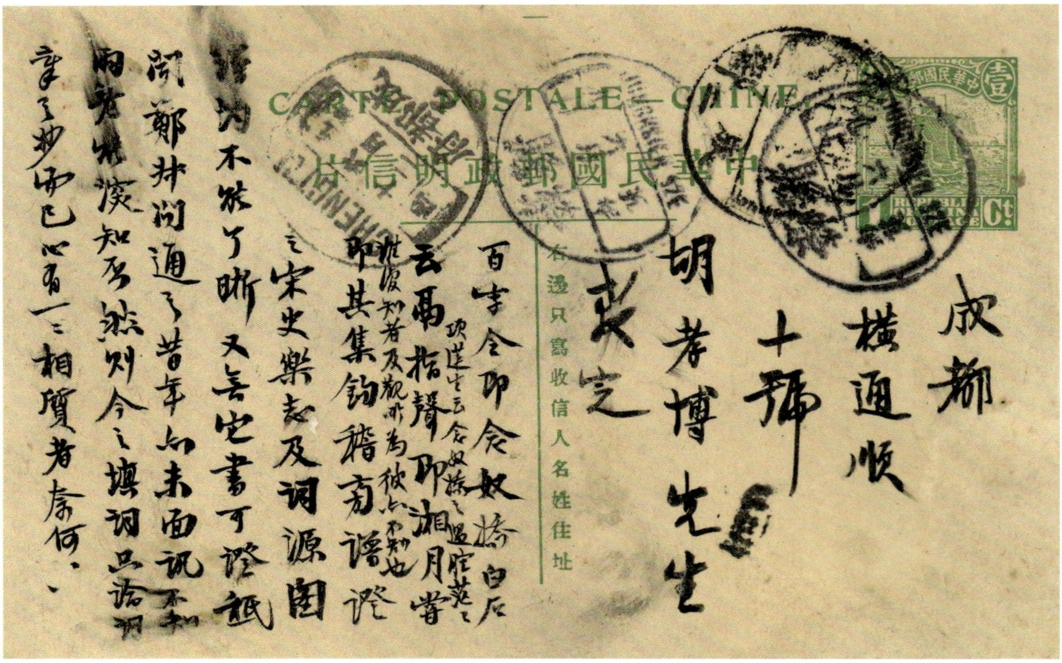

成都
橫通順
十號
胡孝博 先生
教定

百字令即念奴嬌，白石云：：鬲指聲即湘月。項蓮生云：念奴嬌之過腔，茫茫誰復知者。及觀所為，彼亦不知也。嘗即其集，鉤稽旁譜，證之宋史樂志及詞源、圖譜，均不能了晰，又無它書可證，衹聞鄭叔問通之。昔年亦未面訊，不知雨老能深知否？然則今之填詞，只論詞章之妙而已，心有一一相質者，奈何奈何。

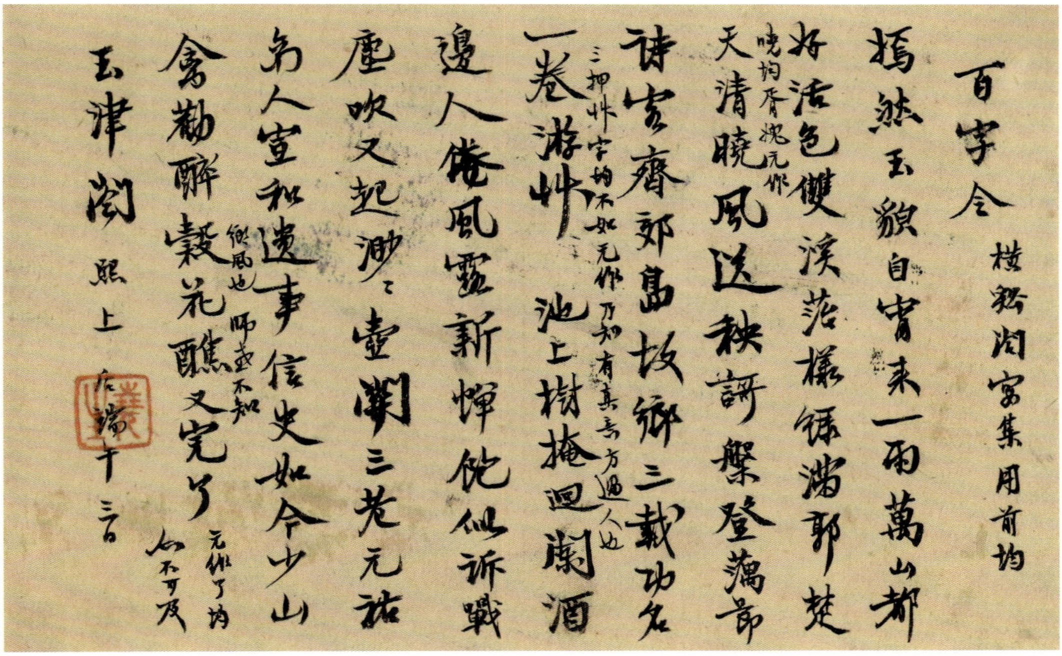

百字令 横谿閣宴集，用前均。

嫣然玉貌，自宵來一雨、萬山都好。活色雙溪菭樣綠，滿郭楚天清曉。曉均胥愧元作。風送秧謌，槃登蒻節，詩客齊郊島。故鄉三載，功名一卷遊艸。三押艸字，均不如元作，乃知有真意方過人也。池上樹掩迴闌，酒邊人倦，风露新蟬飽。似訴戰塵吹又起，渺渺壺開三老。元祐高人，宣和遺事，信史如今少。山禽勸醉，穀花醮鄉風也，師或不知。又完了。元作了均，亦不可及。玉津閣。熙上。后端午三日。

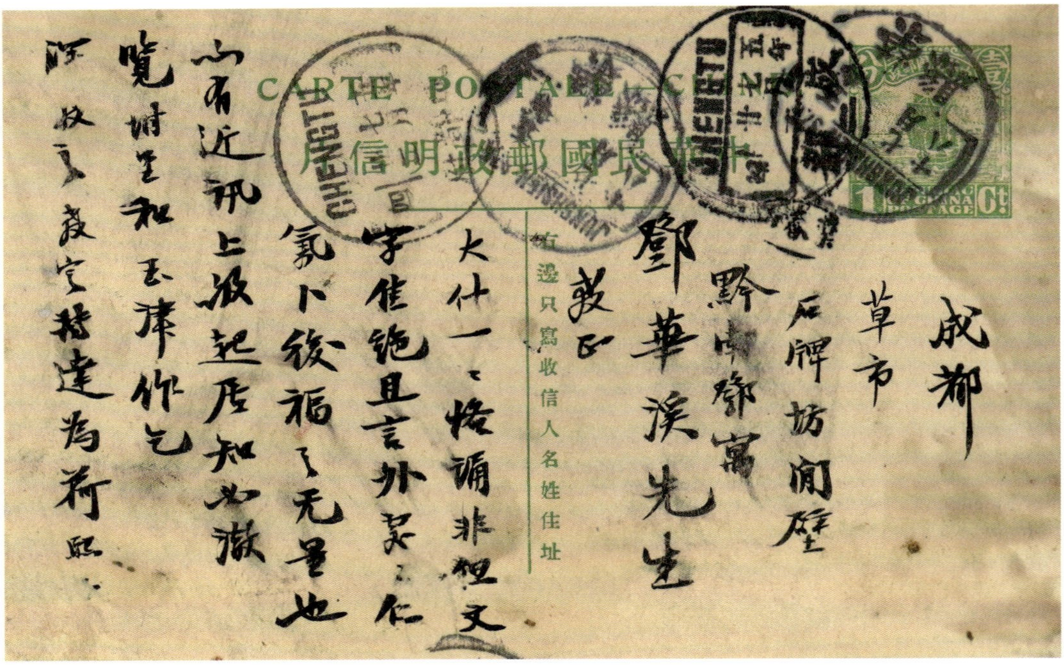

成都
草市
石牌坊閅壁
黔南鄧寓
鄧華溪 先生
教正

大什一一恪誦，非但文
字佳絶，且言外處處仁
氣，卜後福之无量也。
亦有近訊，上敂起居，知必澈
覽。附呈和 玉津作，乞
□教之。教定，轉達為荷。熙田。

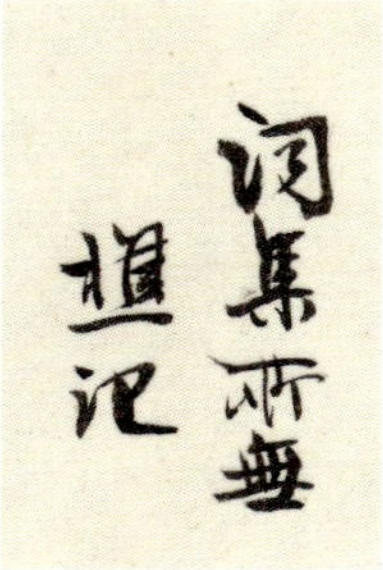

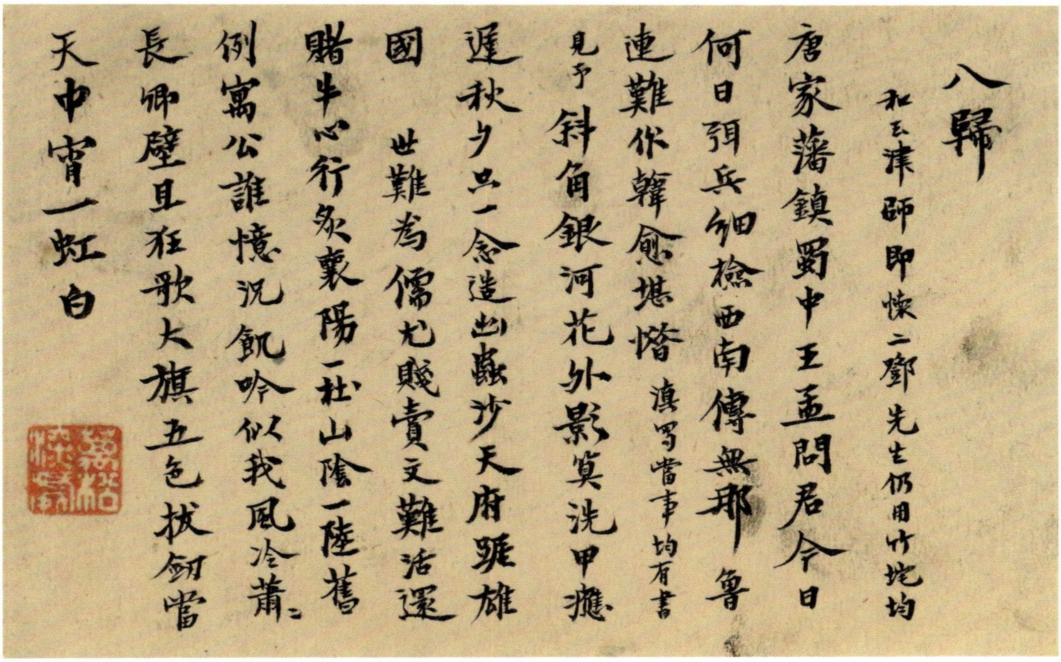

八歸 和玉津師，即懷二鄧先生，仍用竹垞均。

唐家藩鎮，蜀中王孟，問君今日何日。彌兵細檢西南傳，無那魯連難作，韓愈堪惜。滇蜀當事均有書見予。 斜角銀河花外影，莫洗甲應遲秋夕。只一念、造出蟲沙，天府踞雄國。 世難為儒尤賤，賣文難活，還賭牛心行炙。襄陽一杜，山陰一陸，舊例寓公誰憶。況飢吟似我，風冷蕭蕭長卿壁。且狂歌，大旗五色，拔劍當天，中宵一虹白。

詞集所無。樵記。

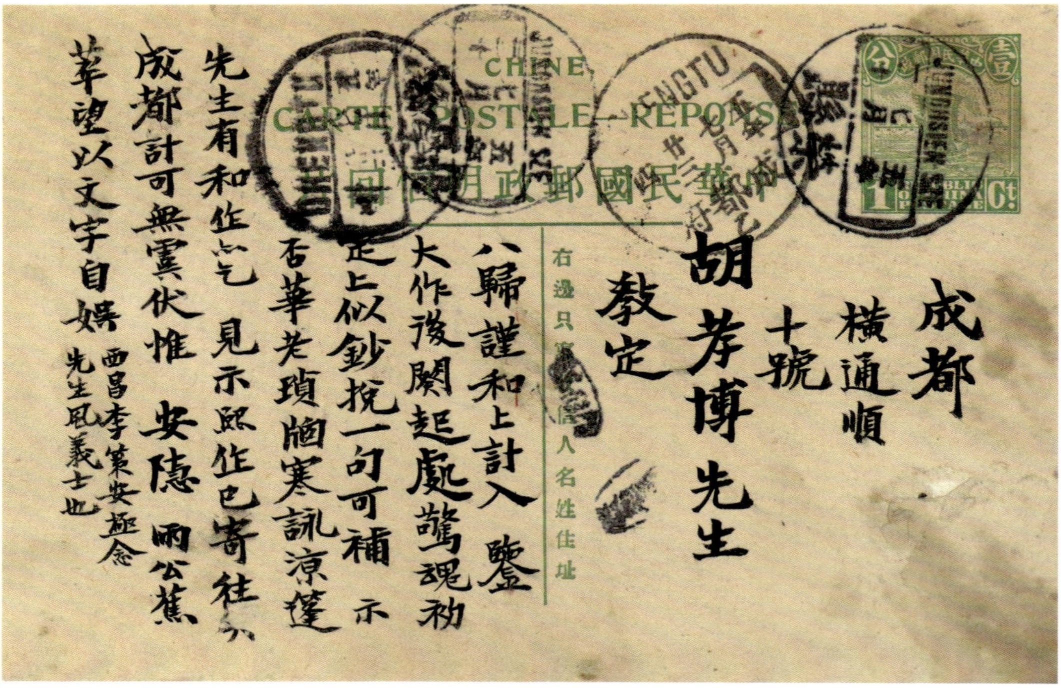

成都
橫通順
十號
胡孝博 先生
教定

八歸謹和上，計入 鑒。
大作後闋起處，『驚魂初
定』上，似鈔挩一句，可補 示
否？華老『瑣惱寒詠涼篷』，
先生有和作，亦乞 見示。熙作已寄往□
成都，計無可虞。伏惟 安隱。 雨公蕉
萃，望以文字自娛。西昌李策安極念先生，風義士也。

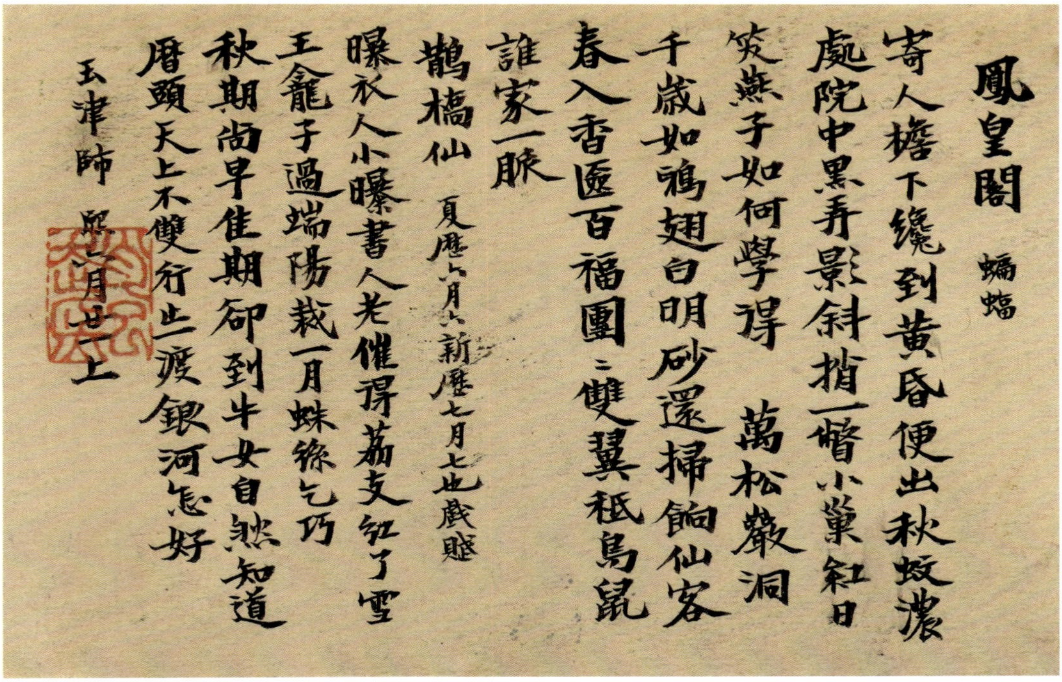

鳳皇閣 蝙蝠

寄人檐下，纔到黃昏便出。秋蚊濃處院中黑。弄影斜梢一瞥，小巢紅日。笑燕子、如何學得。 萬松巖洞，千歲如鴉翅白。明砂還掃餉仙客。春入香奩百福，團團雙翼。秪鳥鼠、誰家一脈。

鵲橋仙 夏歷六月六、新歷七月七也。戲賦。

曝衣人小，曝書人老，催得荔支紅了。雪王龕子過端陽，裁一月蛛絲乞巧。
秋期尚早，佳期卻到，牛女自然知道。曆頭天上不雙行，止一渡銀河怎好。

玉津師。 熙 六月廿一上。

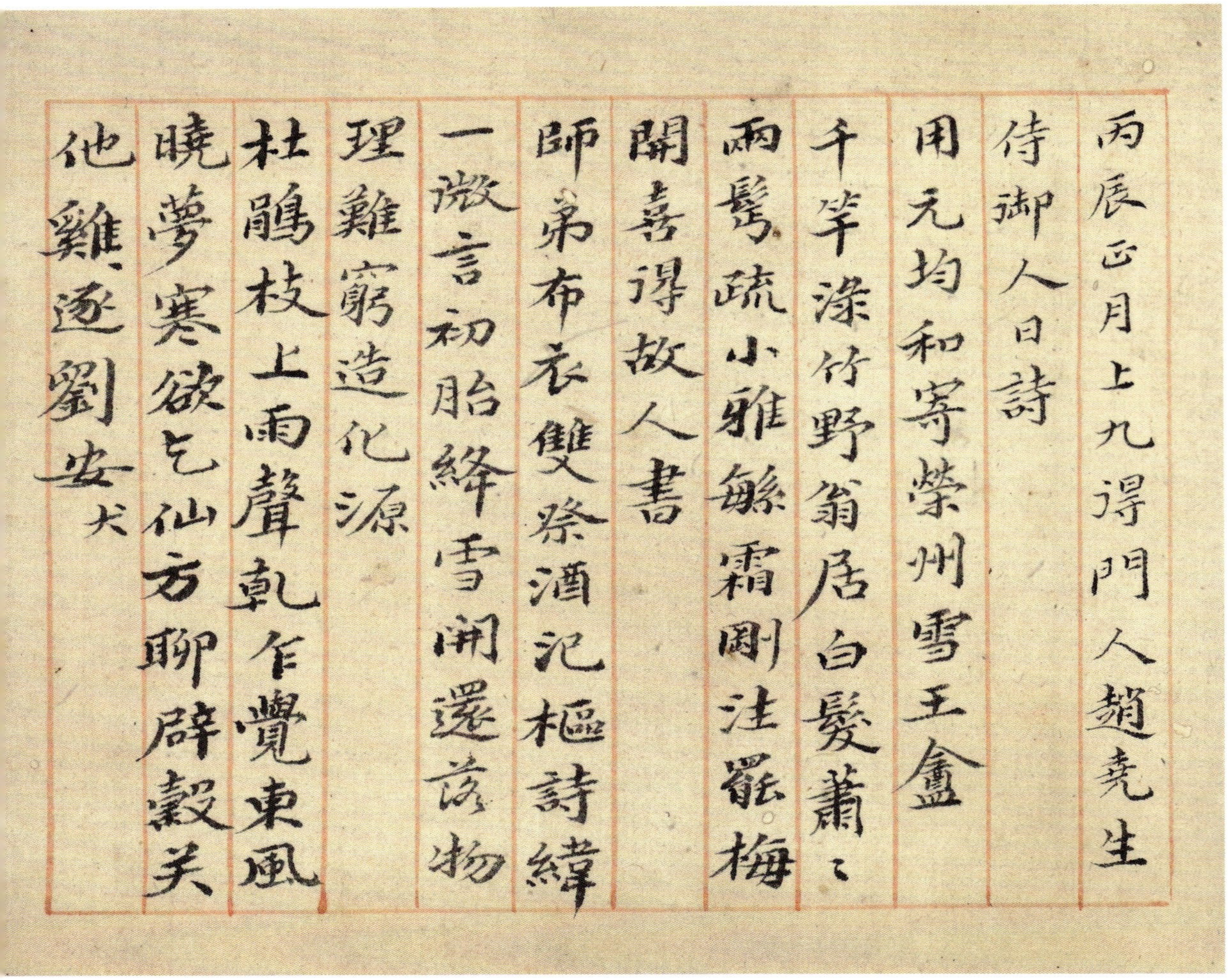

丙辰正月上九，得門人趙堯生
侍御人日詩，
用元均和寄榮州雪王盦。
千竿滌竹野翁居，白髮蕭蕭
兩鬢疏。小雅緜霜剛注罷，梅
開喜得故人書。
師弟布衣雙祭酒，汜樞詩緯
一微言。初胎絳雪開還落，物
理難窮造化源。
杜鵑枝上雨聲乾，乍覺東風
曉夢寒。欲乞仙方聊辟穀，咲
他雞犬逐劉安。

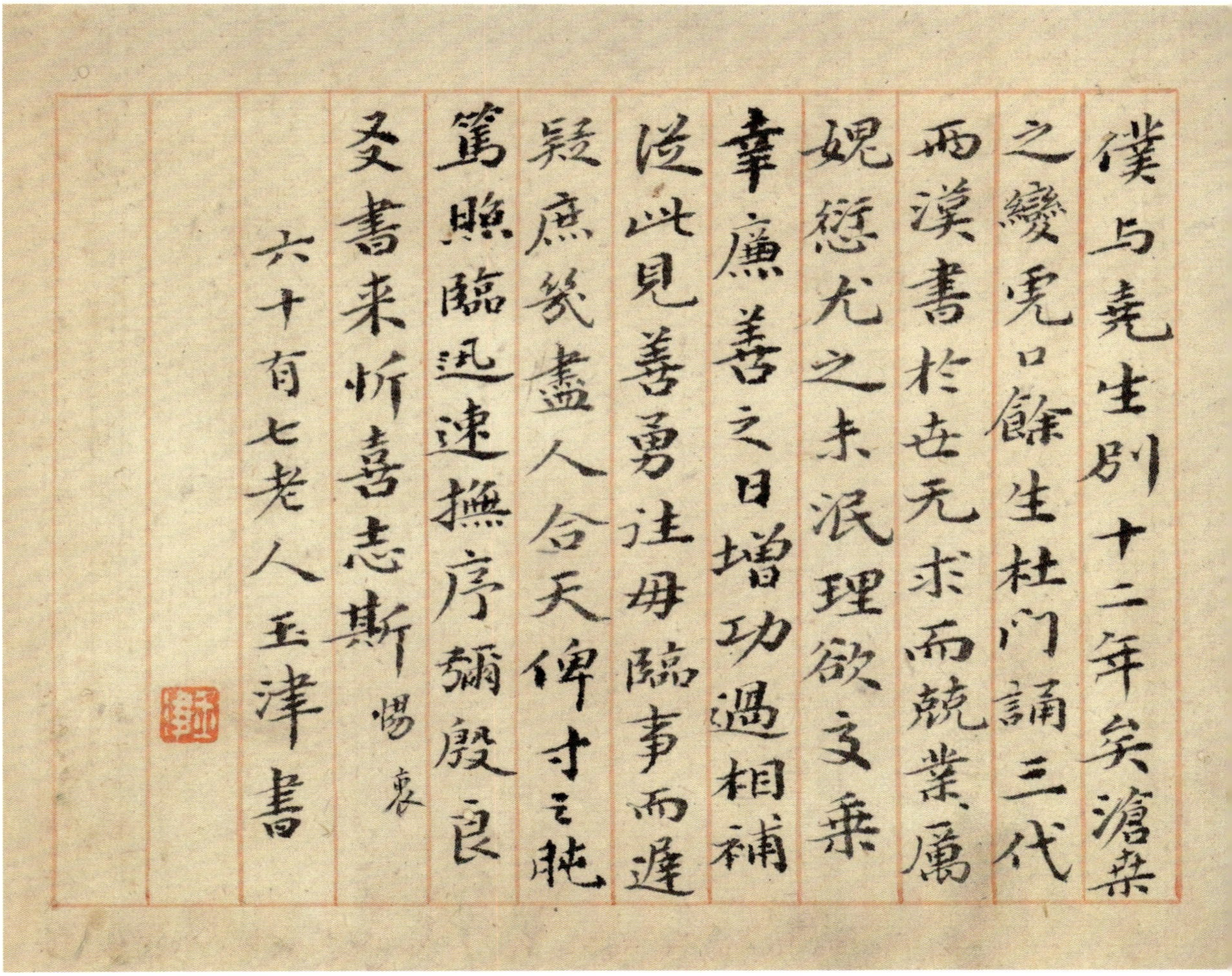

僕與堯生别十二年矣，滄桑
之變，虎口餘生。杜門誦三代
兩漢書，於世无求，而兢業惕厲，
媿愆尤之未泯，理欲交乘，
幸廉善之日增，功過相補。
從此見善勇往，毋臨事而遲
疑，庶幾盡人合天，俾寸衷之肫
篤，照臨迅速，撫序彌殷。良
友書來，忻喜志斯。
六十有七老人玉津書。

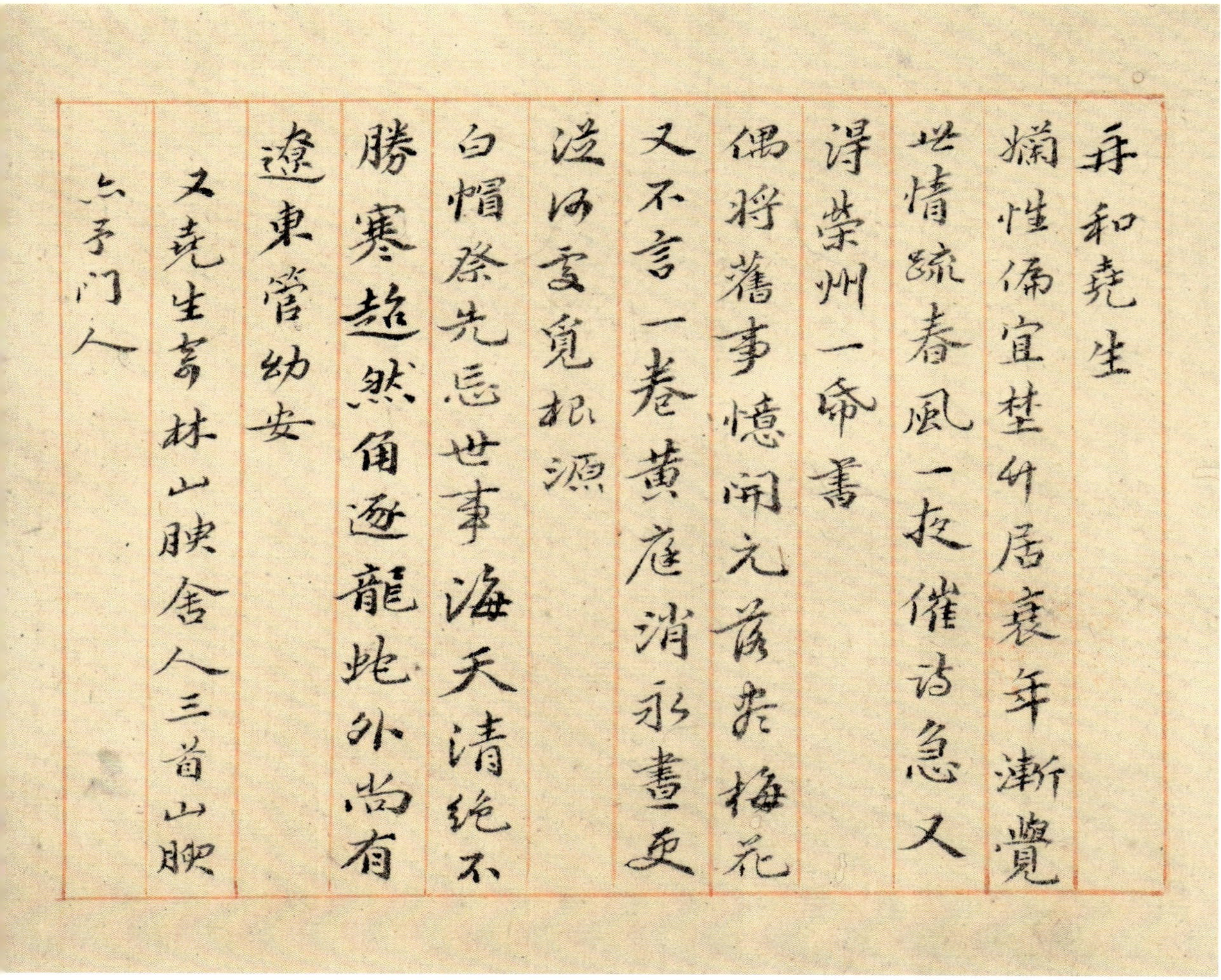

再和堯生

嬾性偏宜野竹居，衰年漸覺
世情疏。春風一夜催詩急，又
得榮州一㡳書。
偶將舊事憶開元，落盡梅花
又不言。一卷黄庭消永晝，更
從何處覓根源。
白帽祭先忘世事，海天清絶不
勝寒。超然角逐龍蛇外，尚有
遼東管幼安。
又，堯生寄林山腴舍人三首，山腴
亦予門人。

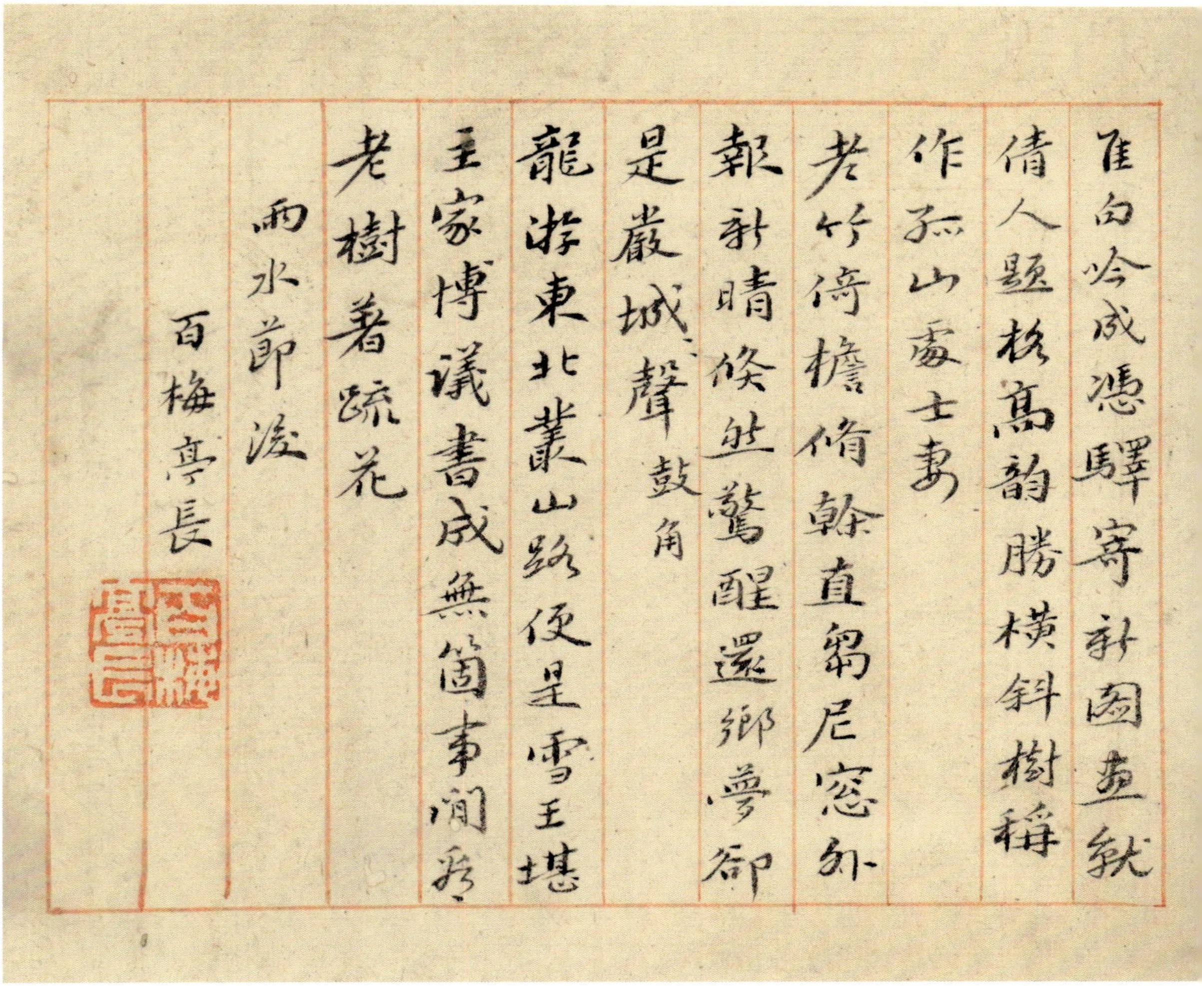

佳句吟成憑驛寄，新圖畫就
倩人題。格高韻勝橫斜樹，稱
作孤山處士妻。
老竹倚檐修幹直，芻尼窗外
報新晴。倏然驚醒還鄉夢，卻
是嚴城鼓角聲。
龍游東北叢山路，便是雪王堪
主家。博議書成無箇事，閑看
老樹著疏花。
雨水節後
百梅亭長

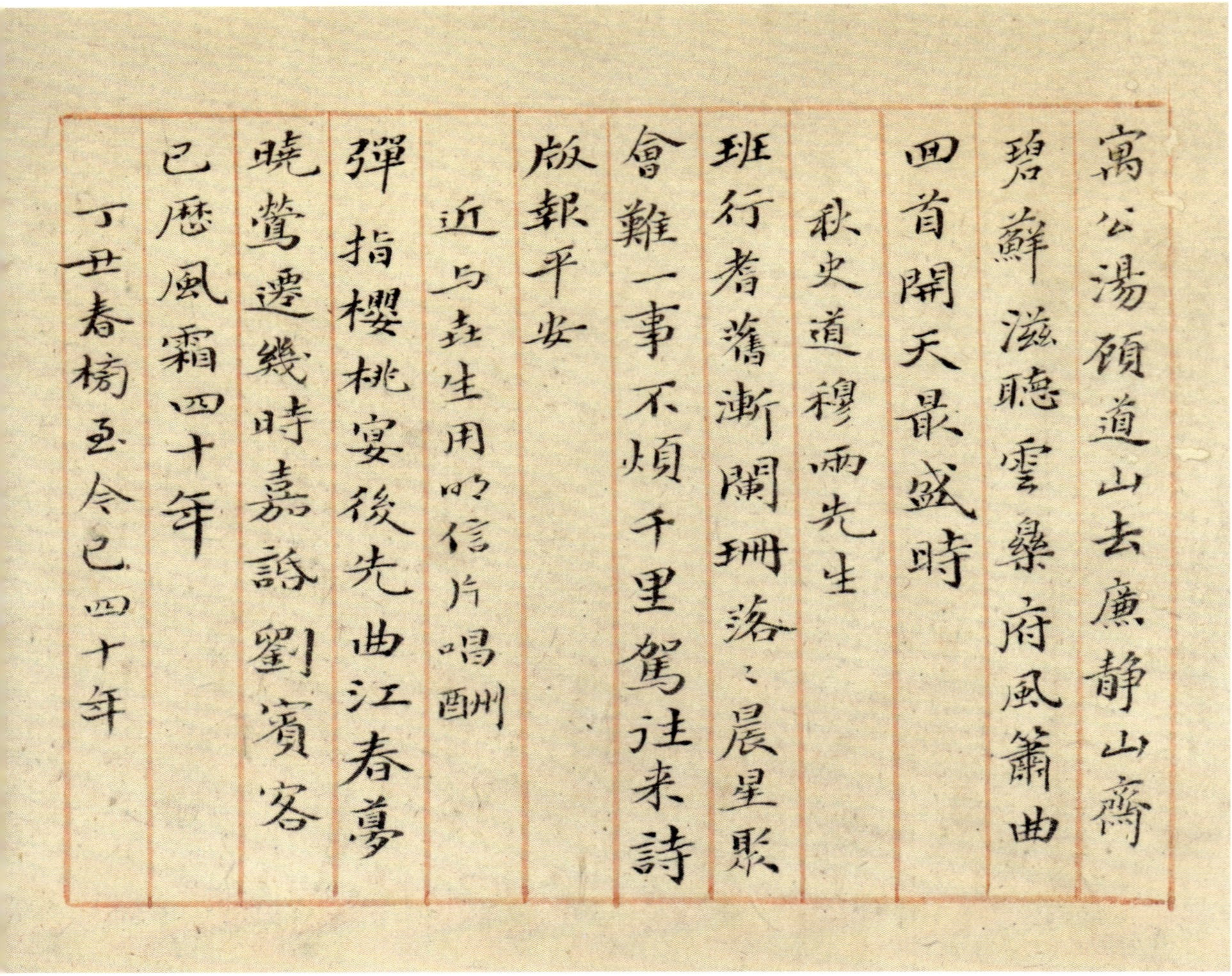

寓公湯顧道山去，廉靜山齋
碧鮮滋。聽雲樂府風簫曲，
回首開天最盛時。
秋史、道穆兩先生。
班行耆舊漸闌珊，落落晨星聚
會難。一事不煩千里駕，往來詩
版報平安。
近與垚生用明信片唱酬。
彈指櫻桃宴後先，曲江春夢
曉鶯遷。幾時嘉話劉賓客，
已歷風霜四十年。
丁丑春榜至今已四十年。

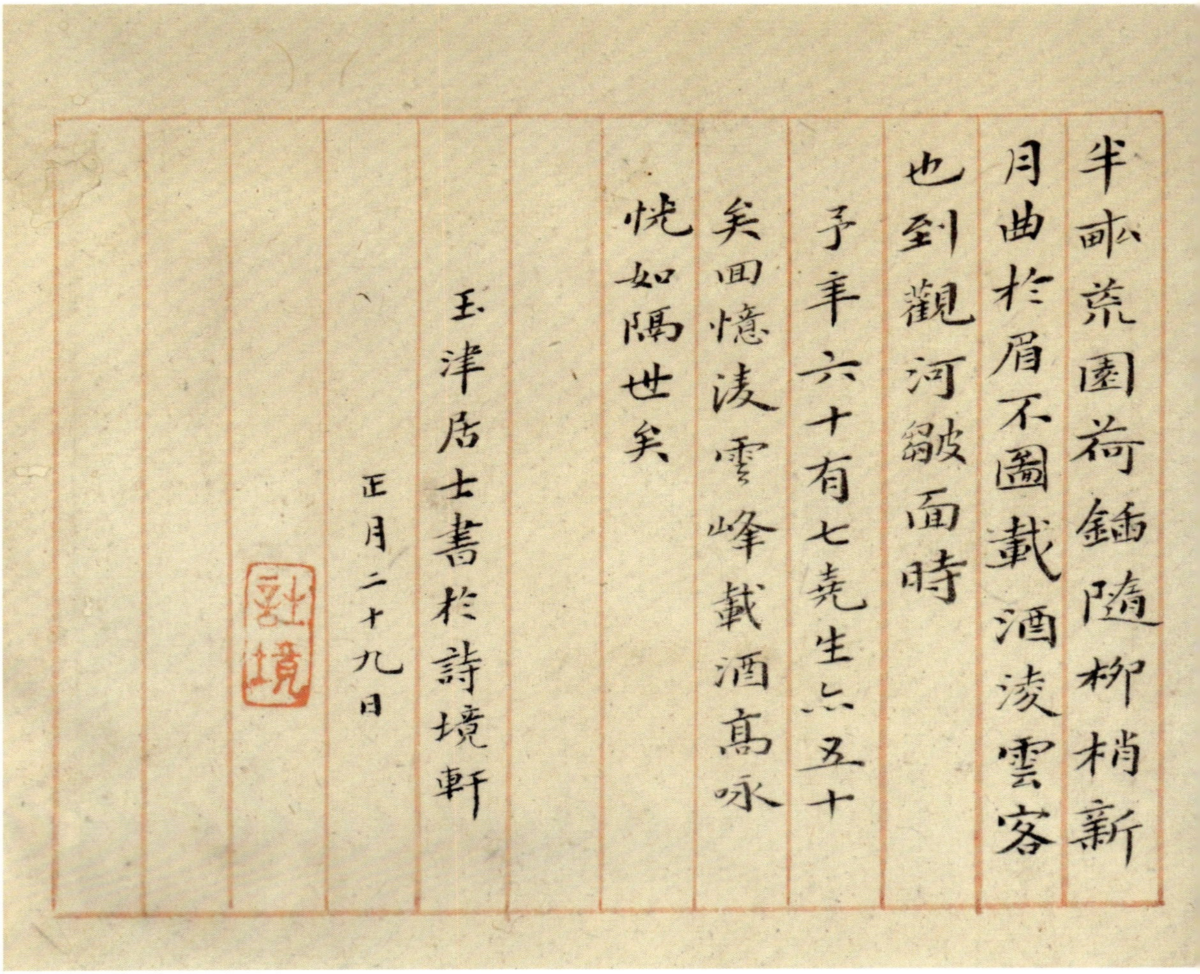

半畝荒園荷鍤隨，柳梢新
月曲於眉。不圖載酒淩雲客，
也到觀河皺面時。
予年六十有七，堯生亦五十
矣。回憶淩雲峰載酒高詠，
恍如隔世矣。
玉津居士書于詩境軒。
正月二十九日。

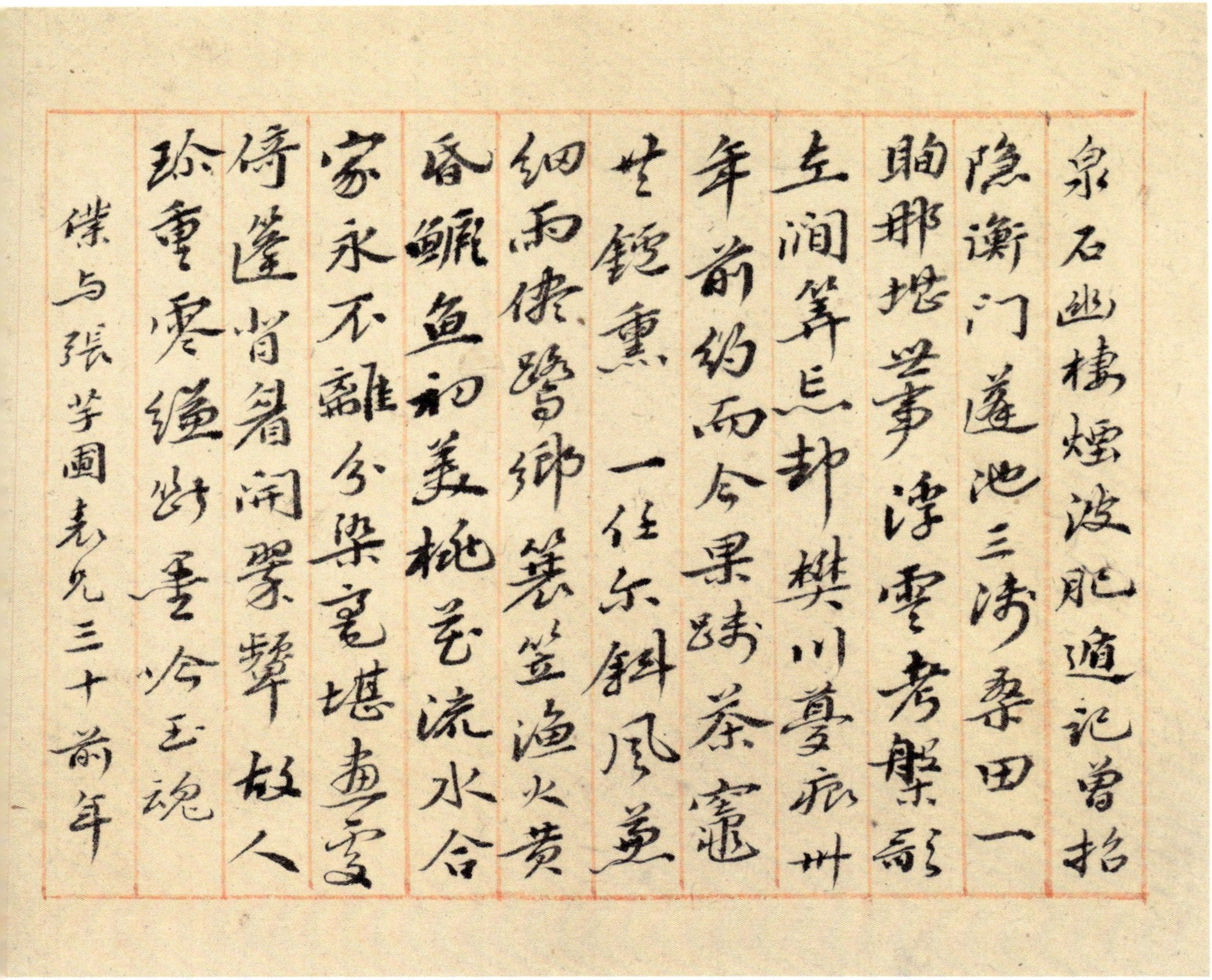

泉石幽棲，煙波肥遁，記曾招隱衡門。蓬池三淺，桑田一晌，那堪世事浮雲。考槃歌在澗，筭忘卻、樊川夢痕。卅年前約，而今果踐，茶竈共鑪薰。　一任爾、斜風兼細雨，伬鷺鄉蓑笠，漁火黃昏。鱖魚初美，桃花流水，合家永不離分。染毫堪畫處，倚篷背、眉開翠顰，故人珍重，零縑斷墨吟玉魂。

僕與張芋圃表兄三十前年

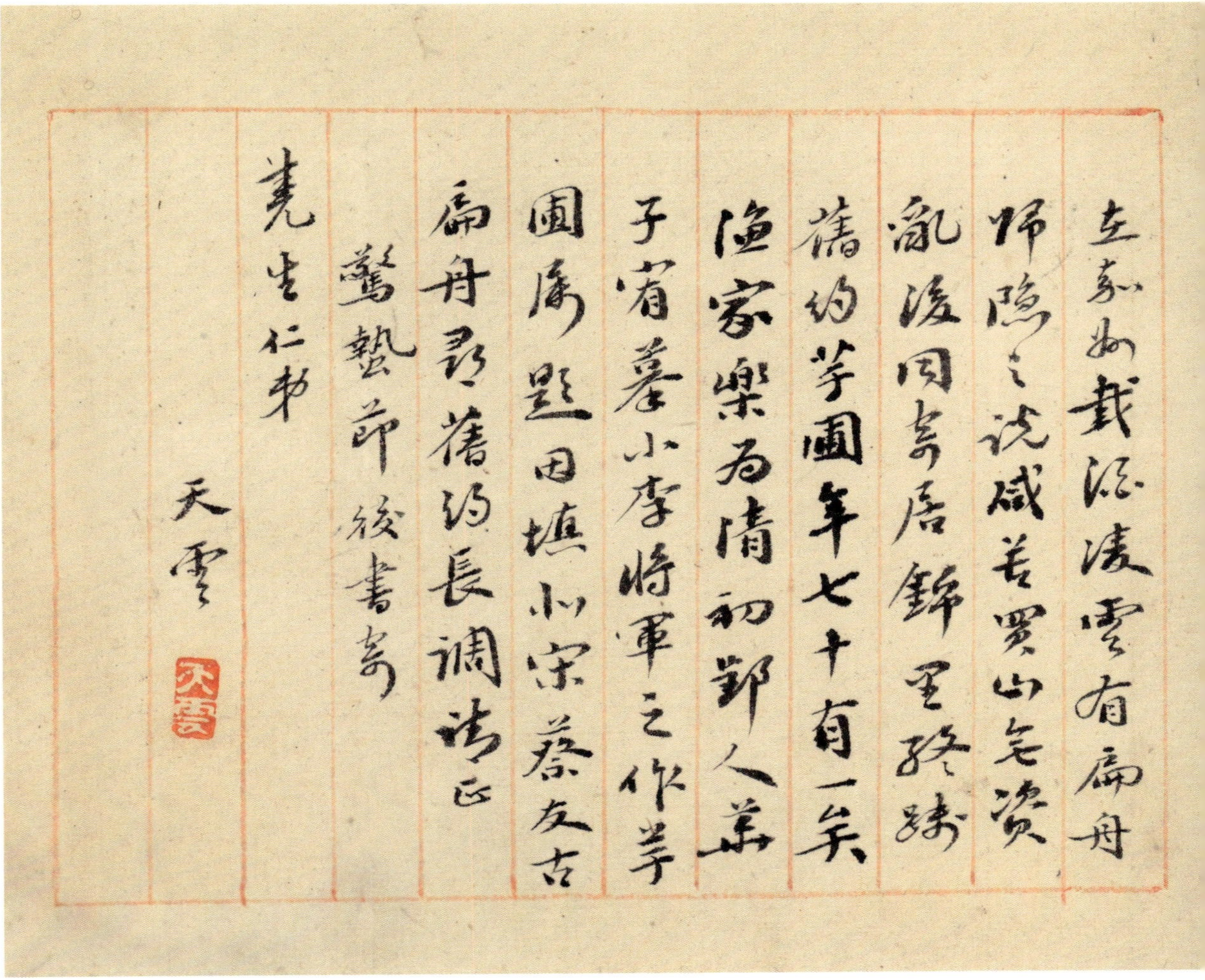

在嘉州，載酒淩雲，有扁舟
歸隱之說，咸苦買山無資。
亂後同寄居錦里，終踐
舊約。芋圃年七十有一矣。
漁家樂為清初郢人莘
子宥摹小李將軍之作，芋
圃屬題，因填北宋蔡友古
扁舟尋舊約長調請正。
鷺蟄節後，書寄
堯生仁弟。
天雲。

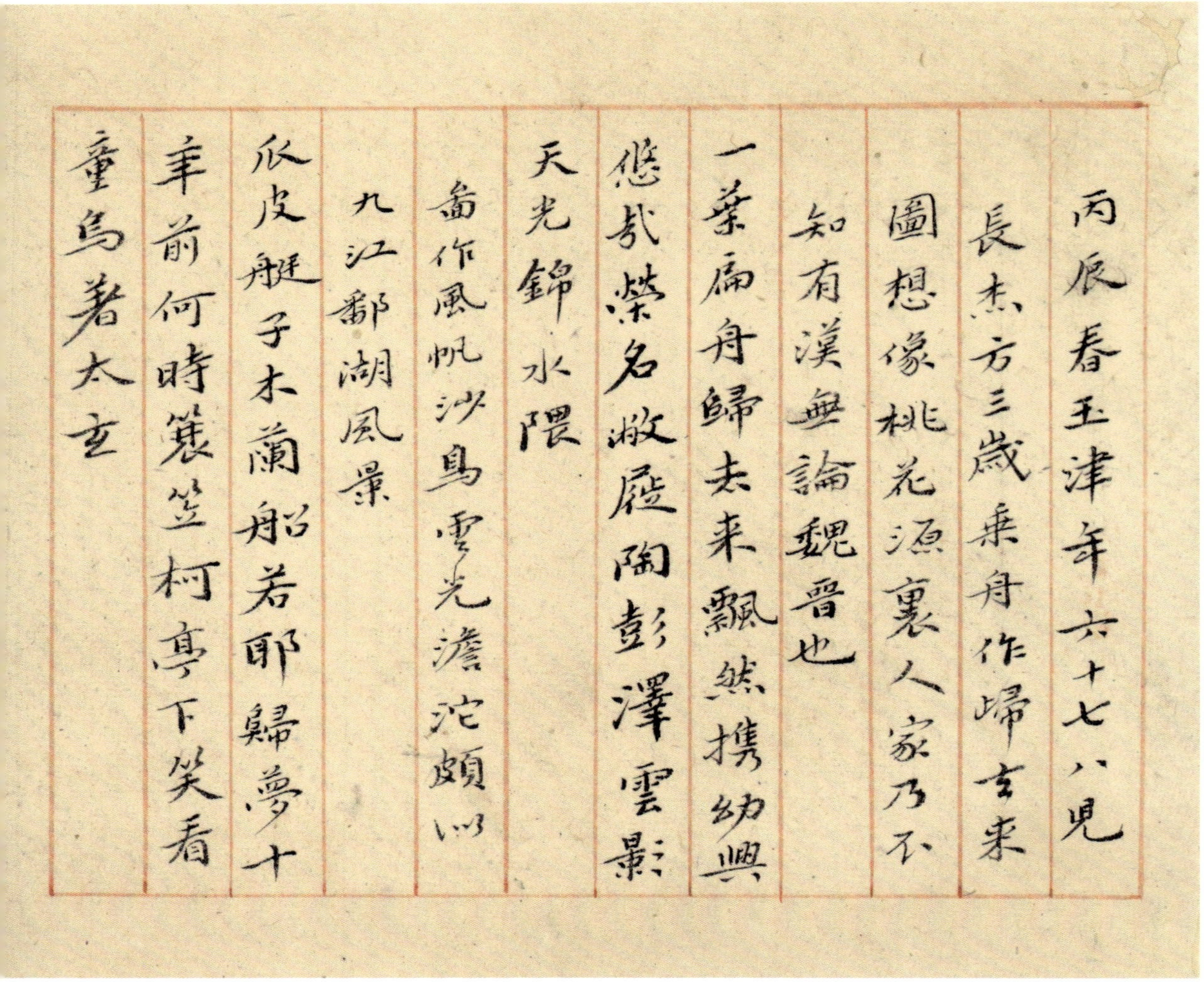

丙辰春，玉津年六十七，八兒
長杰方三歲，乘舟作歸去來
圖，想像桃花源裏人家，乃不
知有漢，無論魏晉也。
一葉扁舟歸去來，飄然攜幼興
悠哉。榮名敝屣陶彭澤，雲影
天光錦水隈。
畾作風帆沙鳥，雲光澹沱，頗似
九江鄱湖風景。
瓜皮艇子木蘭船，若耶歸夢十
年前。何時蓑笠柯亭下，笑看
童烏著太玄。

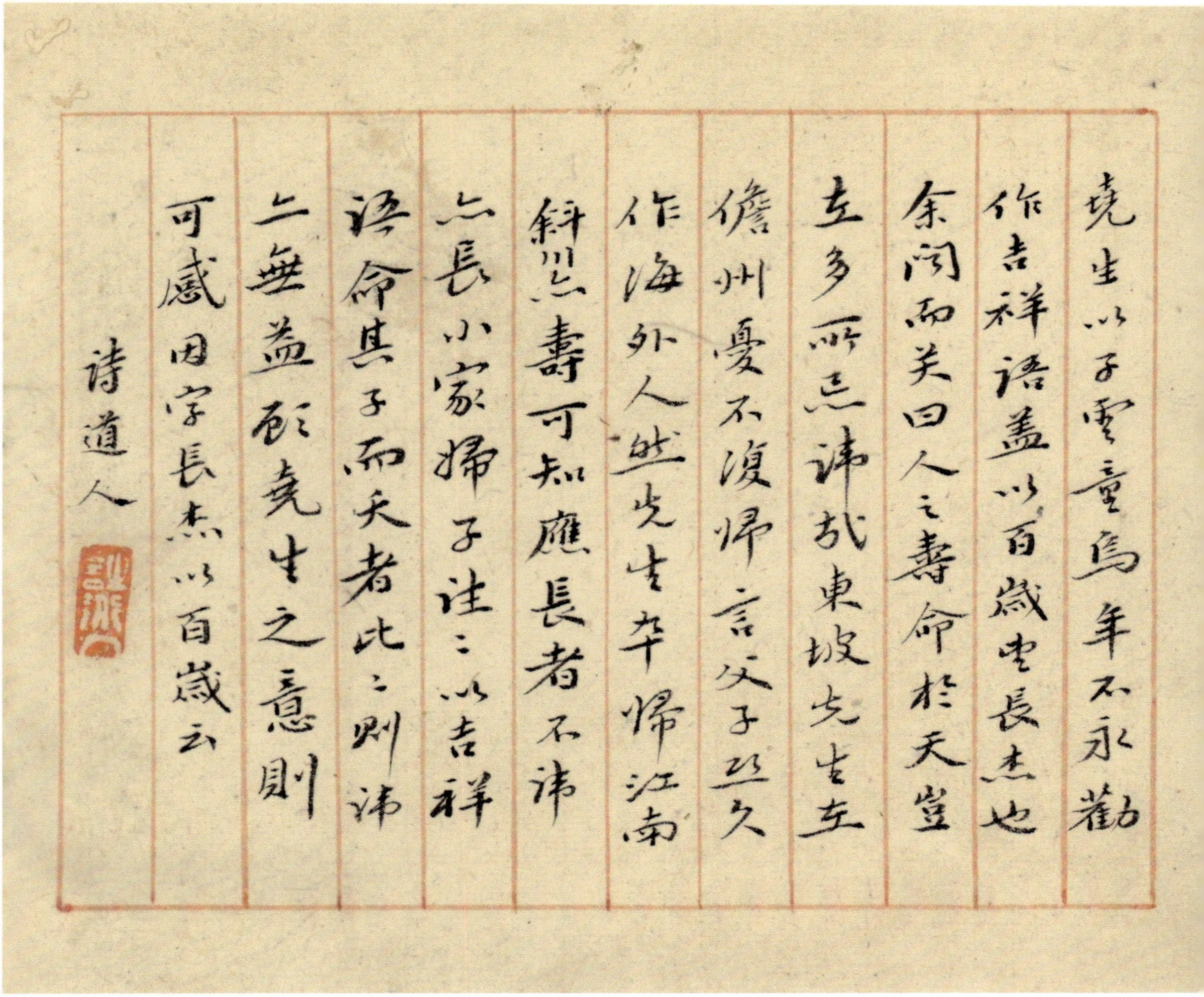
堯生以子雲童烏年不永勸
作吉祥語蓋以百歲望長杰也
余聞而咲曰人之壽命於天豈
在多所忌諱哉東坡先生在
儋州憂不復歸言父子恐久
作海外人然先生卒歸江南
斜川亦壽可知應長者不諱
亦長小家婦子往往以吉祥
語命其子而夭者比比則諱
亦無益顧堯生之意則
可感因字長杰以百歲云
詩道人

堯生以子雲童烏年不永，勸作吉祥語，蓋以百歲望長杰也。余聞而咲曰：人之壽命於天，豈在多所忌諱哉。東坡先生在儋州，憂不復歸，言父子恐久作海外人，然先生卒歸江南，斜川亦壽。可知應長者，不諱亦長。小家婦子往往以吉祥語命其子，而夭者比比，則諱亦無益。顧堯生之意則可感，因字長杰以百歲云。詩道人。

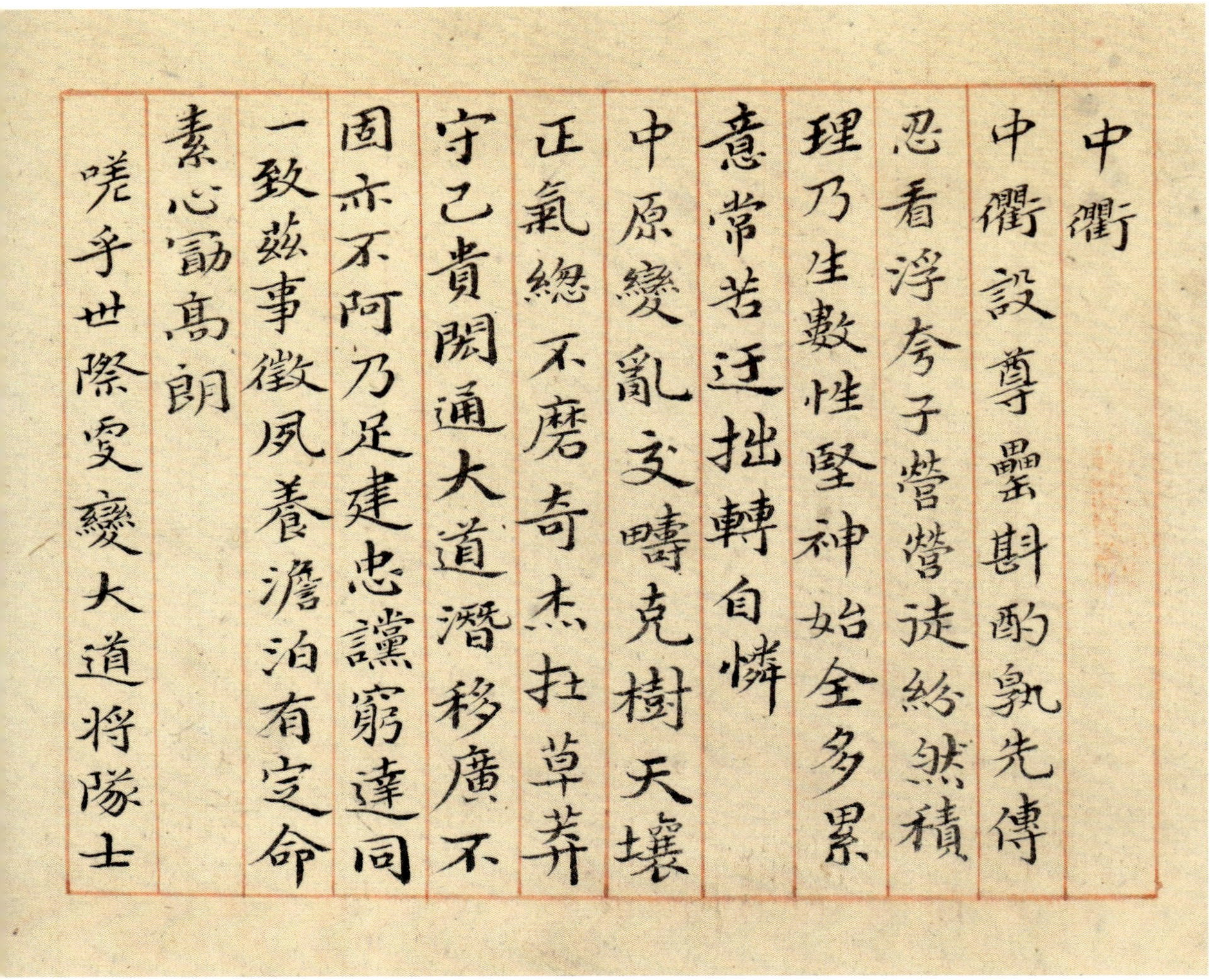

中衢
中衢設尊罍斟酌孰先傳
忍看浮夸子營營徒紛然積
理乃生數性堅神始全多累
意常苦迂拙轉自憐
中原變亂交疇克樹天壤
正氣總不磨奇杰在草莽
守己貴閎通大道潛移廣不
固亦不阿乃足建忠讜窮達同
一致茲事徵夙養澹泊有定命
素心勗高朗
嗟乎世際更變大道將隊士

中衢

中衢設尊罍，斟酌孰先傳。
忍看浮夸子，營營徒紛然。積
理乃生數，性堅神始全。多累
意常苦，迂拙轉自憐。
中原變亂交，疇克樹天壤。
正氣總不磨，奇杰在草莽。
守己貴閎通，大道潛移廣。不
固亦不阿，乃足建忠讜。窮達同
一致，茲事徵夙養。澹泊有定命，
素心勗高朗。
嗟乎，世際更變，大道將隊，士

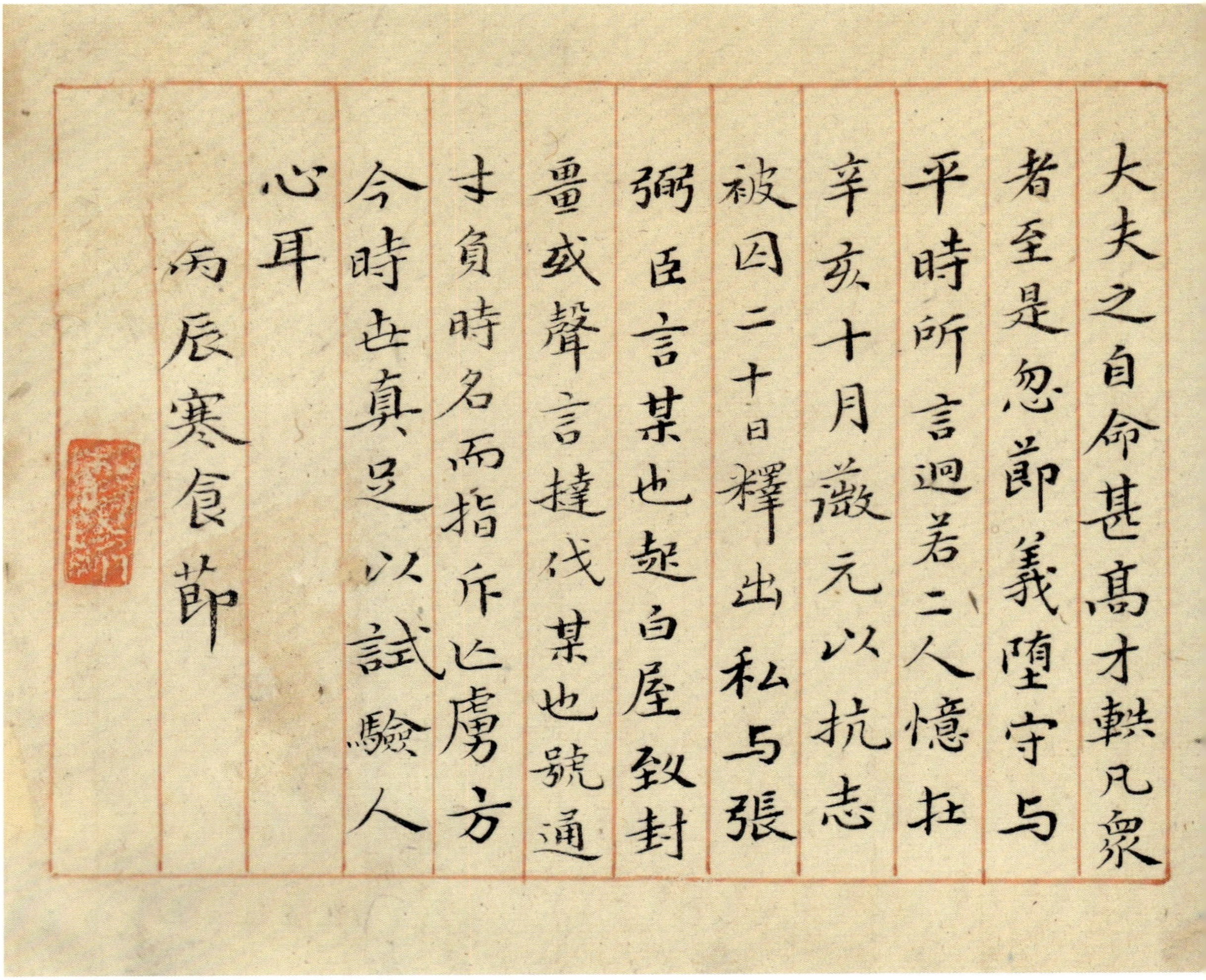

大夫之自命甚高，才軼凡眾
者，至是忽節義墮守，與
平時所言迥若二人。憶在
辛亥十月，薇元以抗志
被囚，二十日釋出，私與張
弼臣言：某也起白屋，致封
疆，或聲言撻伐。某也號通
才，負時名，而指斥亡虜。方
今時世，真足以試驗人
心耳。
丙辰寒食節。

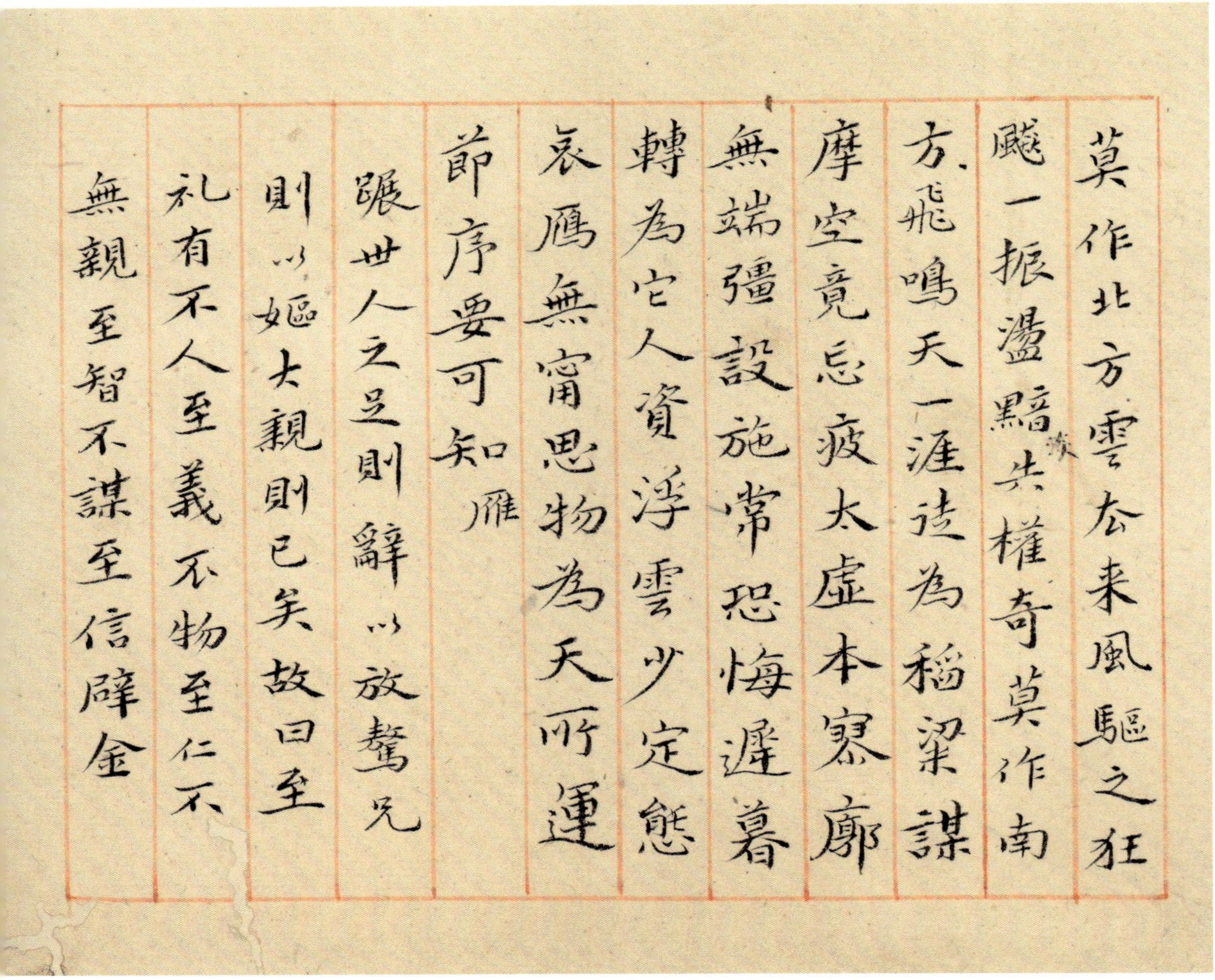

莫作北方雲，厺來風驅之。狂
飇一振盪，黯淡失權奇。莫作南
方雁，飛鳴天一涯。徒為稻粱謀，
摩空竟忘疲。太虛本寥廓，
無端彊設施。常恐悔遲暮，
轉為它人資。浮雲少定態，
哀鴈無甯思。物為天所運，
節序要可知。
踞世人之足，則辭以放驁。兄
則以嫗，大親則已矣。故曰，至
礼有不人，至義不物，至仁不
無親，至智不謀，至信辟金。

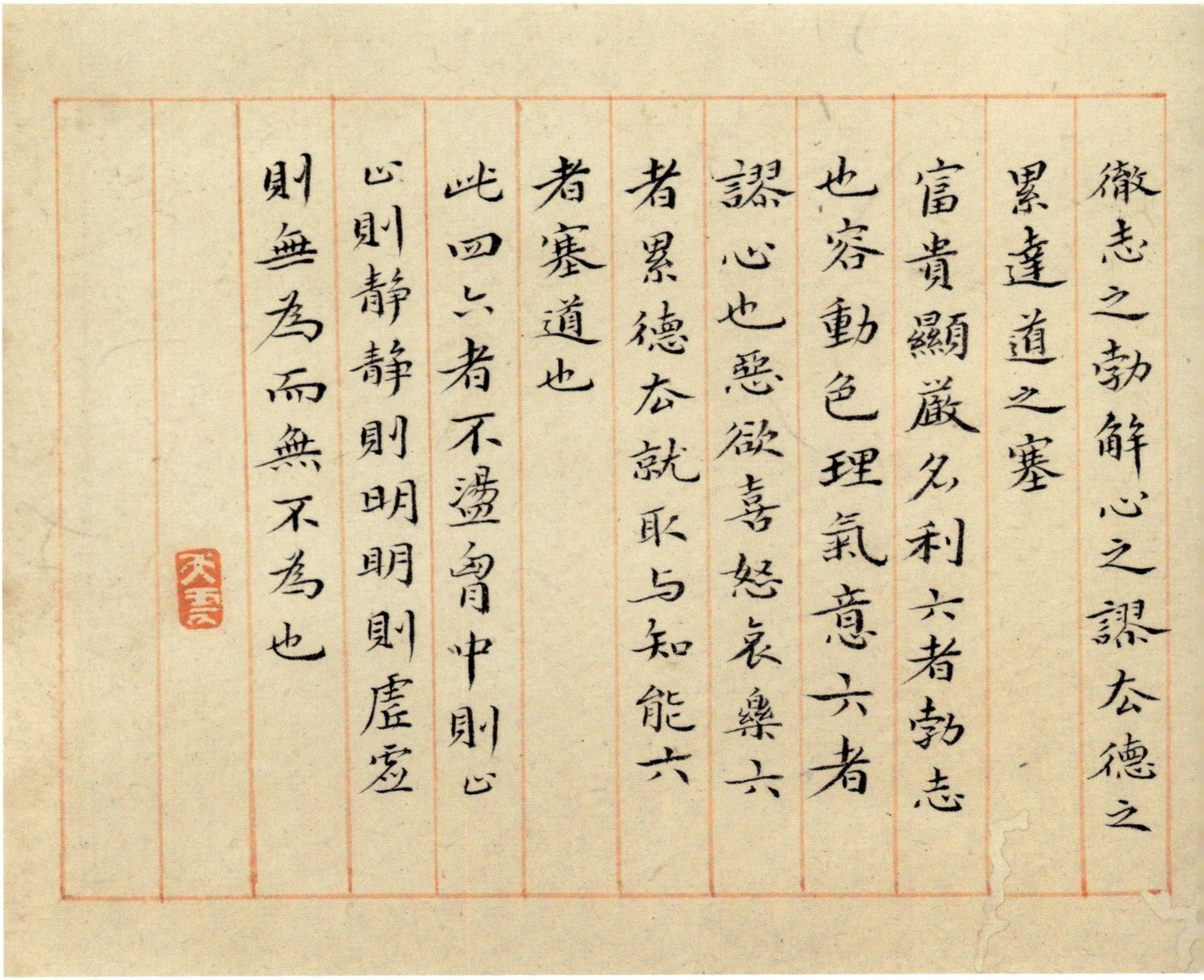

徹志之勃，解心之謬，厺德之
累，達道之塞。
富貴顯嚴名利六者，勃志
也。容動色理氣意六者，
謬心也。惡欲喜怒哀樂六
者，累德。厺就取與知能六
者，塞道也。
此四六者，不蕩胷中則止，
止則靜，靜則明，明則虛，虛
則無為而無不為也。

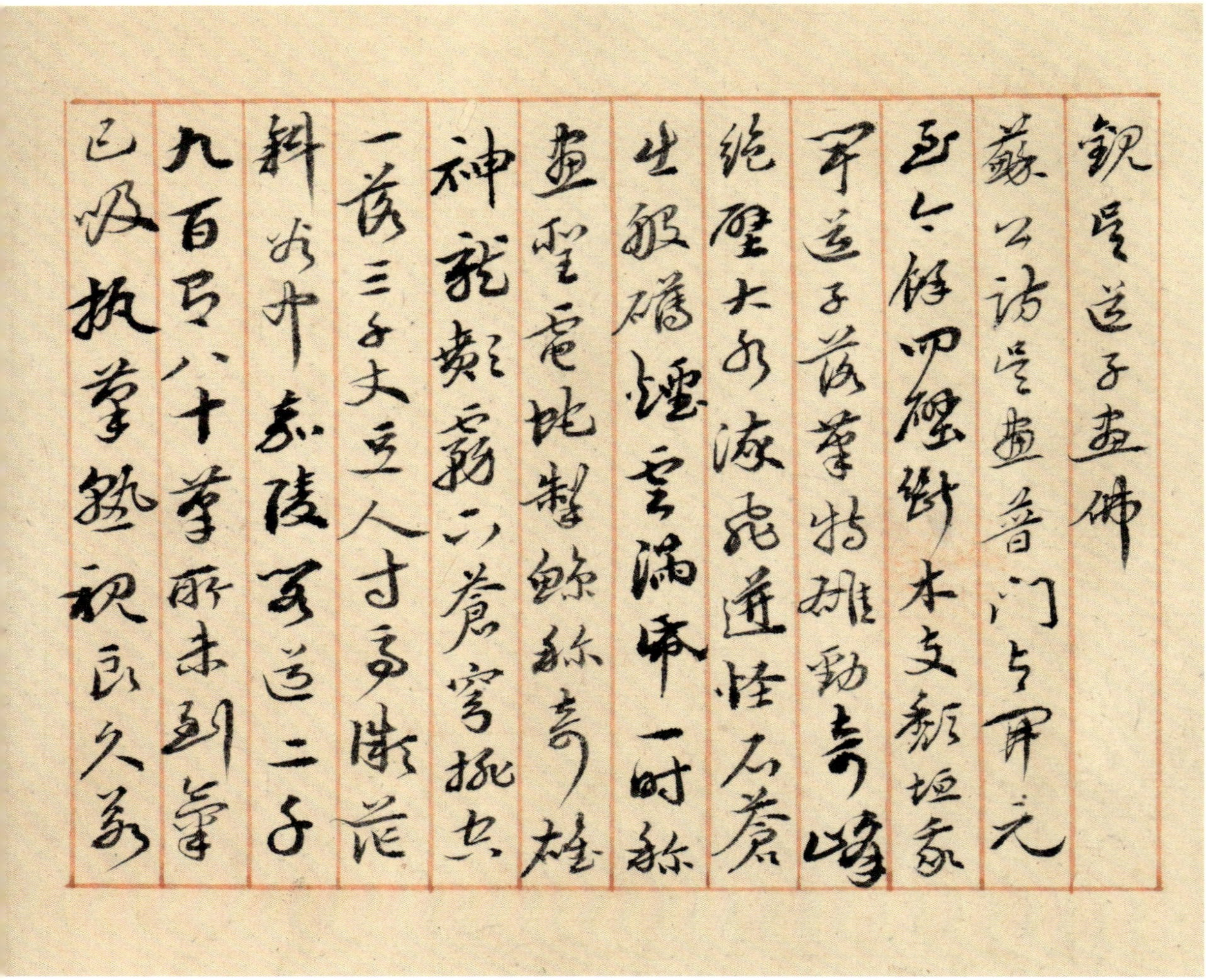

觀吳道子畫佛

蘇公訪吳畫，普門與開元。
至今餘四壁，斷木支頹垣。我
聞道子落筆特雄勁，奇峰
絕壁大水流飛迸。怪石蒼
出般礴，煙雲滿紙一時稱
畫聖。雹蛇掣鯨稱奇雄，
神龍歕霧下蒼穹。挑空
一落三千丈，豆人寸馬微茫。
斜谷中嘉陵閣道二千
九百有八十，筆所未到氣
已吸。執筆熟視良久若

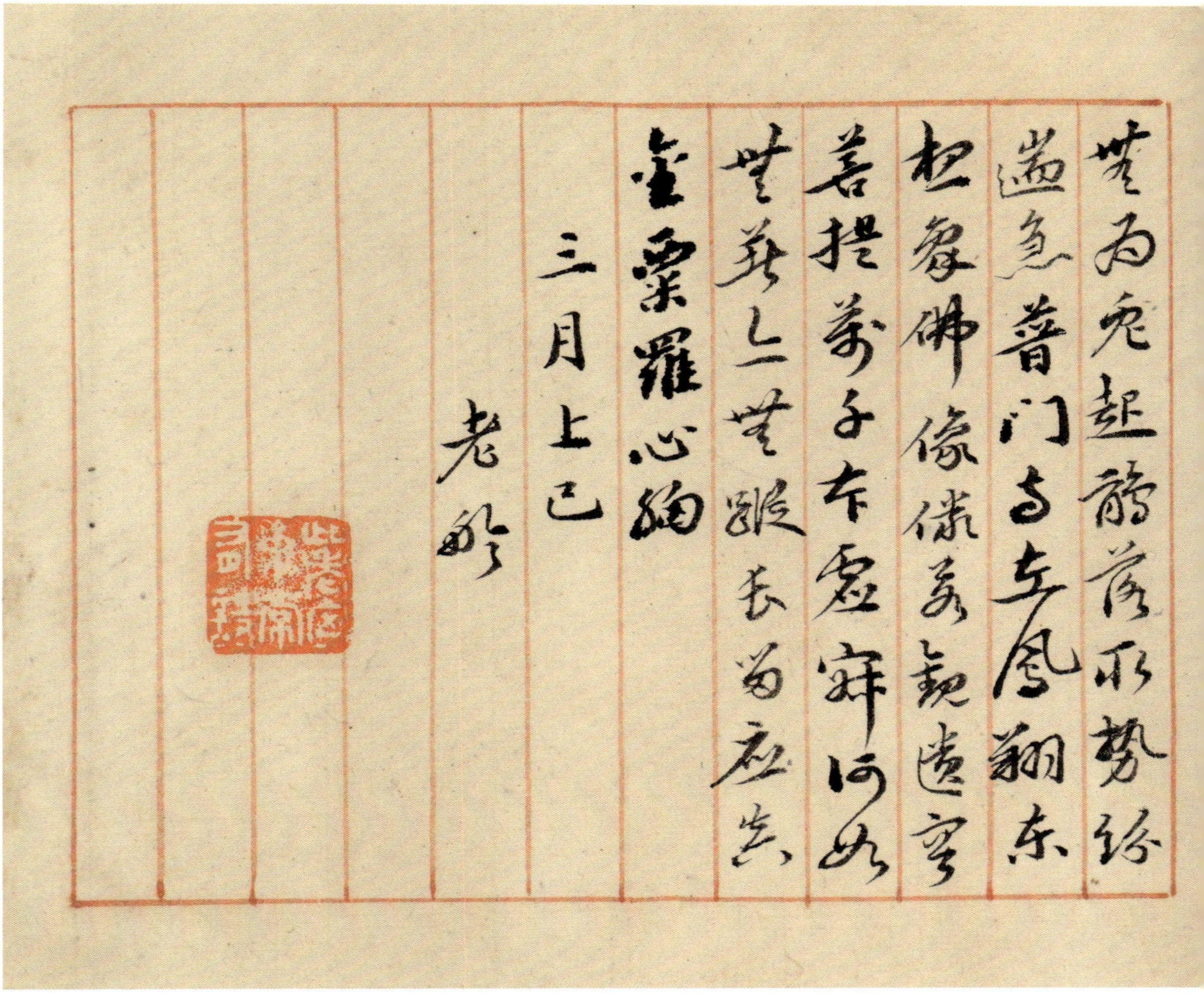

無為，兔起鵲落取勢紛
遄急。普門寺在鳳翔東，
想象佛像儼若觀遺容。
菩提萬千本虛寂，何如
無著亦無蹤，長留應真
金粟羅心胸。
三月上巳。
老舲。

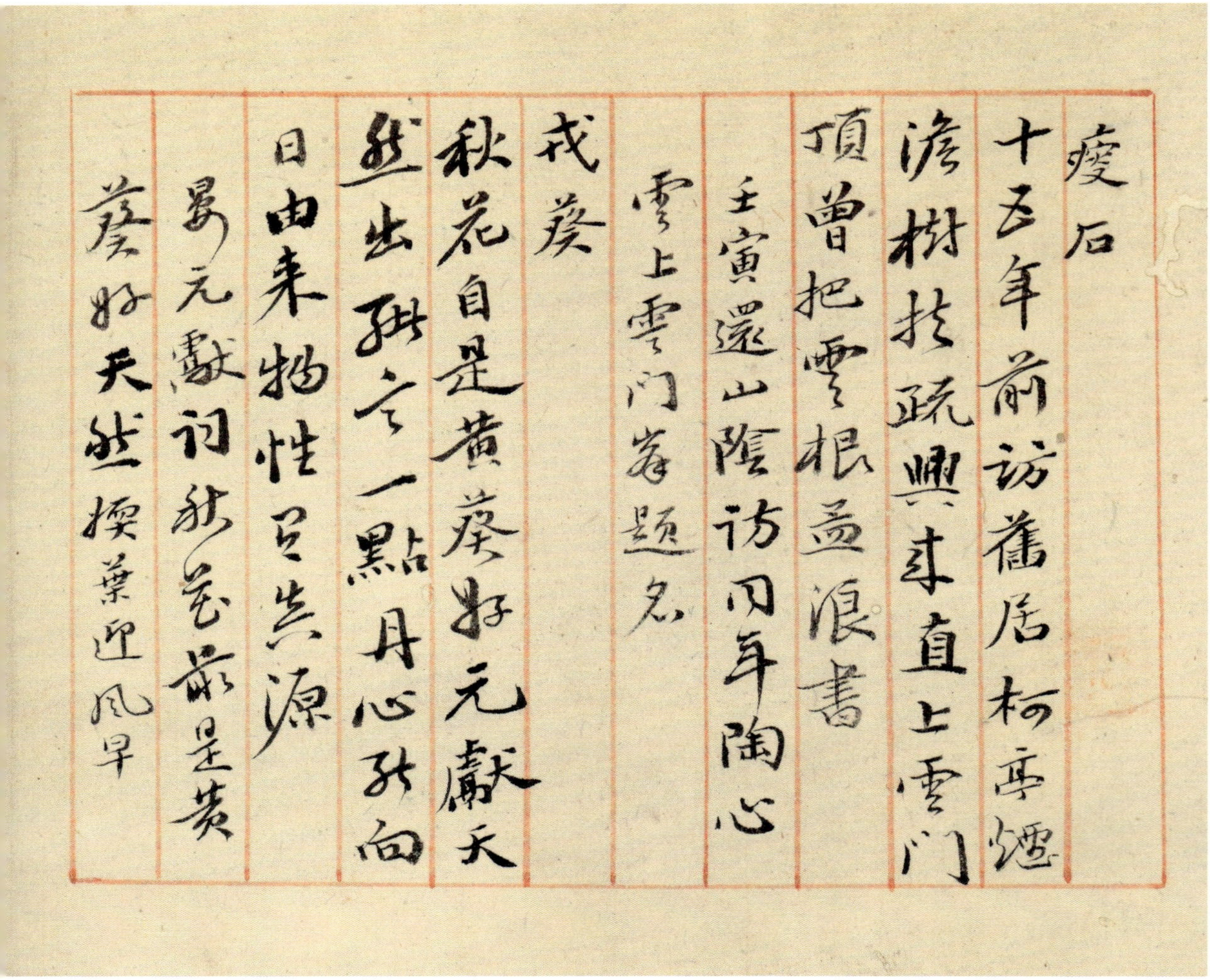

瘦石

十五年前訪舊居，柯亭煙
澹樹扶疏。興來直上雲門
頂，曾把雲根孟浪書。
壬寅還山陰，訪同年陶心
雲，上雲門峰題名。

戊葵

秋花自是黃葵好，元獻天
然出緒言。一點丹心能向
日，由來物性有真源。
晏元獻詞：秋花最是黃
葵好，天然嫩葉迎風早。

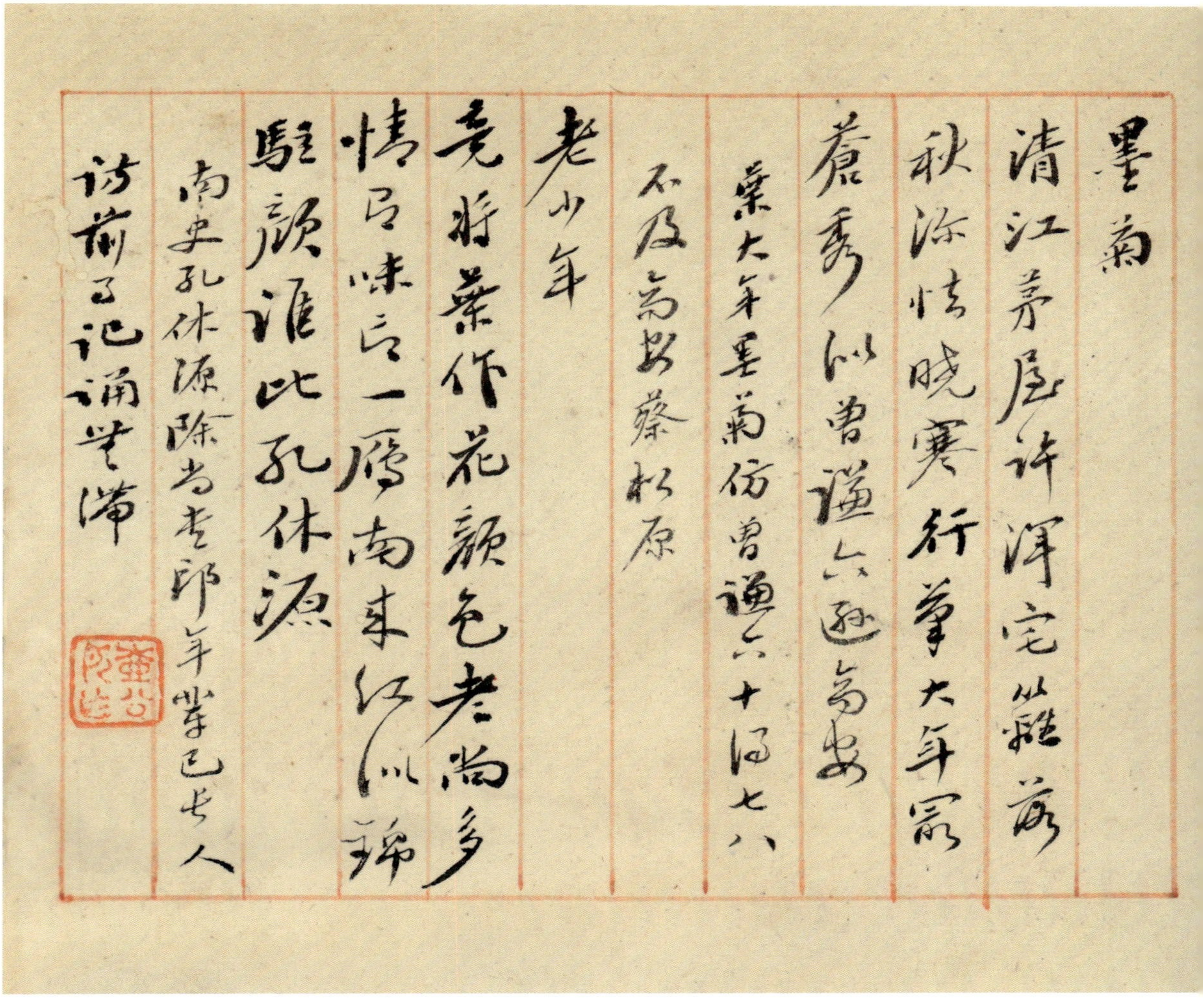

墨菊

清江茅屋許渾宅，籬落
秋深怯曉寒。行筆大年最
蒼秀，似曾謙六遜高安。
葉大年墨菊仿曾謙六，十得七八，
不及高安蔡松原。

老少年

竟將葉作花顏色，老尚多
情有味言。一鴈南來紅似錦，
駐顏誰比孔休源。
南史孔休源除尚書郎，年輩已長，人
訪前事，記誦無滯。

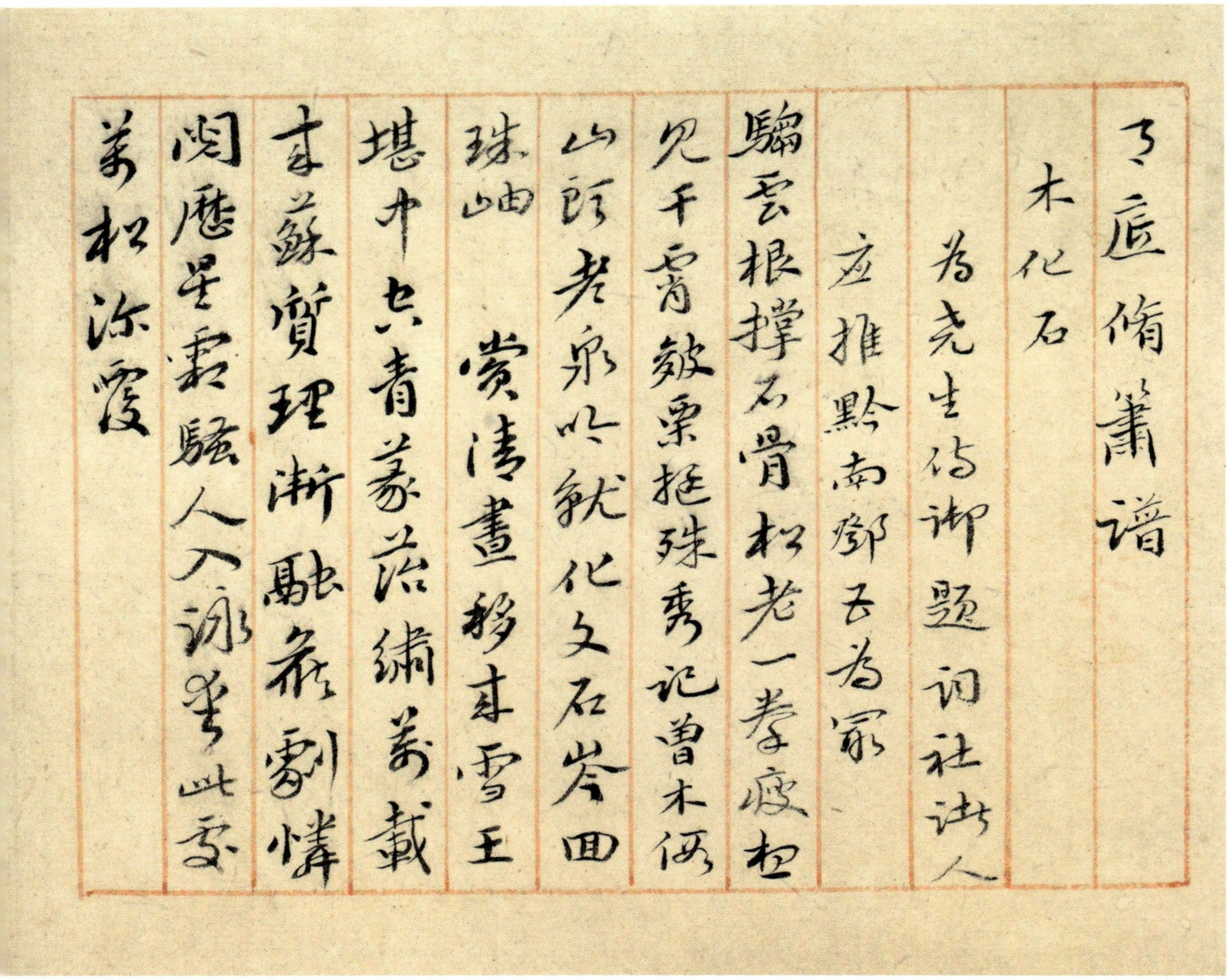

月底脩簫譜

木化石

為堯生侍御題，詞社諸人，
應推黔南鄧五為最。

騶雲根，撐石骨。松老一拳瘦。想
見千霄，皴栗挺殊秀。記曾木假
山頭，老泉吟就。化文石、岑回
珠岫。　賞清晝。移來雪王
堪中，空青篆箔繡。萬載
來蘇，質理漸融候。劇憐
閱歷星霜，騷人入詠。愛此處，
萬松深覆。

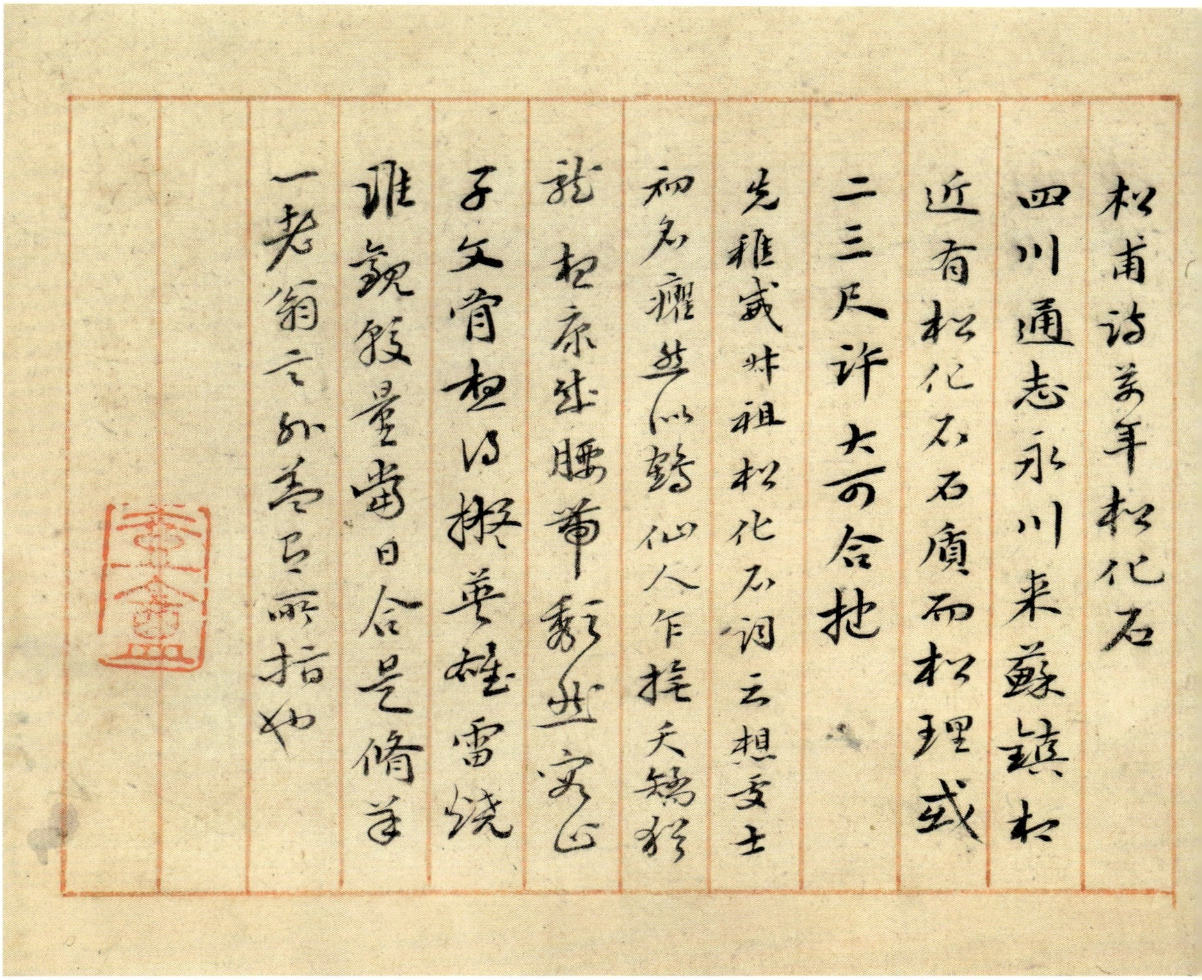

松甫詩，萬年松化石。
四川通志永川來蘇鎮相
近有松化石，石質而松理，或
二三尺許，大可合抱。
先稚威叔祖松化石詞云：想處士
初名，癯然似鶴。仙人乍撫，夭矯猶
龍。想康成腰帶，頹然容止。
子文骨想，得擬英雄。雷燒
誰觀，較量當日，合是脩羊
一老翁。言外蓋有所指也。

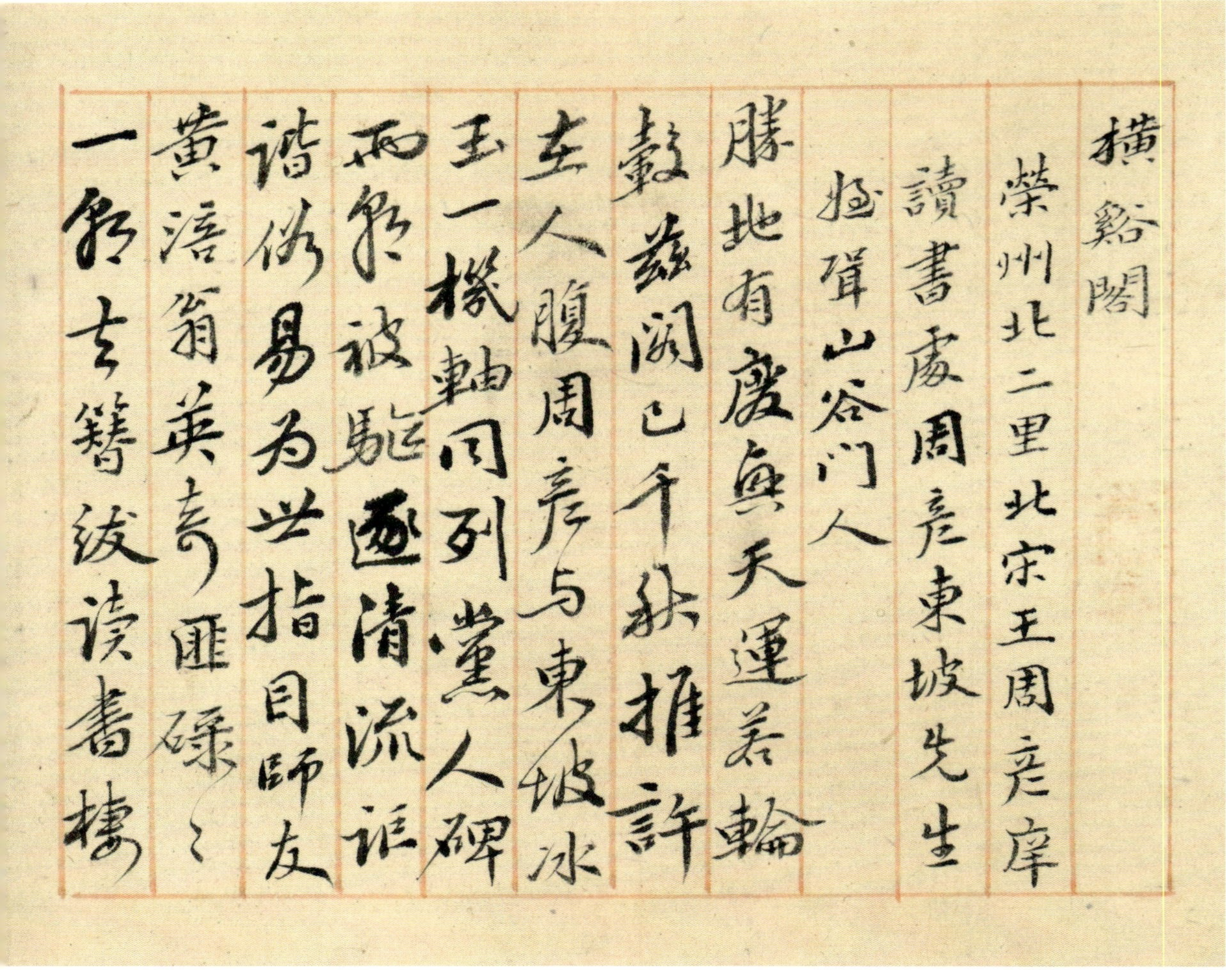

橫谿閣

滎州北二里，北宋王周彥庠
讀書處。周彥，東坡先生
侄聓，山谷門人。
勝地有廢興，天運若輪
轂。玆閣已千秋，推許
在人腹。周彥與東坡，冰
玉一機軸。同列黨人碑，
兩朝被驅逐。清流詎
諸俗，易為世指目。師友
黃涪翁，英奇匪碌碌。
一朝去簪紱，讀書棲

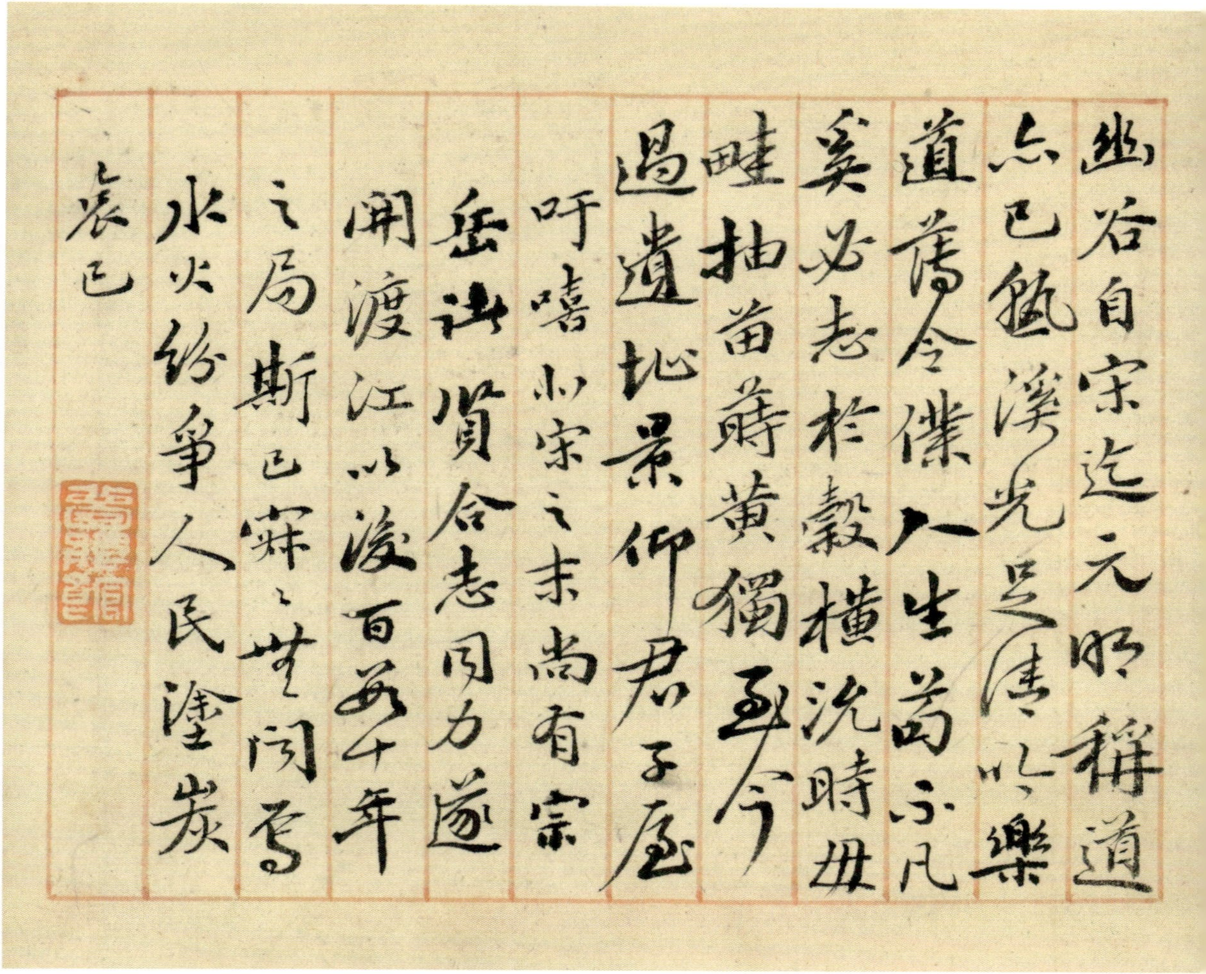

幽谷。自宋迄元明，稱道
亦已熟。溪光足清吟，樂
道薄令僕。人生苟不凡，
奚必志於穀。橫沉時毋
畦，抽苗蒔黃獨。至今
過遺址，景仰君子屋。
吁嘻，北宋之末，尚有宗、
岳諸賢，合志同力，遂
開渡江以後百數十年
之局，斯已寂寂無聞焉。
水火紛爭，人民塗炭，
哀已。

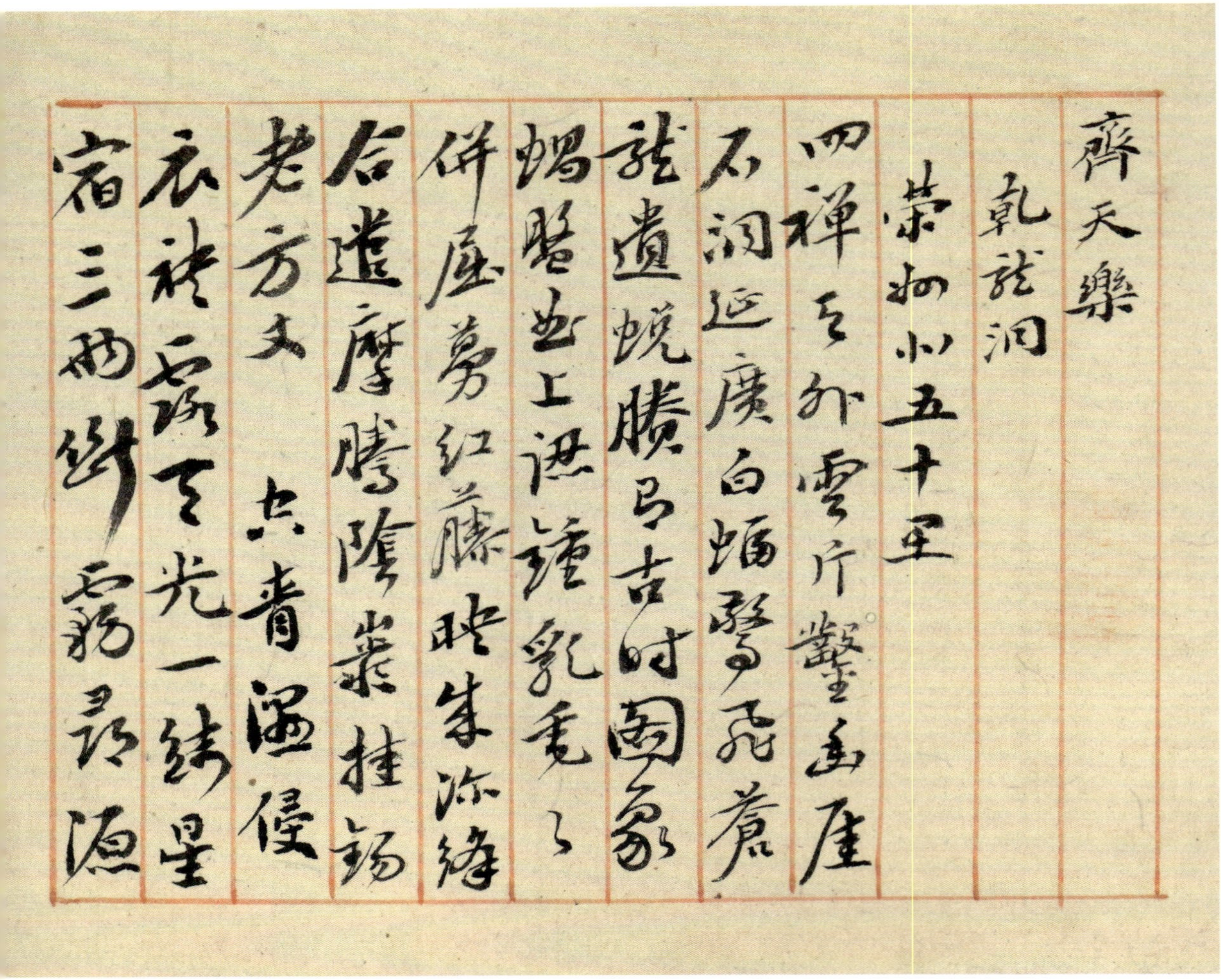

齊天樂

乾龍洞

榮州北五十里

四禪天外雲斤鑿，幽厓
石洞延廣。白蝠驚飛，蒼
龍遺蛻，膹有古時圖象。
蝸盤曲上。認鍾乳重重，
併屈蔓紅。藤映成深縫，
合遺摩騰，陰岩挂錫
老方丈。空青濕侵
衣袂，露天光一綫，星
宿三兩。斷霧尋源，

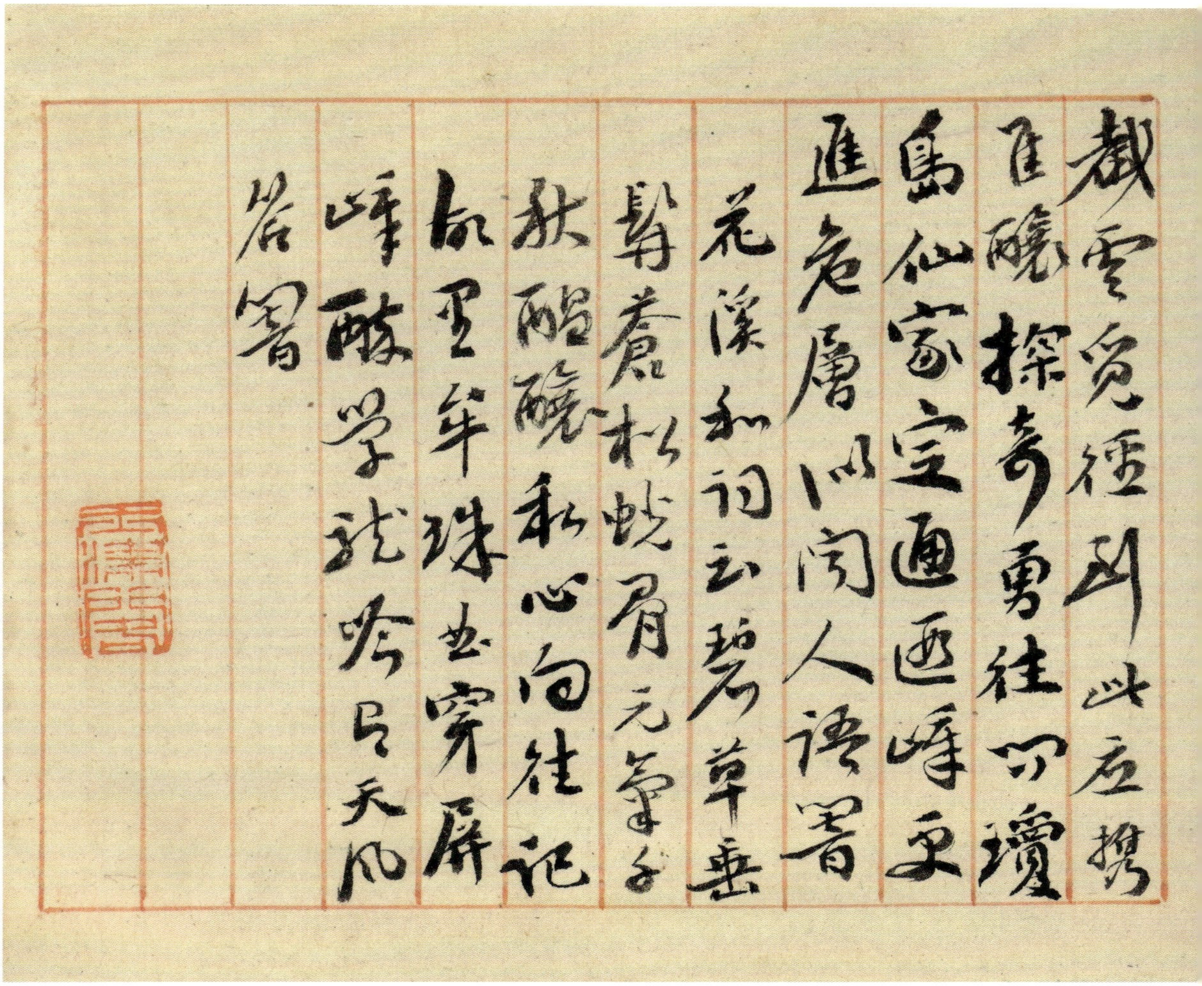

截雲覓徑，到此應攜佳釀。探奇勇往。問瓊島仙家，定通遐峰。更進危層，似聞人語響。花溪和詞云：碧草垂髯，蒼松蛻骨，元氣千秋醒釀。私心向往。記故里牟珠，曲穿屏嶂。醉學龍吟，有天風答響。

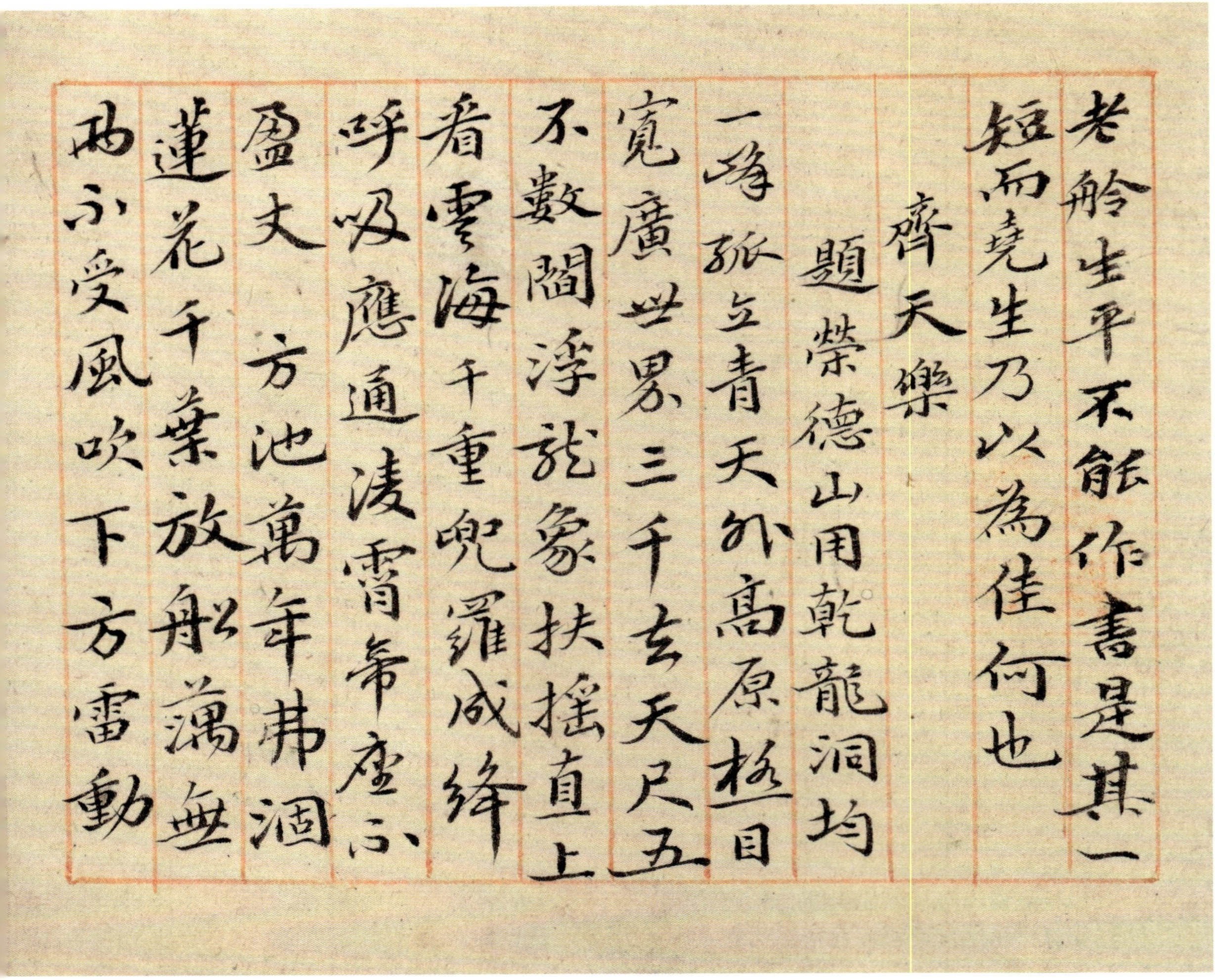

老舲生平不能作書，是其一
短，而堯生乃以為佳，何也。

齊天樂

題榮德山，用乾龍洞均。

一峰孤立青天外，高原極目
寬廣。世界三千，去天尺五，
不數閻浮龍象。扶搖直上。
看雲海千重，兜羅成絳。
呼吸應通，凌霄帝座不
盈丈。方池萬年弗涸，
蓮花千葉放，船藕無
兩。不受風吹，下方雷動，

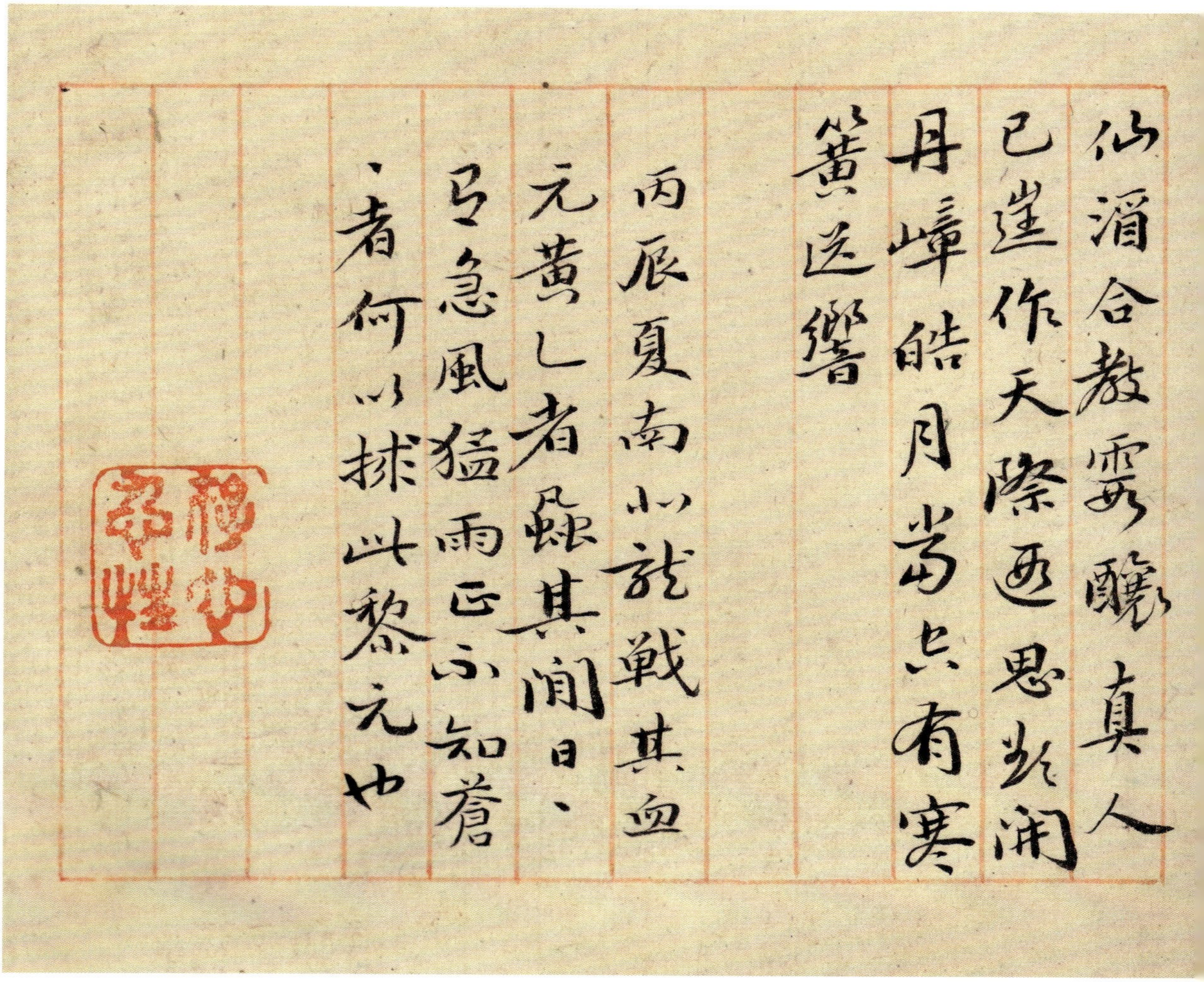

仙酒合教霞釀。真人
已逝。作天際遐思，欲開
丹嶂。皓月當空，有寒
簧送響。
丙辰夏，南北龍戰，其血
元黃。乙者蝨其閒，日日
有急風猛雨，正不知蒼
蒼者何以捄此黎元也。

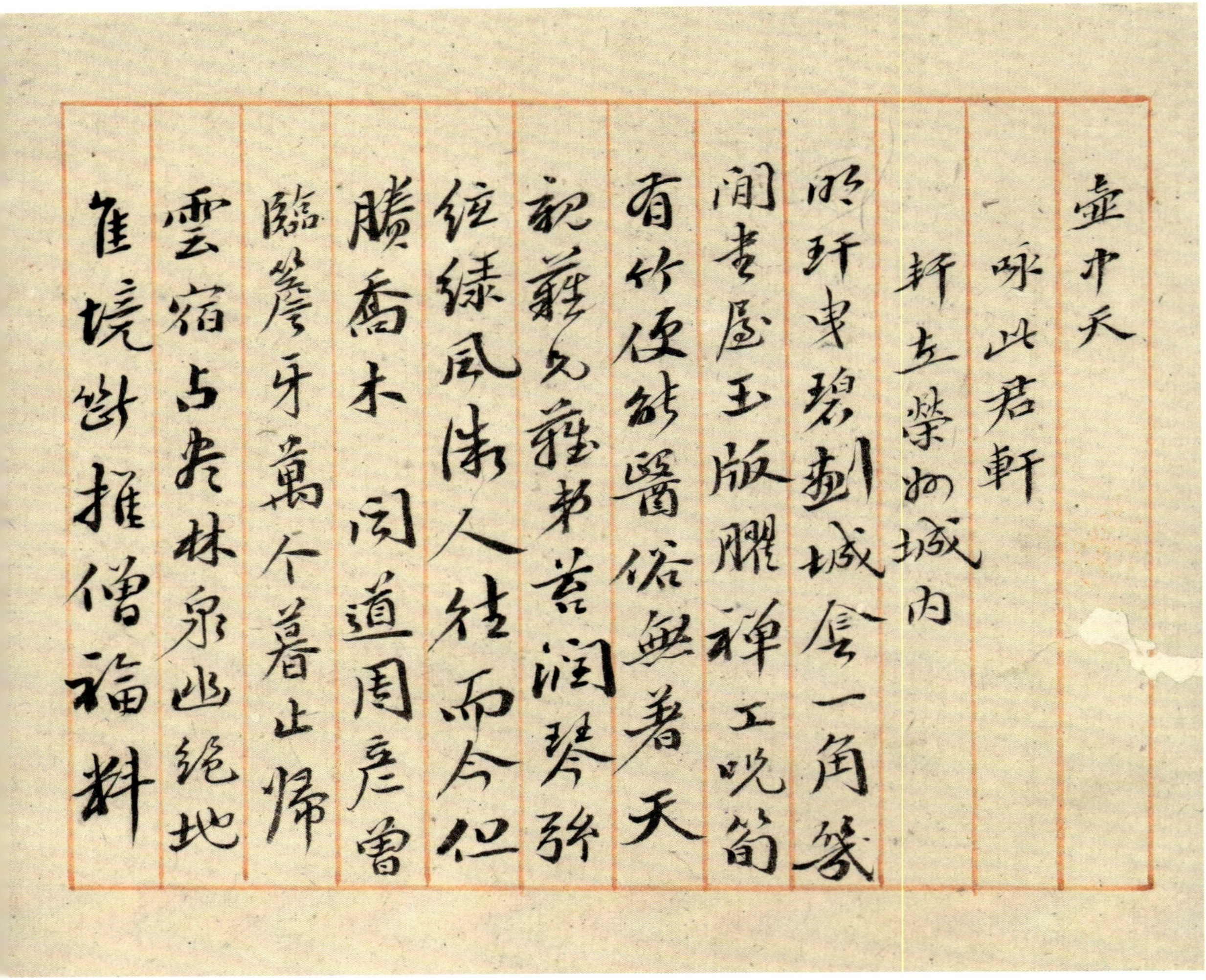

壺中天

詠此君軒

軒在榮州城内。

明軒曳碧，劃城侌一角，幾

閒書屋。玉版臞禪工咒筍，

有竹便能醫俗。無著天

親，難兄難弟，苔潤琴弦

絃。綠風微人往，而今但

賸喬木。 聞道周彥曾

臨，簷牙萬个暮，止歸

雲宿。占盡林泉幽絶地，

佳境斷推僧福。料

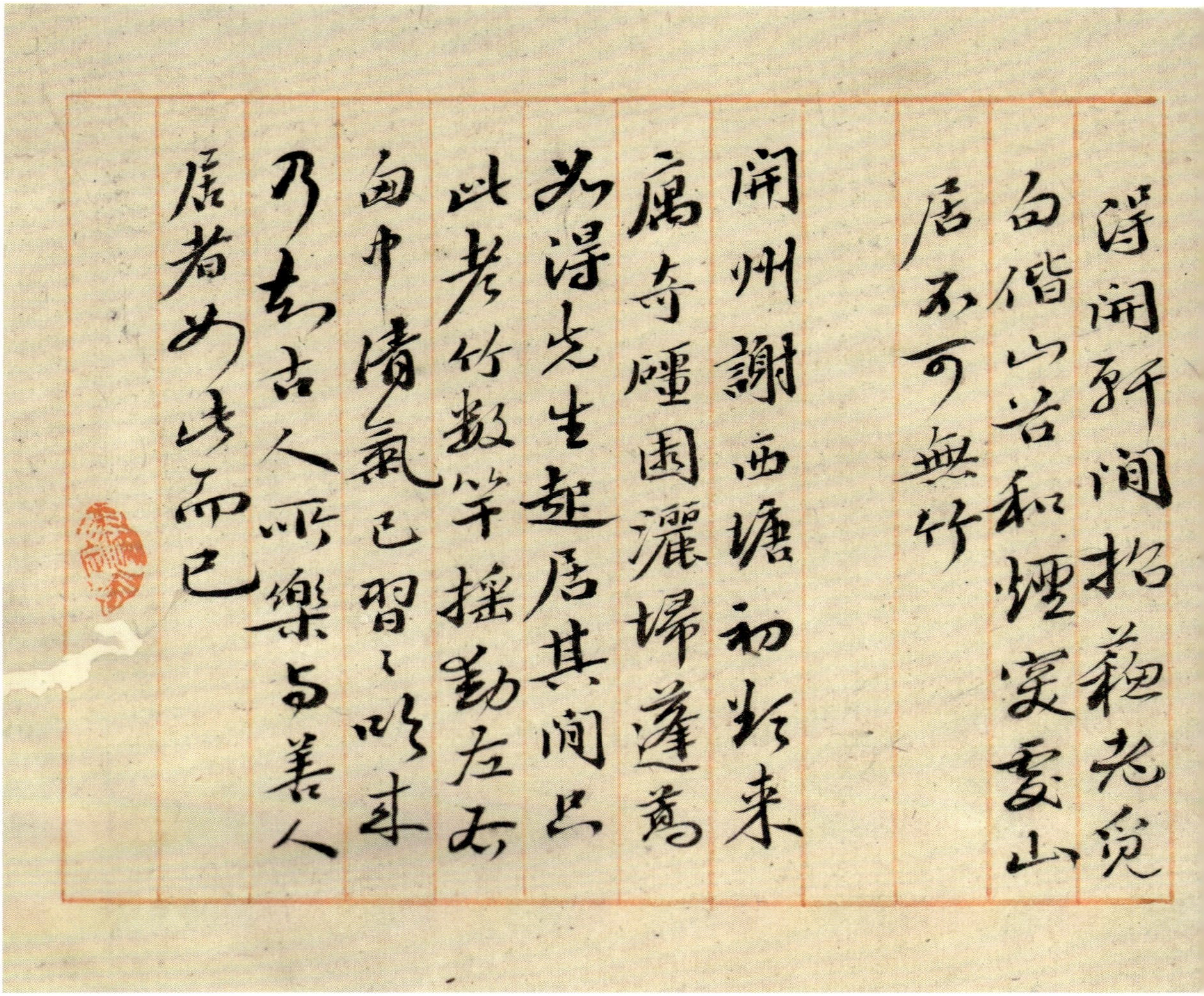

得開軒，閑招蘇老，覓
句偕山谷。和煙罙處，山
居不可無竹。
開州謝西塘，初欲來
庽奇礓園灑掃蓬蒿。
如得先生起居其間，只
此老竹數竿，搖動左右，
匈中清氣已習習吹來，
乃知古人所樂與善人
居者，如此而已。

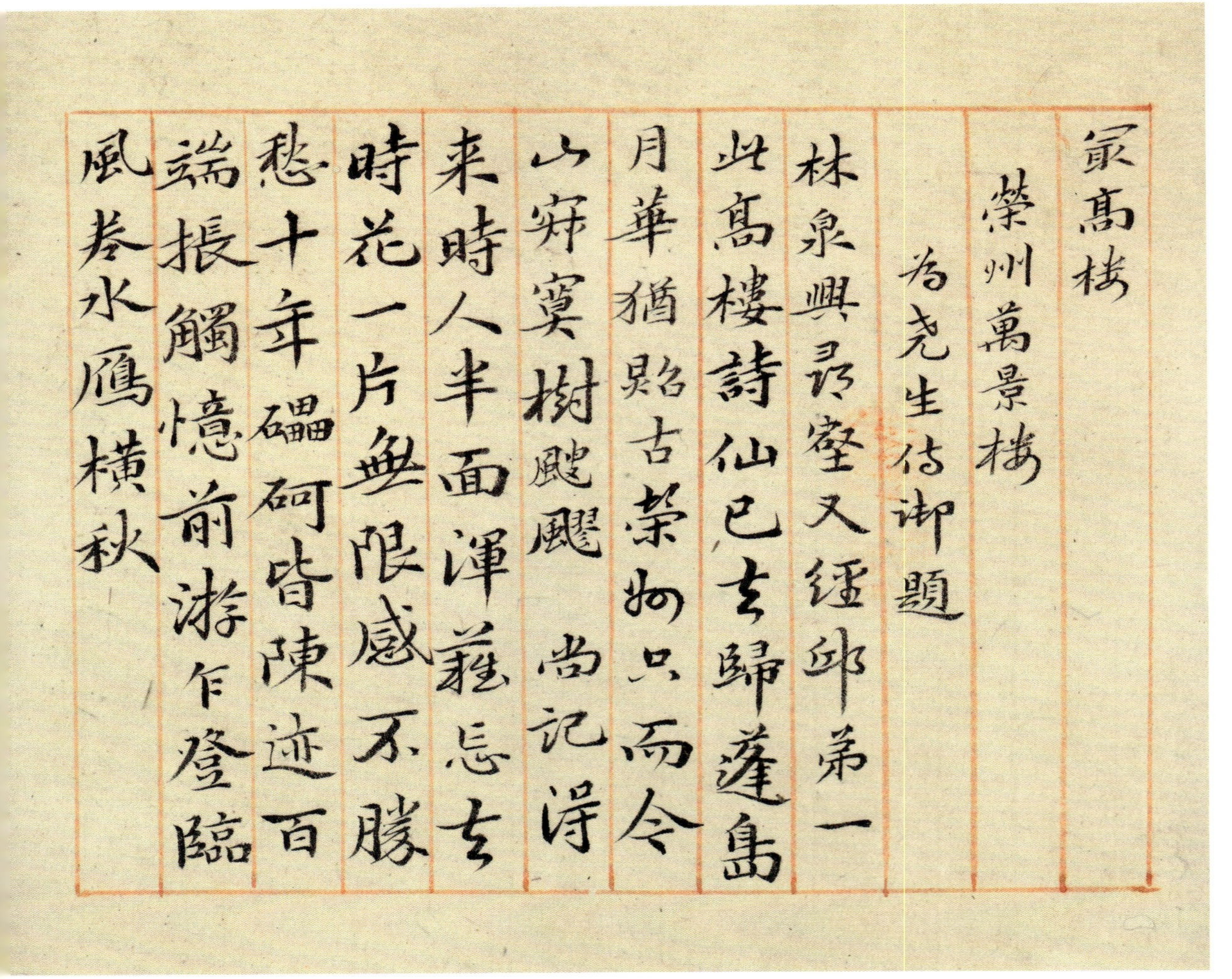

最高樓

榮州萬景樓

為堯生侍御題。

林泉興，尋壑又經邱。弟一
此高樓。詩仙已去歸蓬島，
月華猶照古榮州。只而今，
山寂寞，樹颼飀。尚記得、
來時人半面。渾難忘、去
時花一片。無限感，不勝
愁。十年礌砢皆陳迹，百
端振觸憶前遊。乍登臨，
風卷水，鴈橫秋。

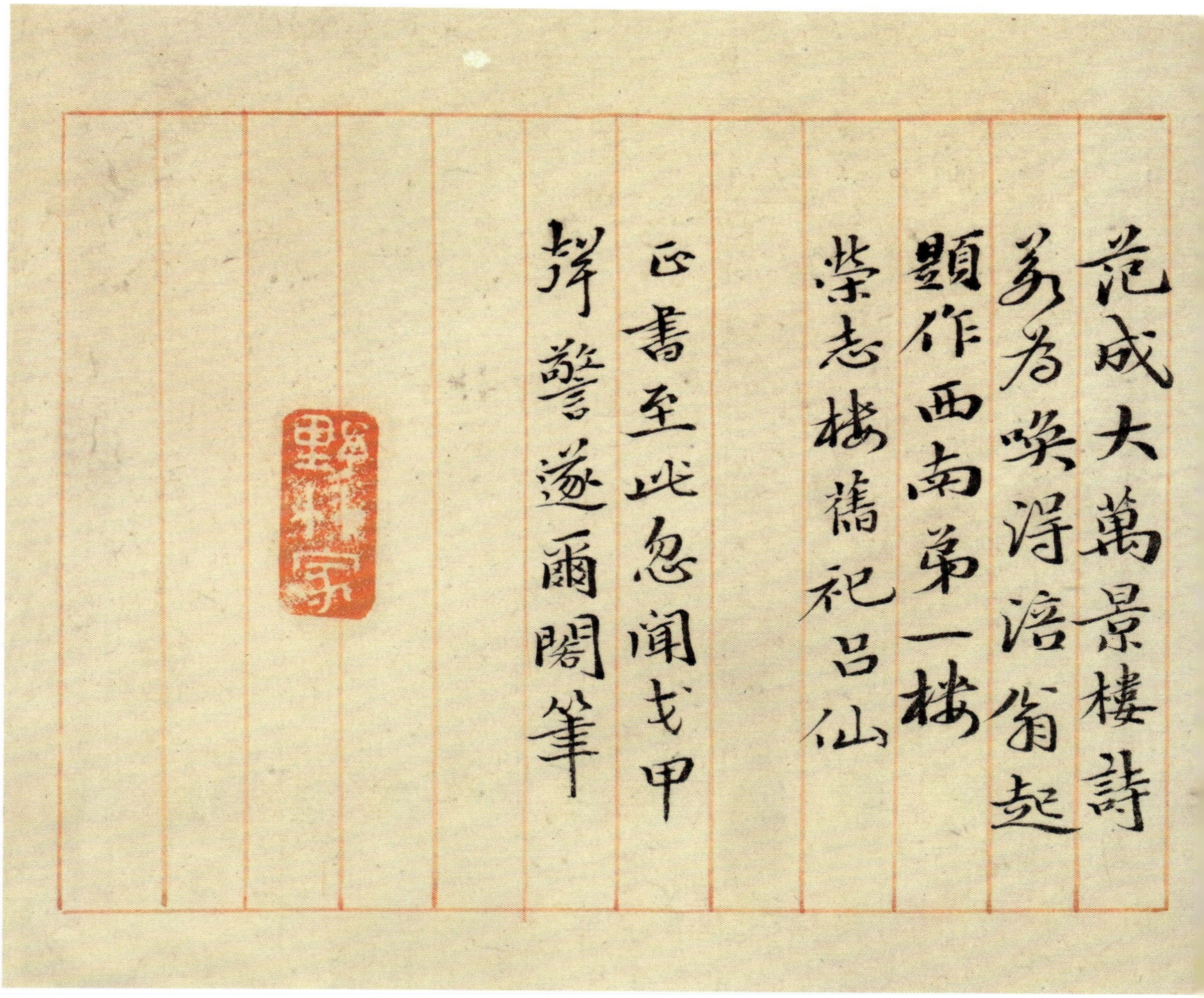

范成大萬景樓詩：
若為喚得涪翁起，
題作西南第一樓。
縈志：樓舊祀呂仙。
正書至此，忽聞戈甲
聲警，遂爾閣筆。

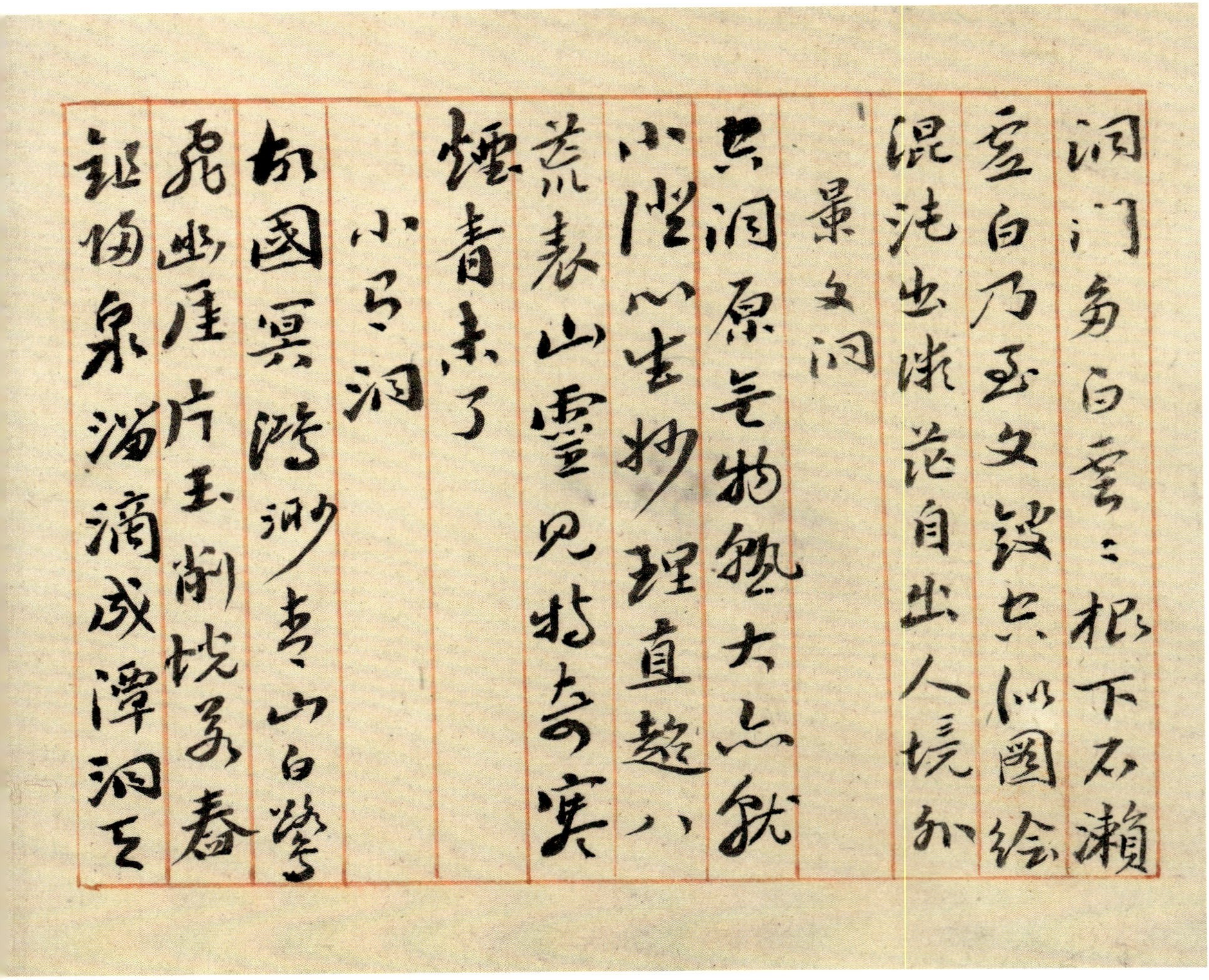

洞門多白雲，雲根下石瀨。
虛白乃至文，鏤空似圖繪。
混沌出微茫，自出人境外。
景文洞
空洞原無物，熟大亦就
小。澄心生妙理，直超八
荒表。山靈見特奇，寒
煙青未了。
小有洞
故國冥鴻渺，青山白鷺
飛。幽厓片玉削，恍若春
钜歸。泉溜滴成潭，洞天

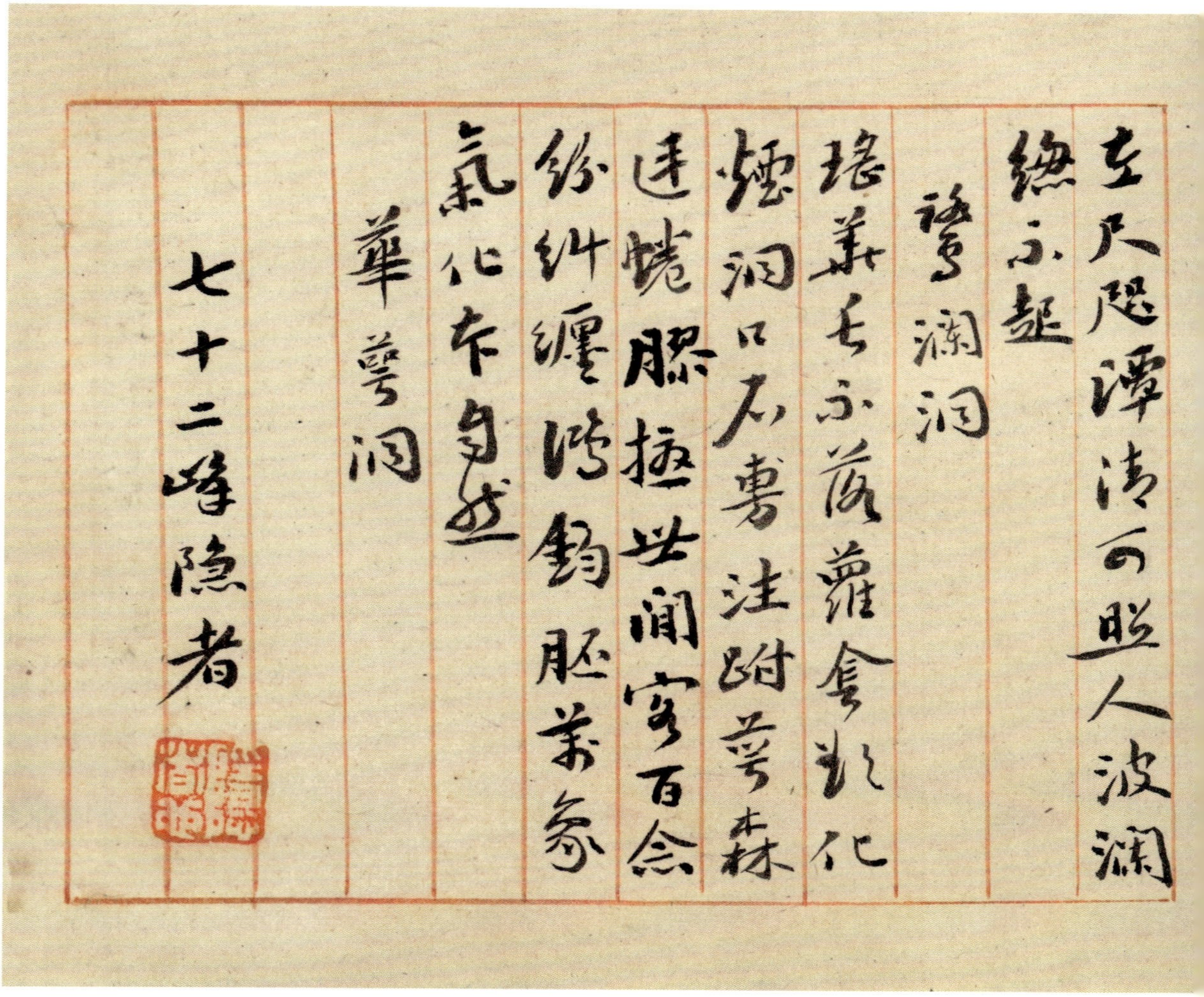

在尺咫。潭清可照人，波瀾
總不起。
鷺瀾洞
瑤華長不落，蘿会欲化
煙。洞口石專注，跗萼森
廷蜷。膠擾世間客，百念
紛糾纏。鴻鈞胚萬象，
氣化本自然。
華萼洞
七十二峰隱者。

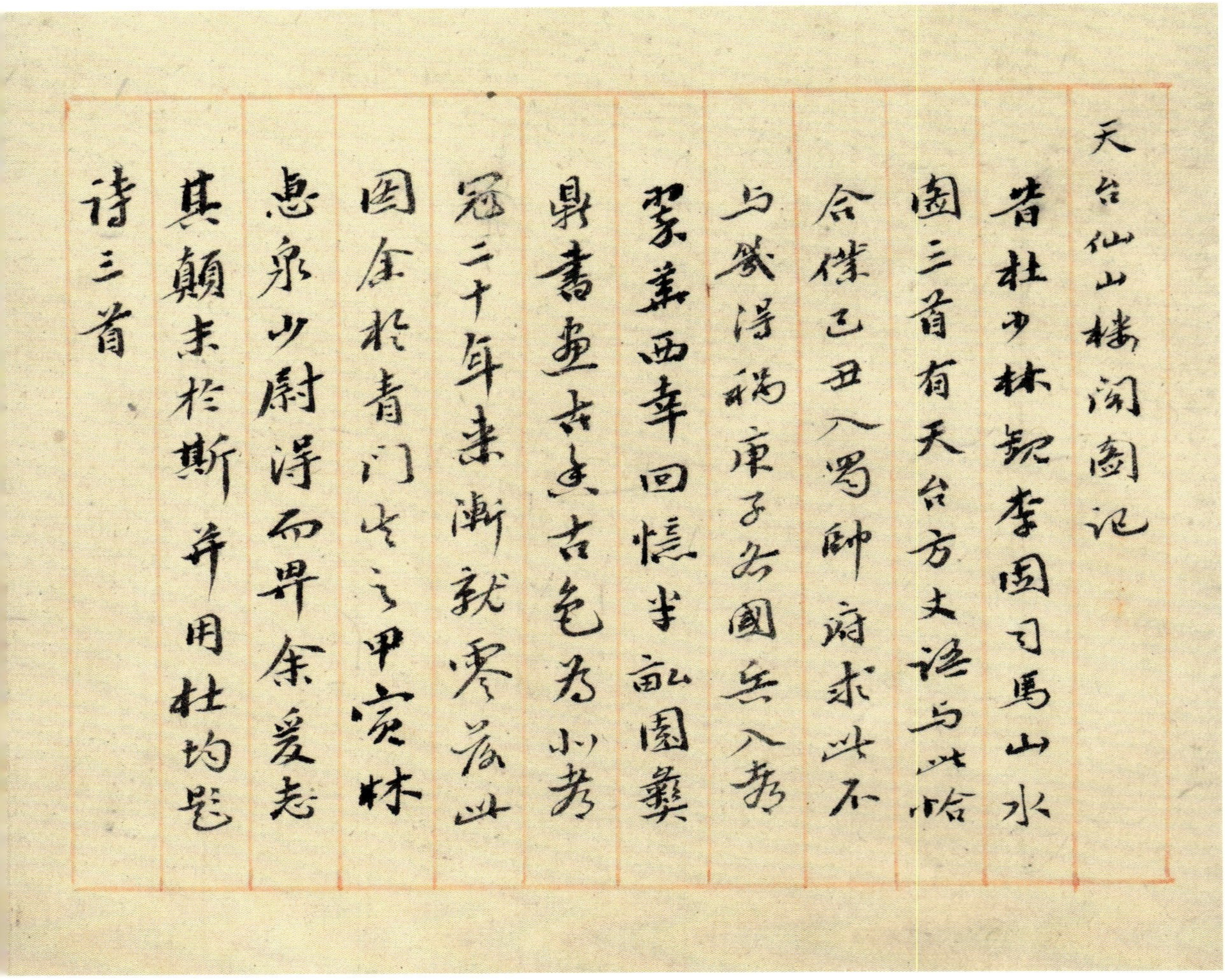

天台仙山樓閣圖記

昔杜少林觀李固司馬山水圖三首，有天台方丈語，與此恰合。僕己丑入蜀，帥府求此不與，幾得禍。庚子各國兵入都，翠華西幸，回憶半畝園彝鼎書畫，古香古色，為北都冠，二十年來漸就零落。此圖余於青門失之，甲寅林惠泉少尉得而畀余，爰志其顛末於斯，并用杜均題詩三首。

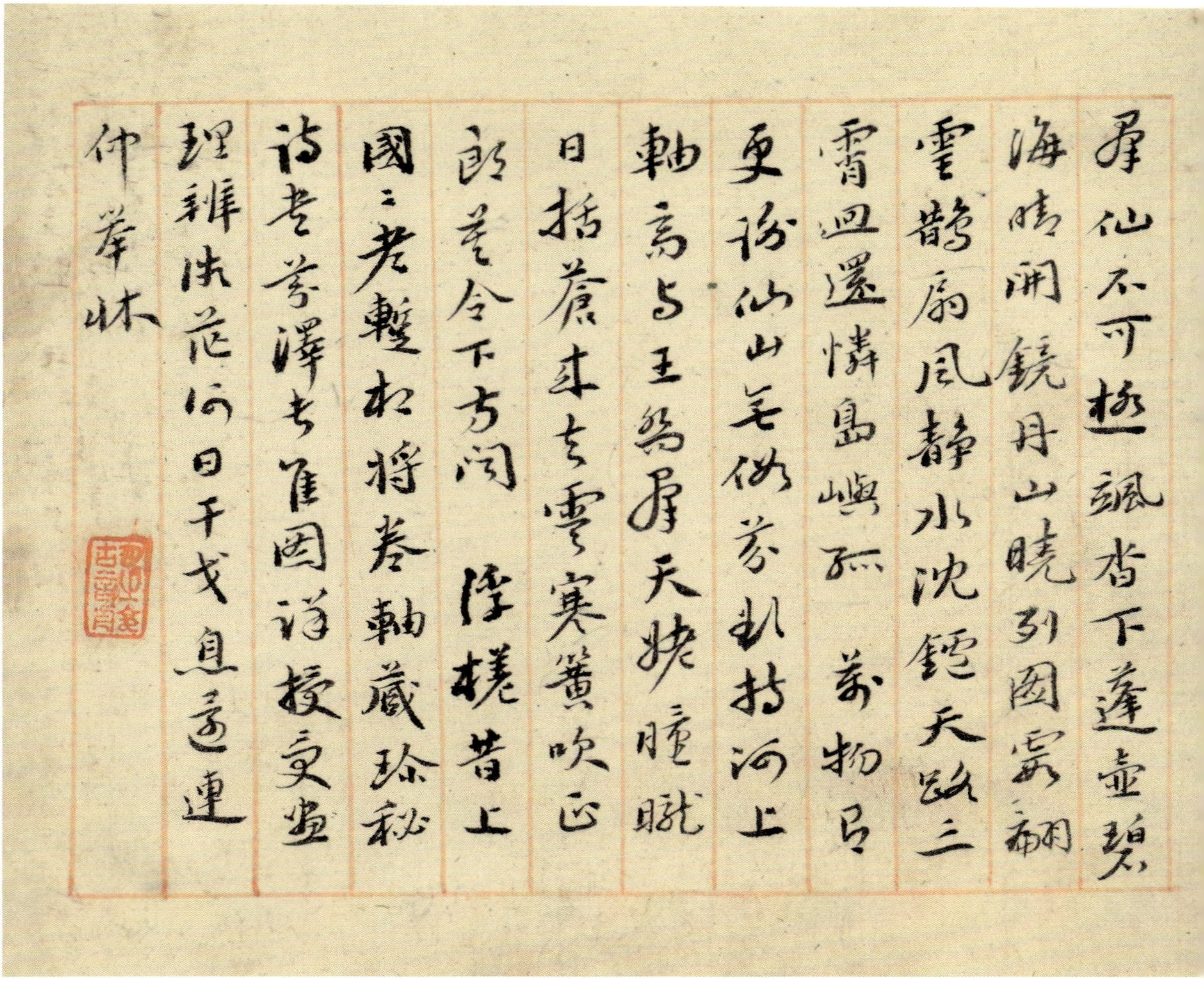

群仙不可極，颯沓下蓬壺。碧海晴開鏡，丹山曉列圖。霞翻靈鵲扇，風靜水沉鑪。天路三霄迴，還憐島嶼孤。萬物有更謝，仙山無俗芬。欲持河上軸，高與王喬群。天姥曈曨日，括蒼來去雲。寒簧吹正朗，莫令下方聞。浮槎昔上國，國老暫相將。卷軸藏珍秘，詩書芬澤長。佳圖詳授受，畫理辨微茫。何日干戈息，還連仲舉牀。

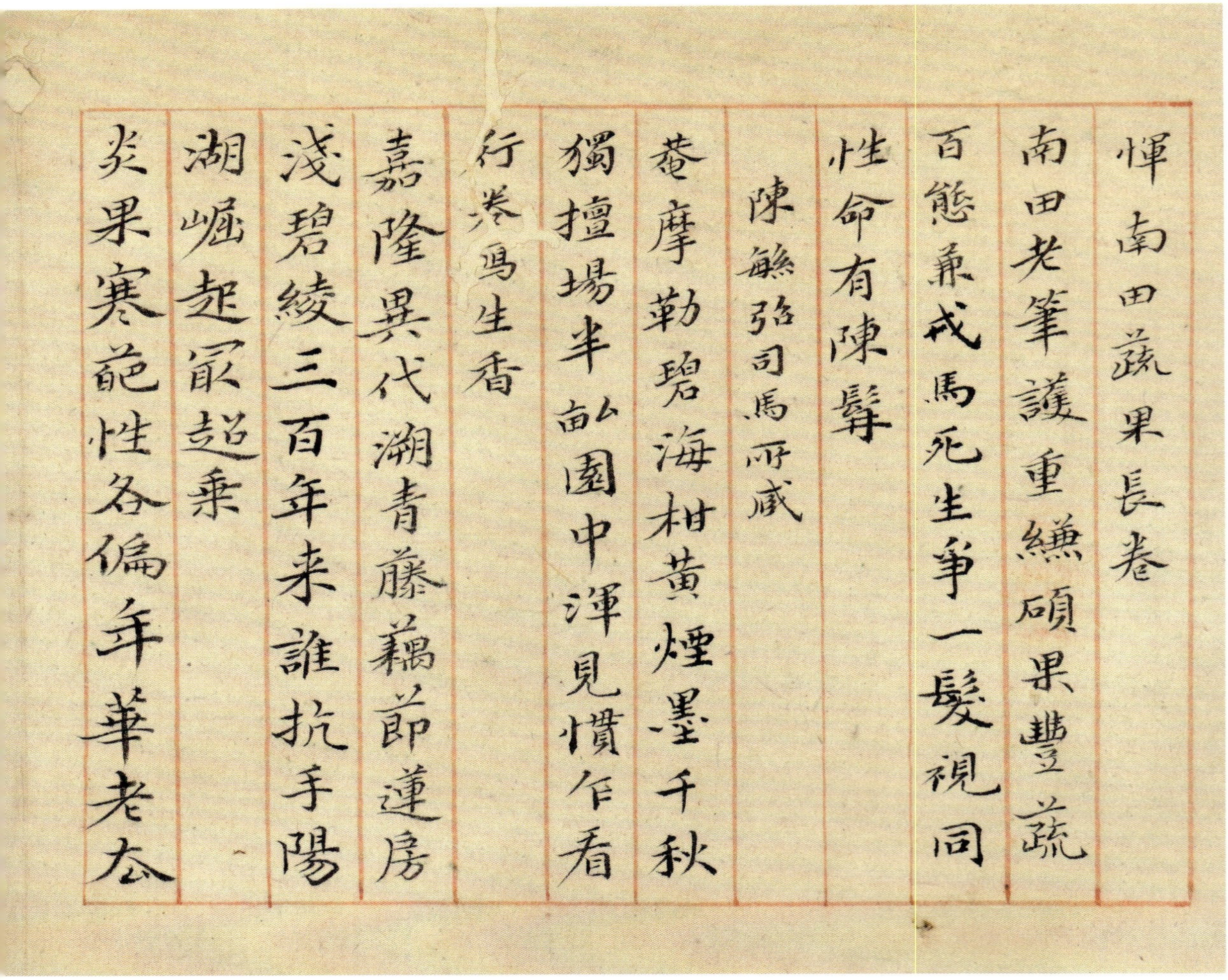

惲南田蔬果長卷

南田老筆護重縑，碩果豐蔬
百態兼。戎馬死生爭一髮，視同
性命有陳髯。

陳緜弨司馬所藏。

菴摩勒碧海柑黃，煙墨千秋
獨擅場。半畝園中渾見慣，乍看
行卷寫生香。

嘉隆異代溯青藤，藕節蓮房
淺碧綾。三百年來誰抗手，陽
湖崛起最超乘。

炎果寒葩性各偏，年華老去

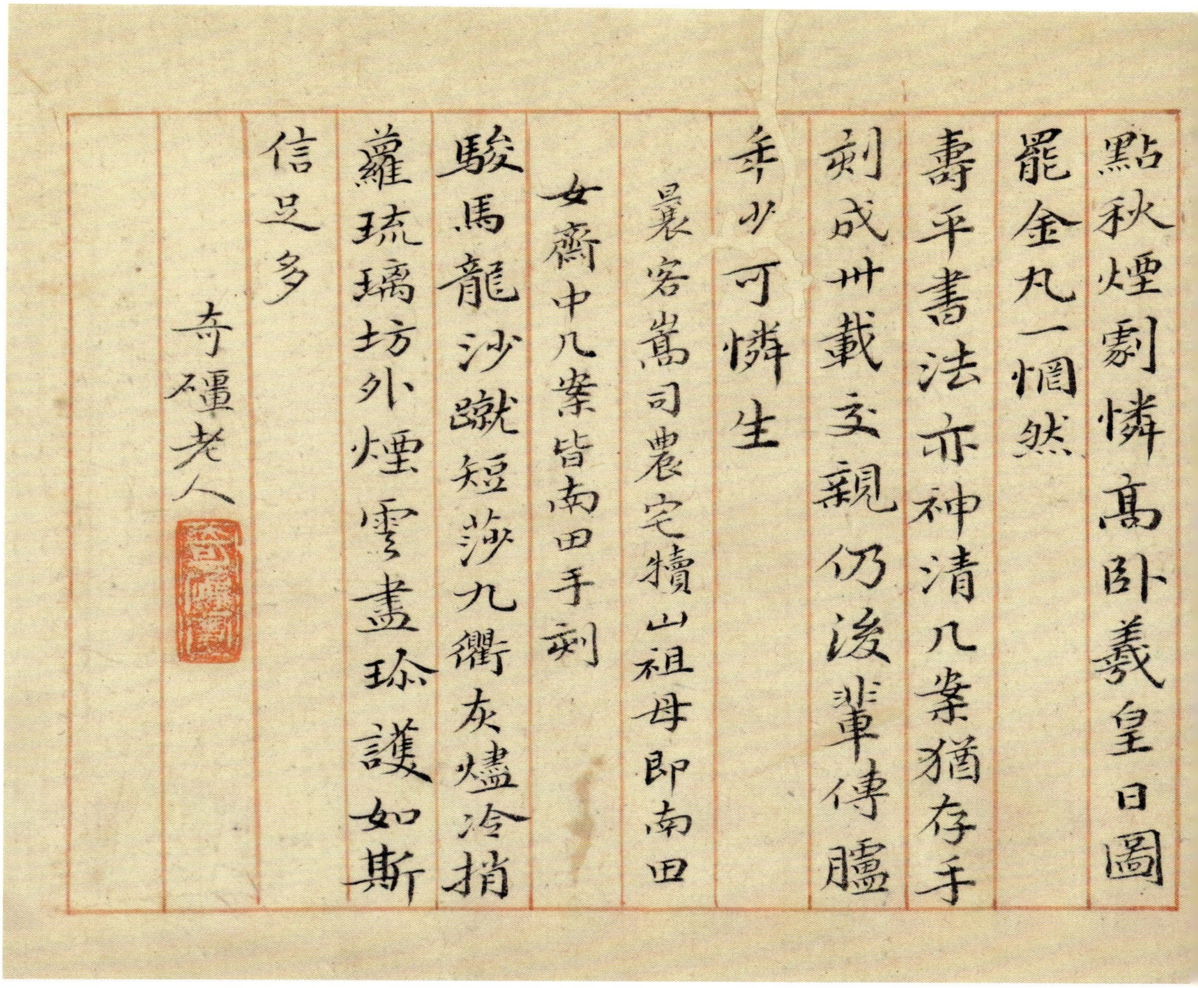

點秋煙。劇憐高臥羲皇日，圖
罷金丸一惘然。
壽平書法亦神清，几案猶存手
刻成。卅載交親仍後輩，傳臚
年少可憐生。
曩客嵩司農宅，犢山祖母即南田
女，齋中几案皆南田手刻。
駿馬龍沙蹴短莎，九衢灰燼冷捎
蘿。琉璃坊外煙雲盡，珎護如斯
信足多。
奇礓老人。

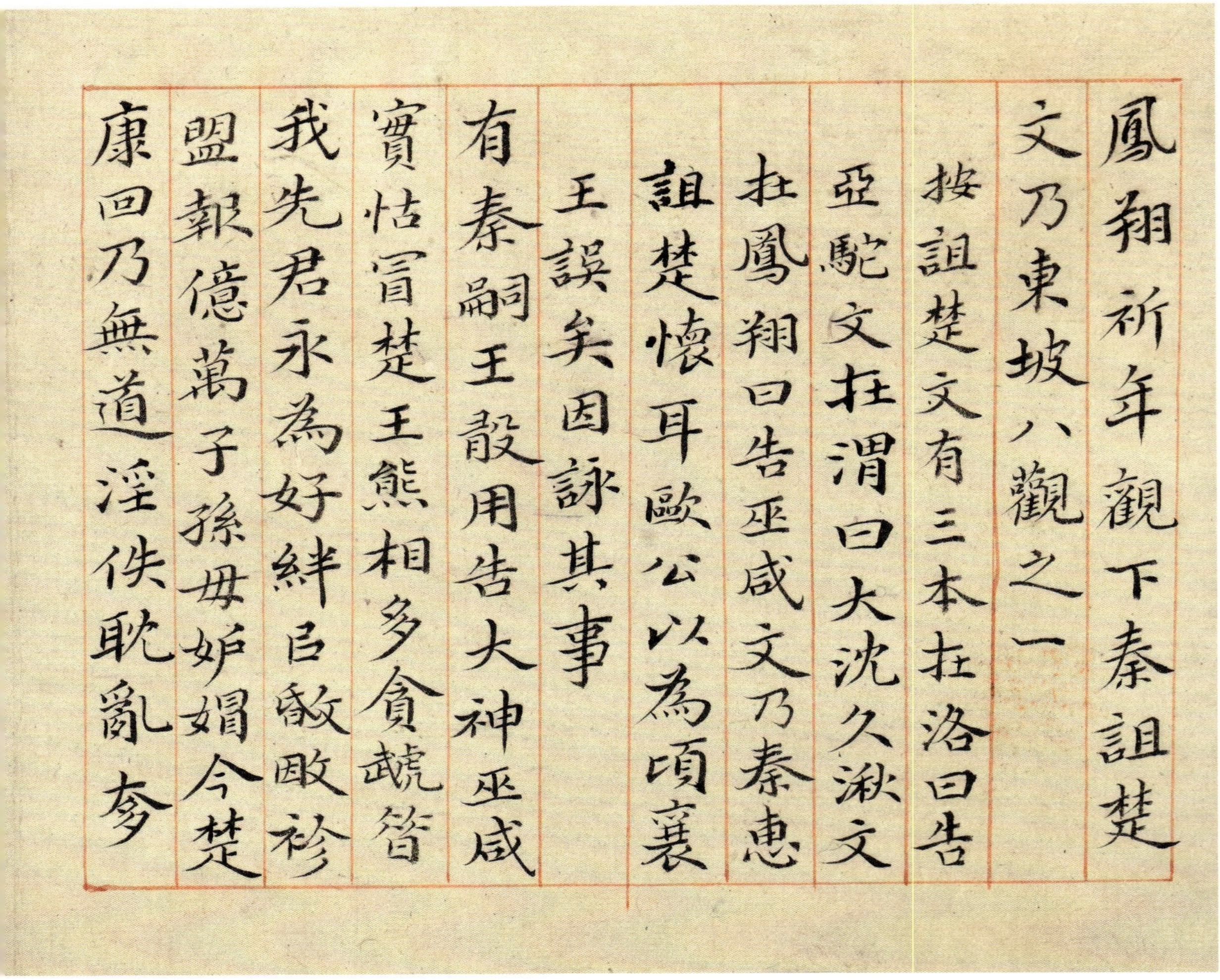

鳳翔祈年觀下秦詛楚
文，乃東坡八觀之一。
按，詛楚文有三本：在洛曰告
亞駝文，在渭曰大沈久湫文，
在鳳翔曰告巫咸文。乃秦惠
詛楚懷耳，歐公以為頃襄
王，誤矣。因詠其事。
有秦嗣王設用告，大神巫咸
實怙冒。楚王熊相多貪虓，昔
我先君永為好。絆以敔敂袗
盟報，億萬子孫毋妒娟。今楚
康回乃無道，淫佚耽亂奓

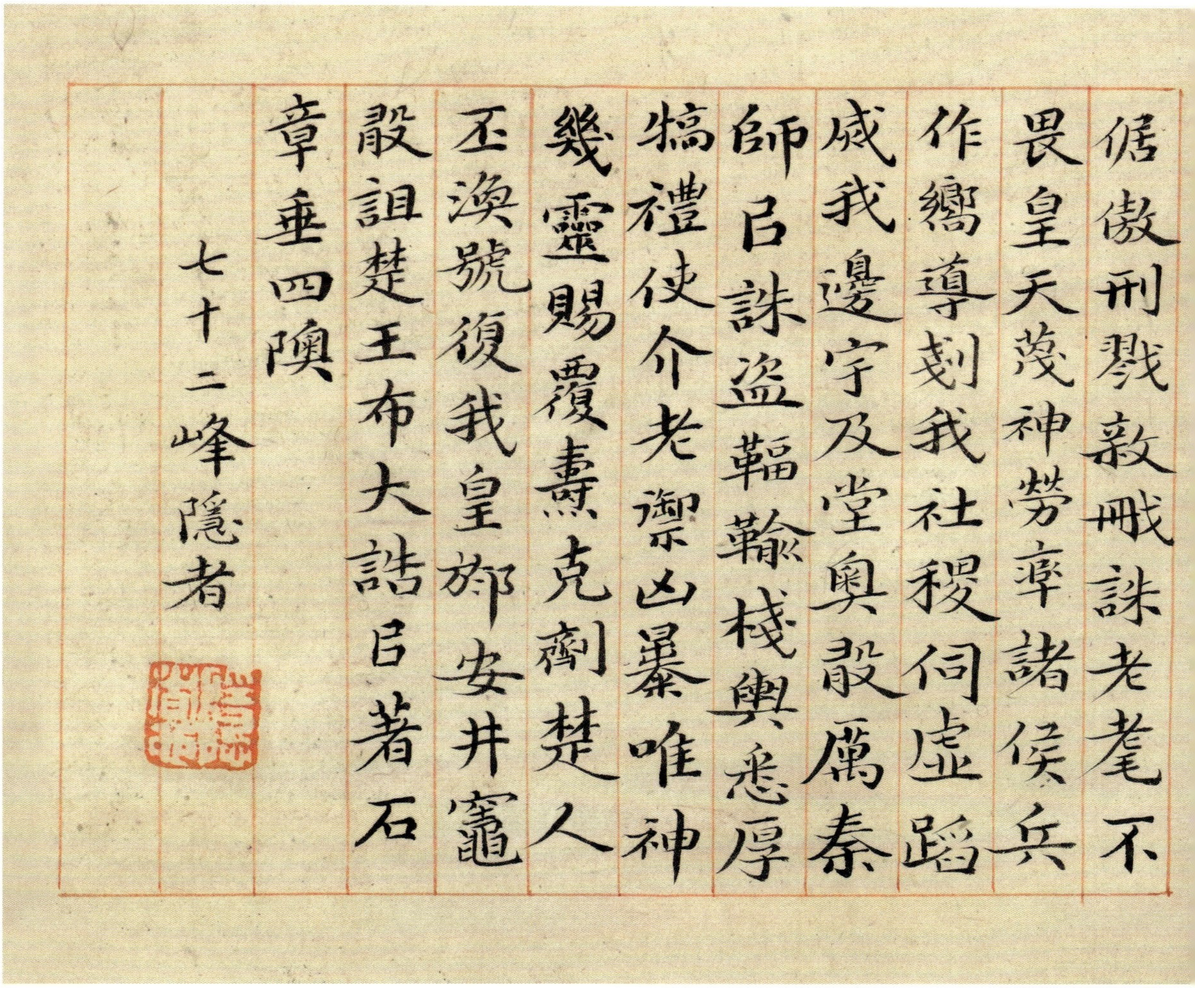

倨傲。刑戮敹戕誅老耄，不
畏皇天蔑神勞。率諸侯兵
作嚮導，剗我社稷伺虛蹈。
滅我邊宇及堂奧，設厲秦
師以誅盜。轞輸棧輿悉厚
犒，禮使介老禦兇暴。唯神
幾靈賜覆燾，克劑楚人
丕渙號。復我皇郲安井竈，
設詛楚王布大誥，以著石
章垂四隩。
七十二峰隱者。

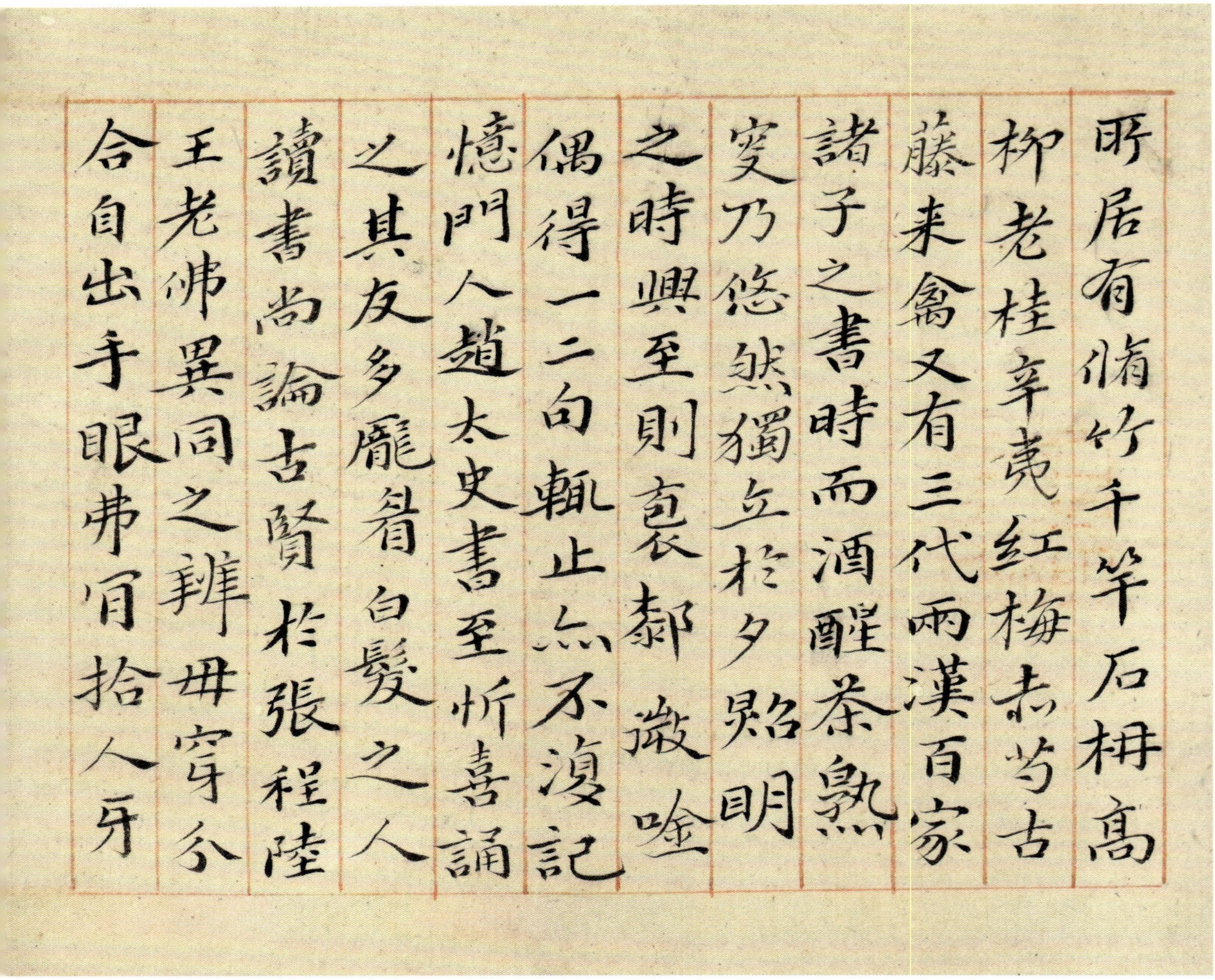
所居有脩竹千竿石枏高
柳老桂辛夷紅梅赤芍古
藤來禽又有三代兩漢百家
諸子之書時而酒醒茶熟
宴乃悠然獨立於夕照明
之時興至則裒郗微唫
偶得一二句輒止亦不復記
憶門人趙太史書至忻喜誦
之其友多龐眉白髮之人
讀書尚論古賢於張程陸
王老佛異同之辨毋穿分
合自出手眼弗肎拾人牙

所居有脩竹千竿，石枏高
柳，老桂辛夷，紅梅赤芍，古
藤來禽，又有三代兩漢百家
諸子之書。時而酒醒茶熟，
宴乃悠然獨立於夕照明
之時。興至則裒郗微唫，
偶得一二句輒止，亦不復記
憶。門人趙太史書至，忻喜誦
之。其友多龐眉白髮之人，
讀書尚論古賢，於張、程、陸、
王，老、佛異同之辨，毋穿分
合，自出手眼，弗肎拾人牙

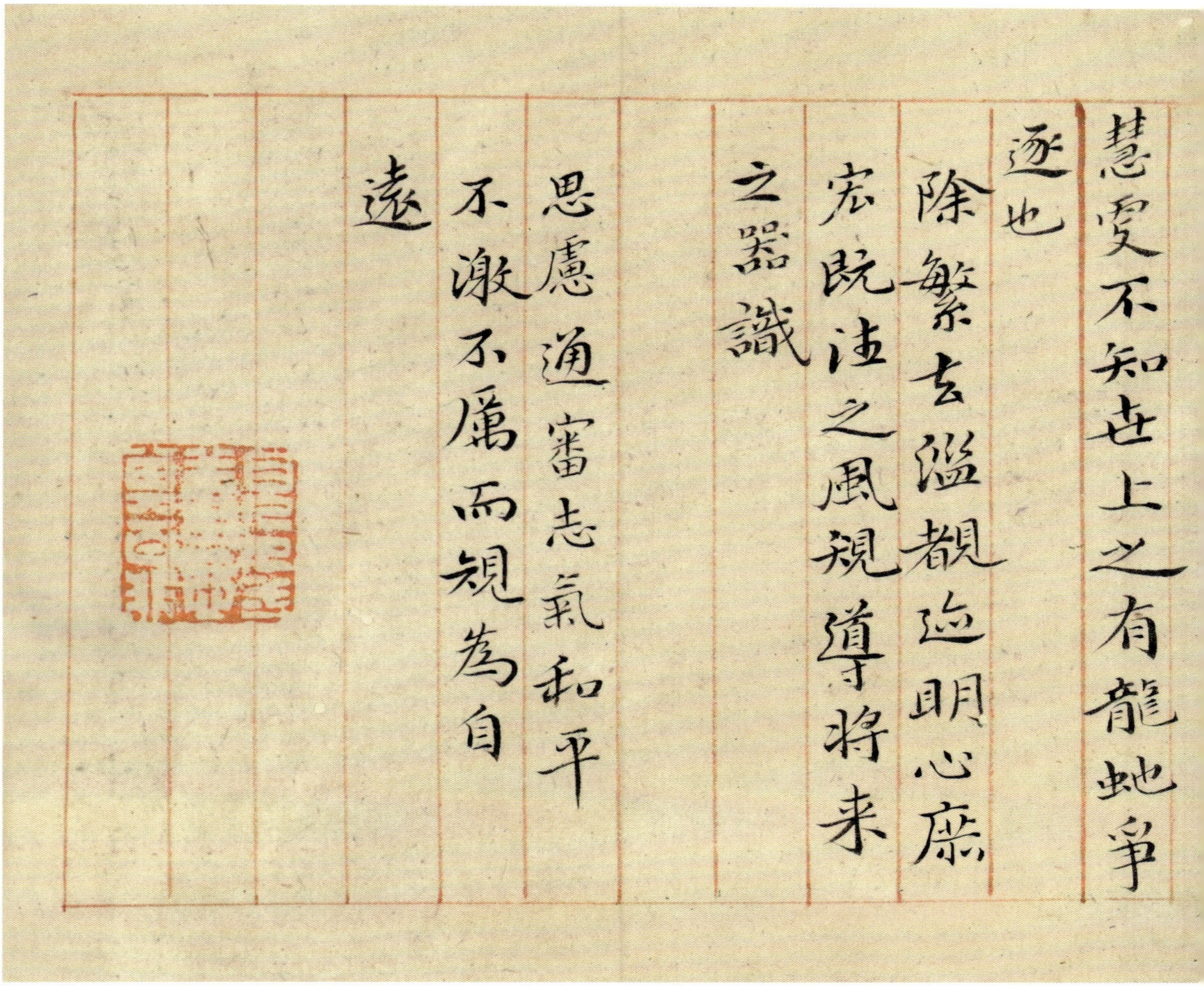
慧更不知世上之有龍虵爭
逐也
除繁去濫覩跡明心庶
宏既往之風規導將来
之器識
思慮通審志氣和平
不激不厲而規為自
遠

慧，更不知世上之有龍虵爭
逐也。
除繁去濫，覩跡明心，庶
宏既往之風規，導將來
之器識。
思慮通審，志氣和平，
不激不厲，而規為自
遠。

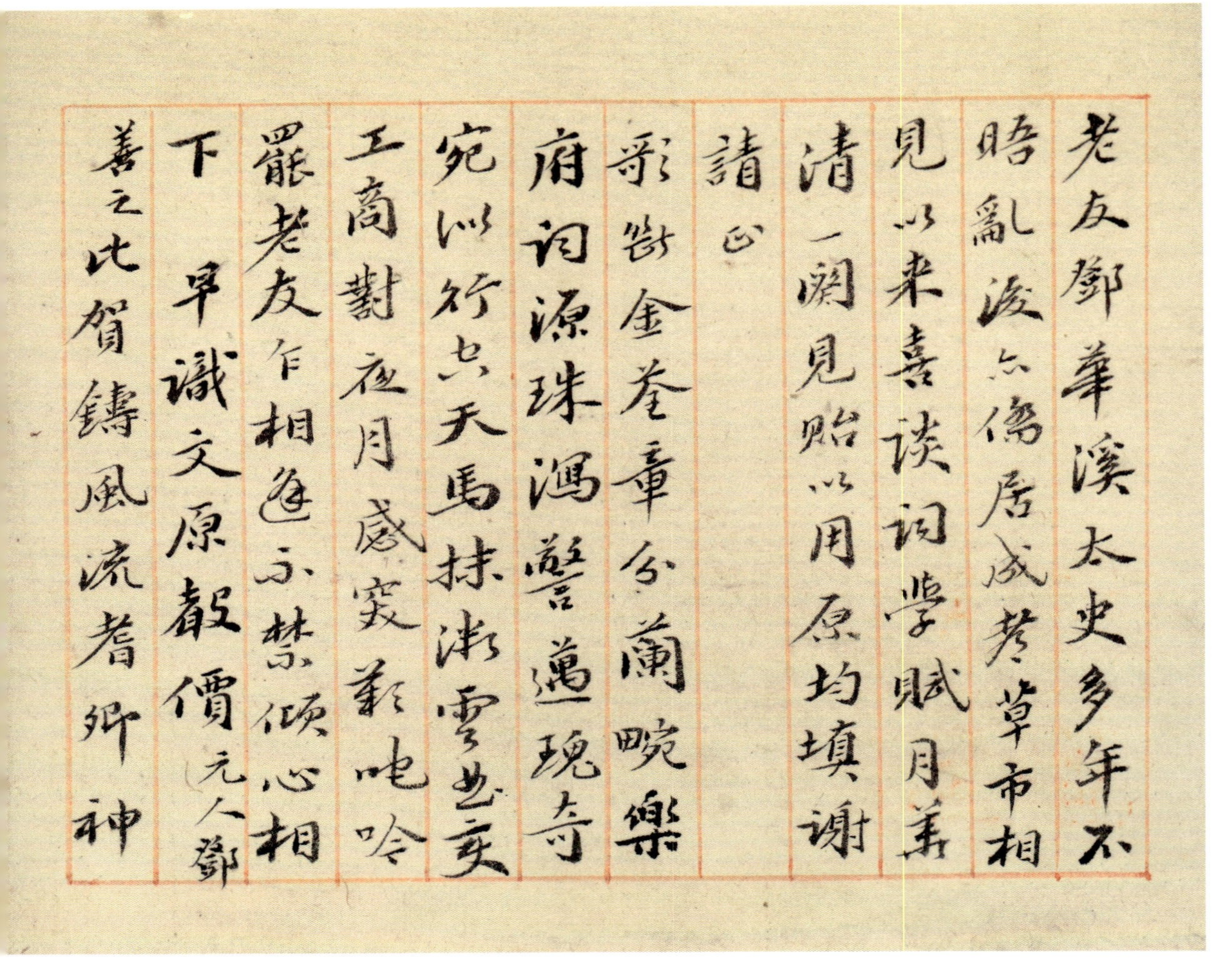

老友鄧華溪太史多年不
晤，亂後亦僑居成都。草市相
見以來，喜談詞學，賦月華
清一闋見貽。以用原均填謝，
請正。
歌斷金荃，章分蘭畹，樂
府詞源珠瀉。警邁瑰奇，
宛似行空天馬。抹微雲、曲變
工商，對夜月、感衆歎咤。吟
罷。老友乍相逢，不禁傾心相
下。早識文原身價。元人鄧善之。
比賀鑄風流，耆卿神

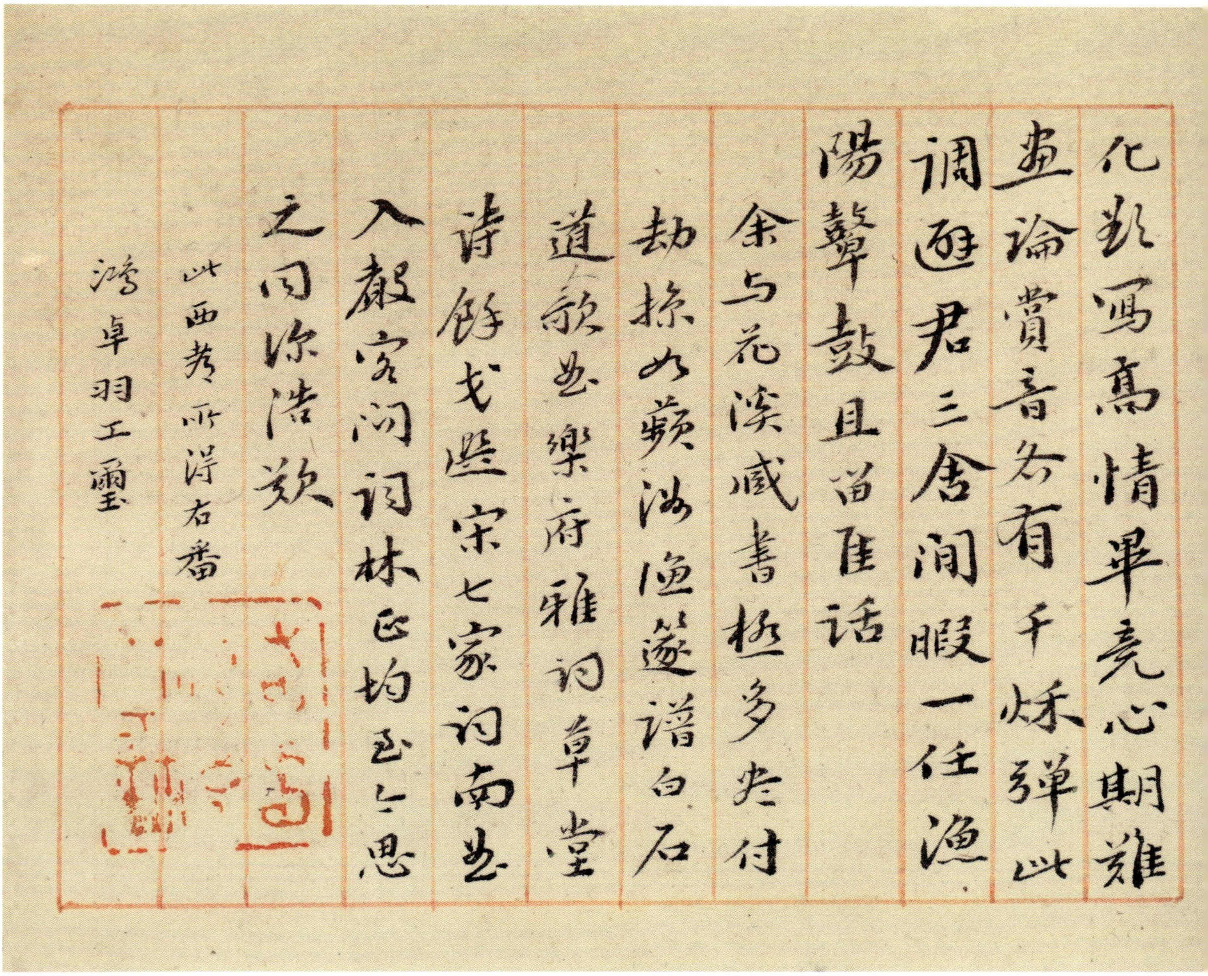

化。欲寫高情，畢竟心期難
畫。論賞音，各有千秌，彈此
調，避君三舍。閒暇。一任漁
陽鼙鼓，且留佳話。
余與花溪藏書極多，盡付
劫掠。如蘋洲漁篴譜、白石
道歌曲、樂府雅詞、草堂
詩餘、戈選宋七家詞、南曲
入聲客問、詞林正均，至今思
之，同深浩歎。
此西都所得『右番
鴻卓羽工璽』。

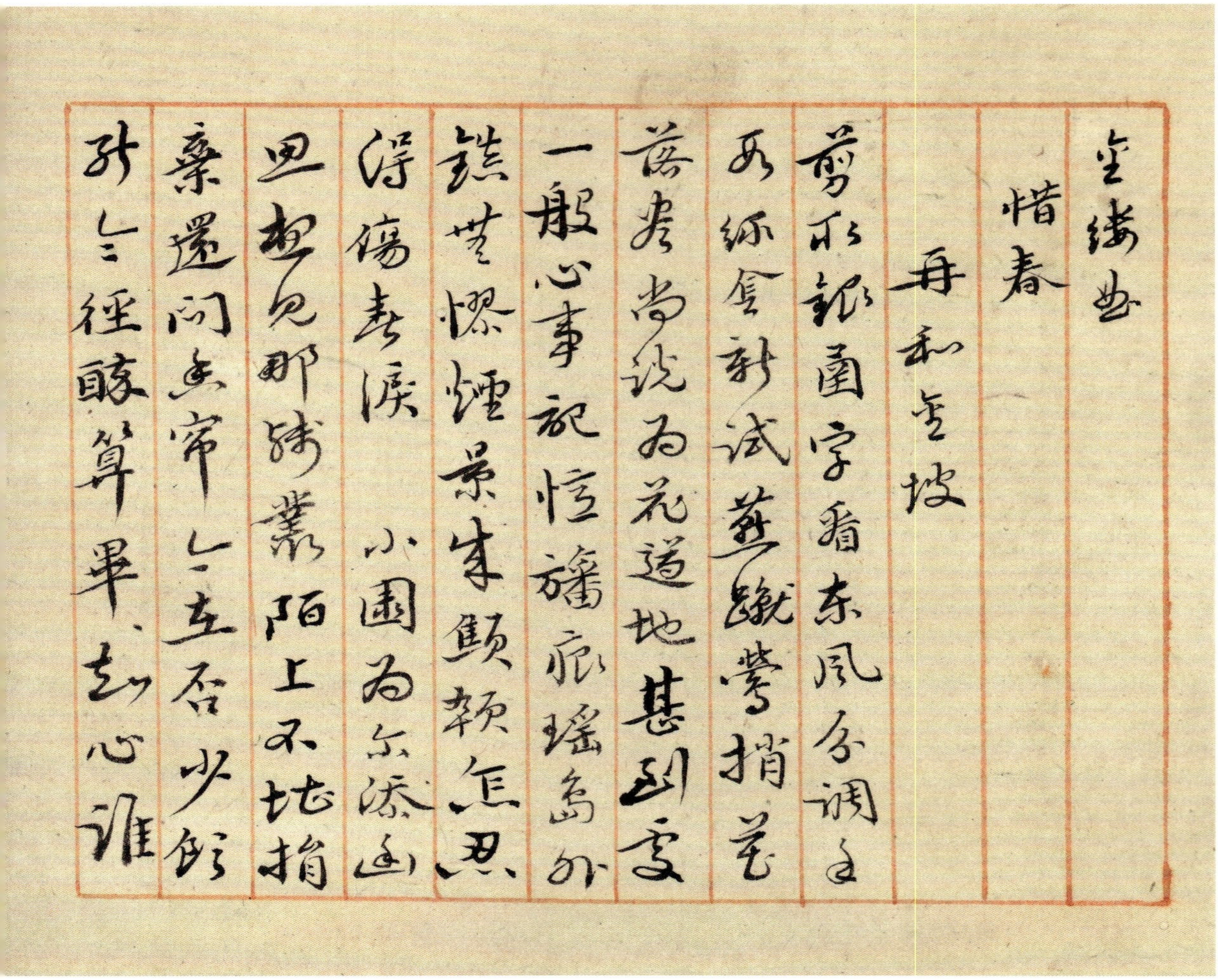

金縷曲

惜春

再和金坡

剪取銀函字，看東風，分調手
段，綠衾新試。燕蹴鶯捎花
落盡，尚說為花道地。甚到處、
一般心事。記憶旛痕瑤島外。
鎮無憀，煙景成顛頮。怎忍
得，傷春淚。小園為尔添幽
思，想見那，殘叢陌上，不堪捐
棄。還問香帘今在否，少飲
能令徑醉。算畢竟、知心誰

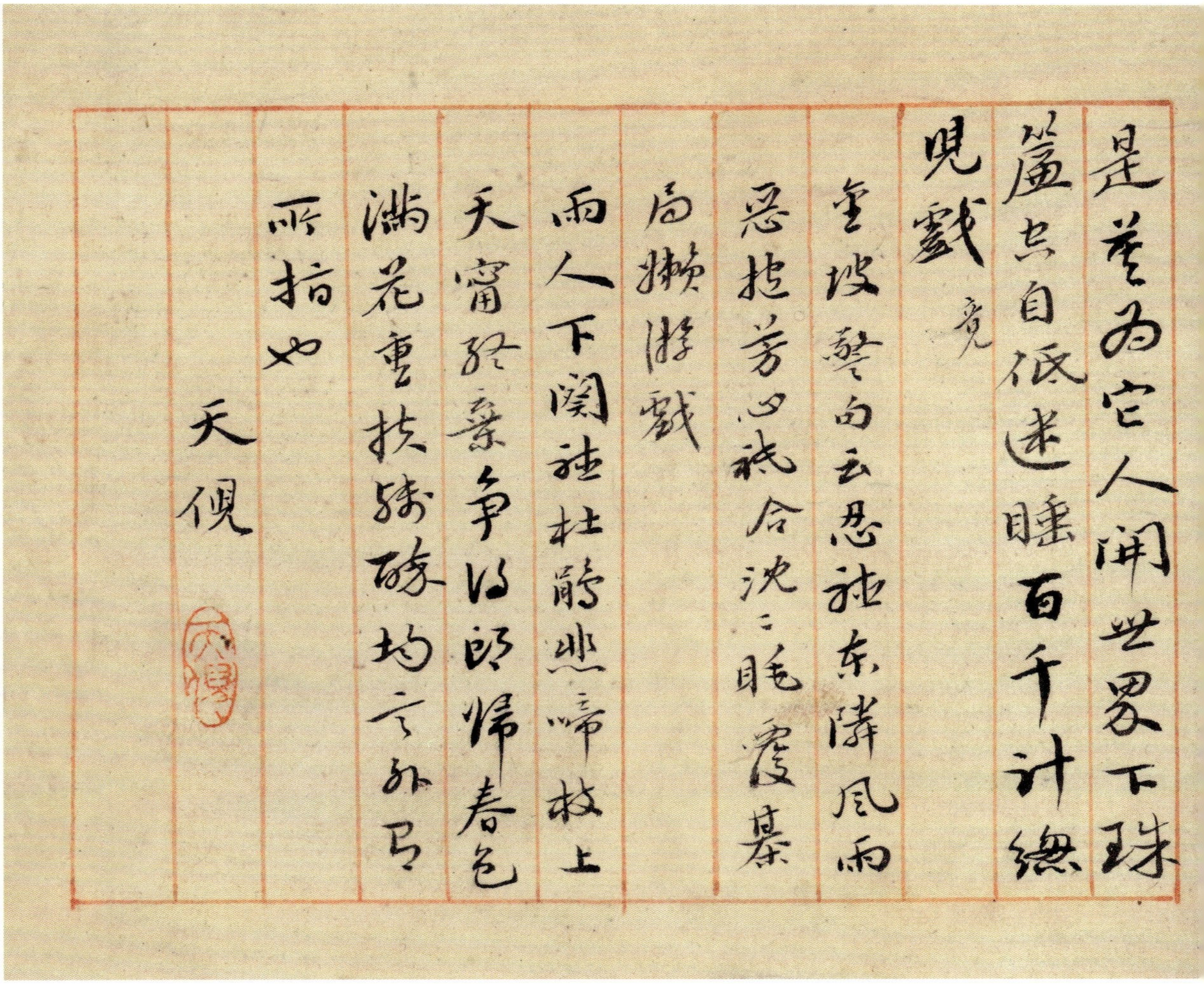

是。莫為它人開世界，下珠
簾、空自低迷睡。百千計，總
兒戲。

金坡警句云：忍聽東隣風雨
惡，抱芳心，祇合沈沈眊。覆棊
局，嬾遊戲。

雨人下闋：聽杜鵑悲啼枝上，
天甯終棄，爭得郎歸。春色
滿花重扶殘醉。均言外有
所指也。

天倪。

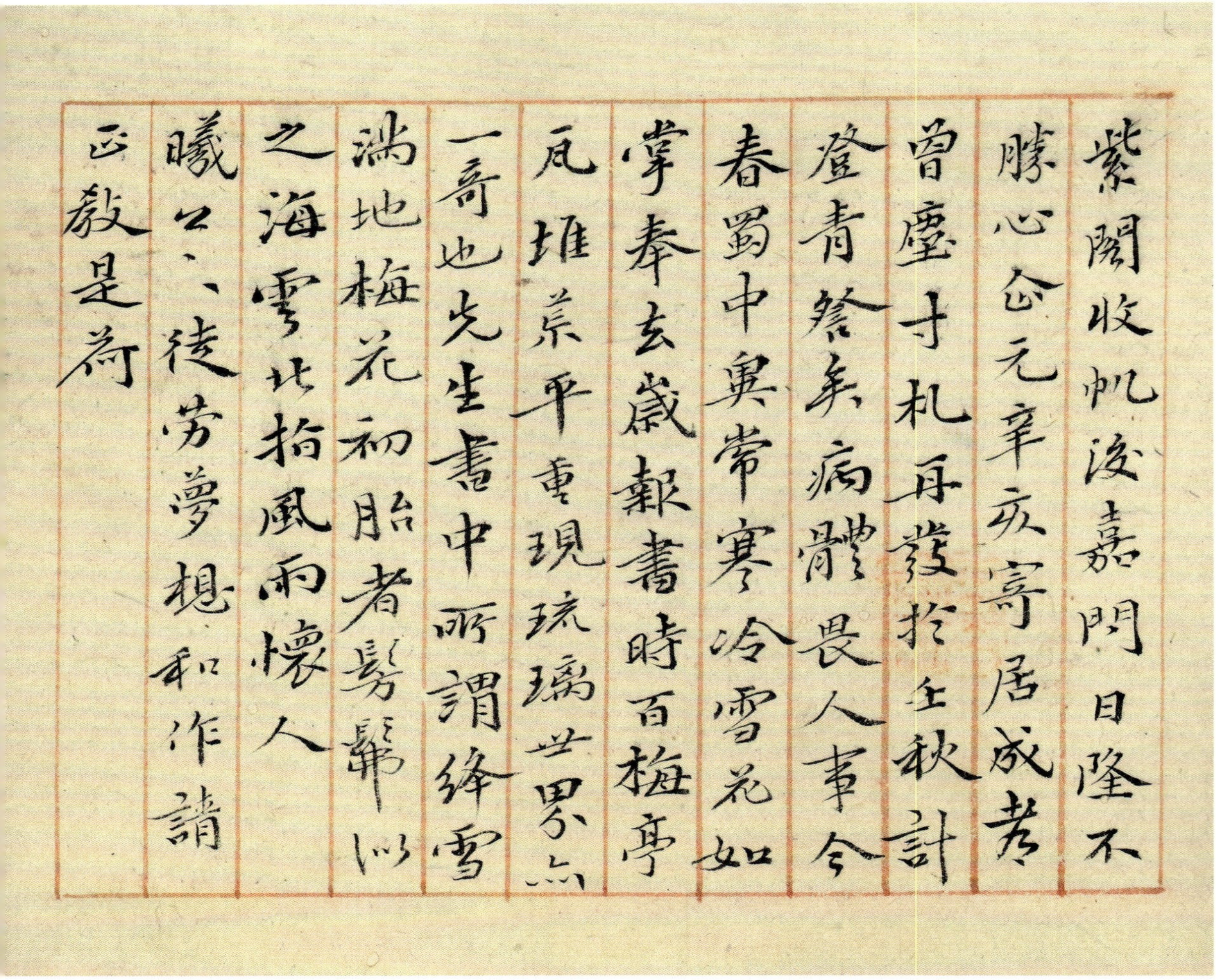

紫閣收帆後，嘉門日隆，不
勝心企。元辛亥寄居成都，
曾塵寸札，再發於壬秋，計
登青詧矣。病體畏人事，今
春蜀中異常寒冷，雪花如
掌。奉去歲報書，時百梅亭
瓦堆荒平，重現琉璃世界，亦
一奇也。先生書中所謂『絳雪
滿地，雪花初胎』者，髣髴似
之。海雲北指，風雨懷人。
曦公、曦公，徒勞夢想。和作請
正教是荷。

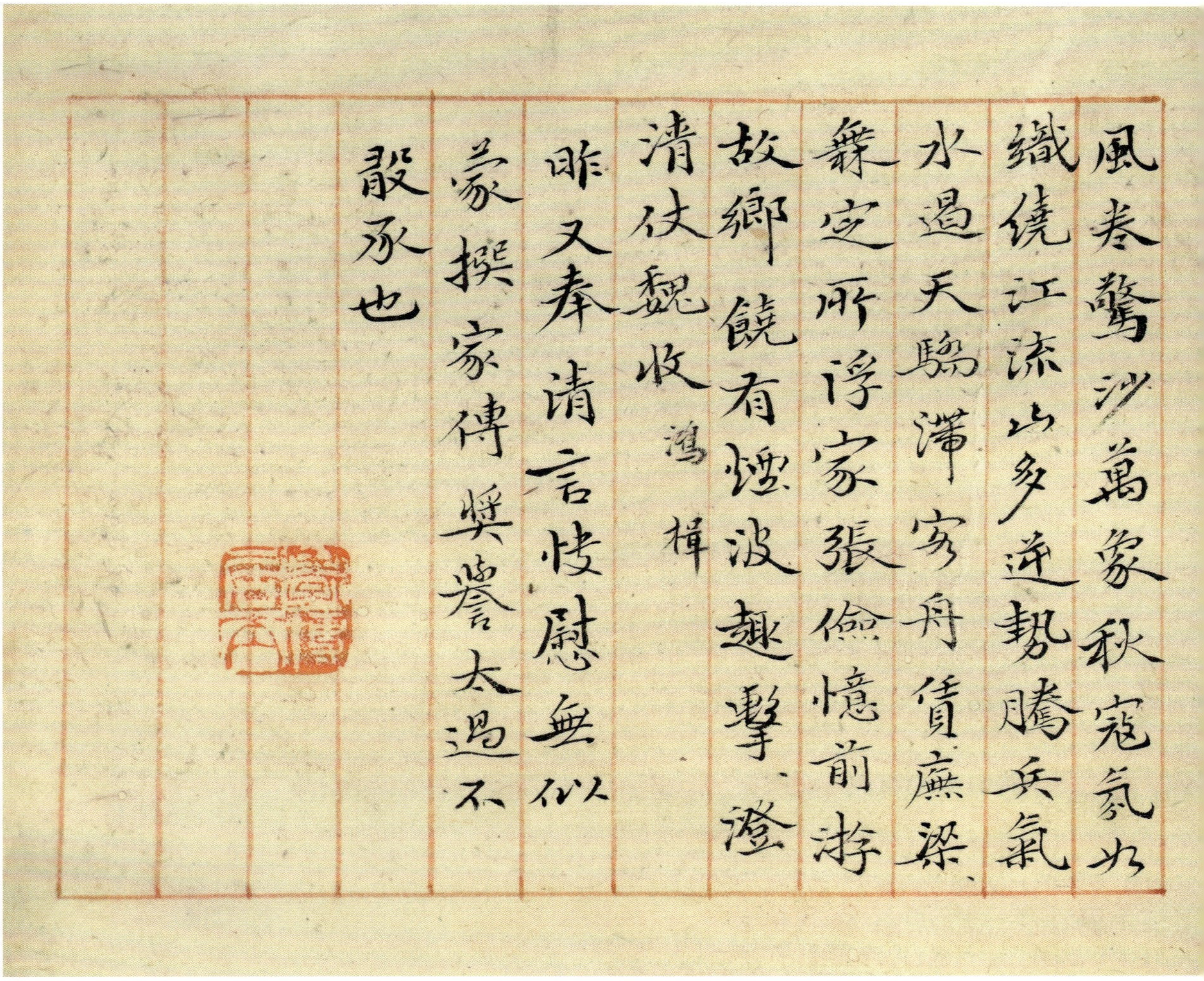

風卷驚沙萬象秋，寇氛如
織繞江流。山多逆勢騰兵氣，
水過天驕滯客舟。賃廡梁鴻
無定所，浮家張儉憶前遊。
故鄉饒有煙波趣，擊楫澄
清仗魏收。
昨又奉清言，快慰無似。
蒙撰家傳，獎譽太過，不
設承也。

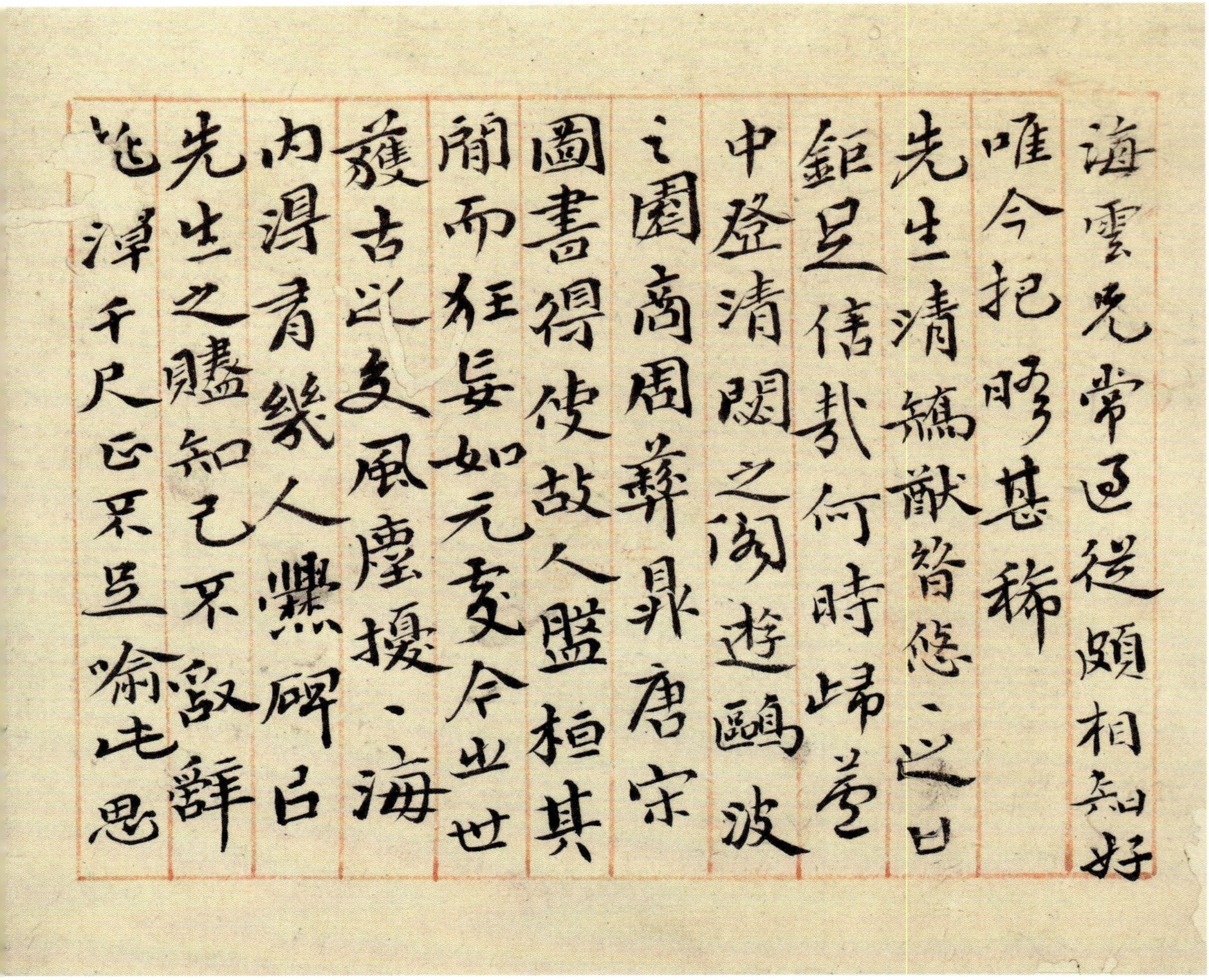

海雲兄常過從，頗相知好，
唯今把晤甚稀。
先生清矯猷昔，悠悠之日，
钜足信哉。何時歸蘆
中，登清閟之閣，遊鷗波
之園，商周彝鼎，唐宋
圖書，得使故人盤桓其
閒。而狂妄如元，處今之世，
獲古之交，風塵擾擾，海
內得有幾人。爨碑以
先生之贐知己，不敢辭。
桃潭千尺，正不足喻此思

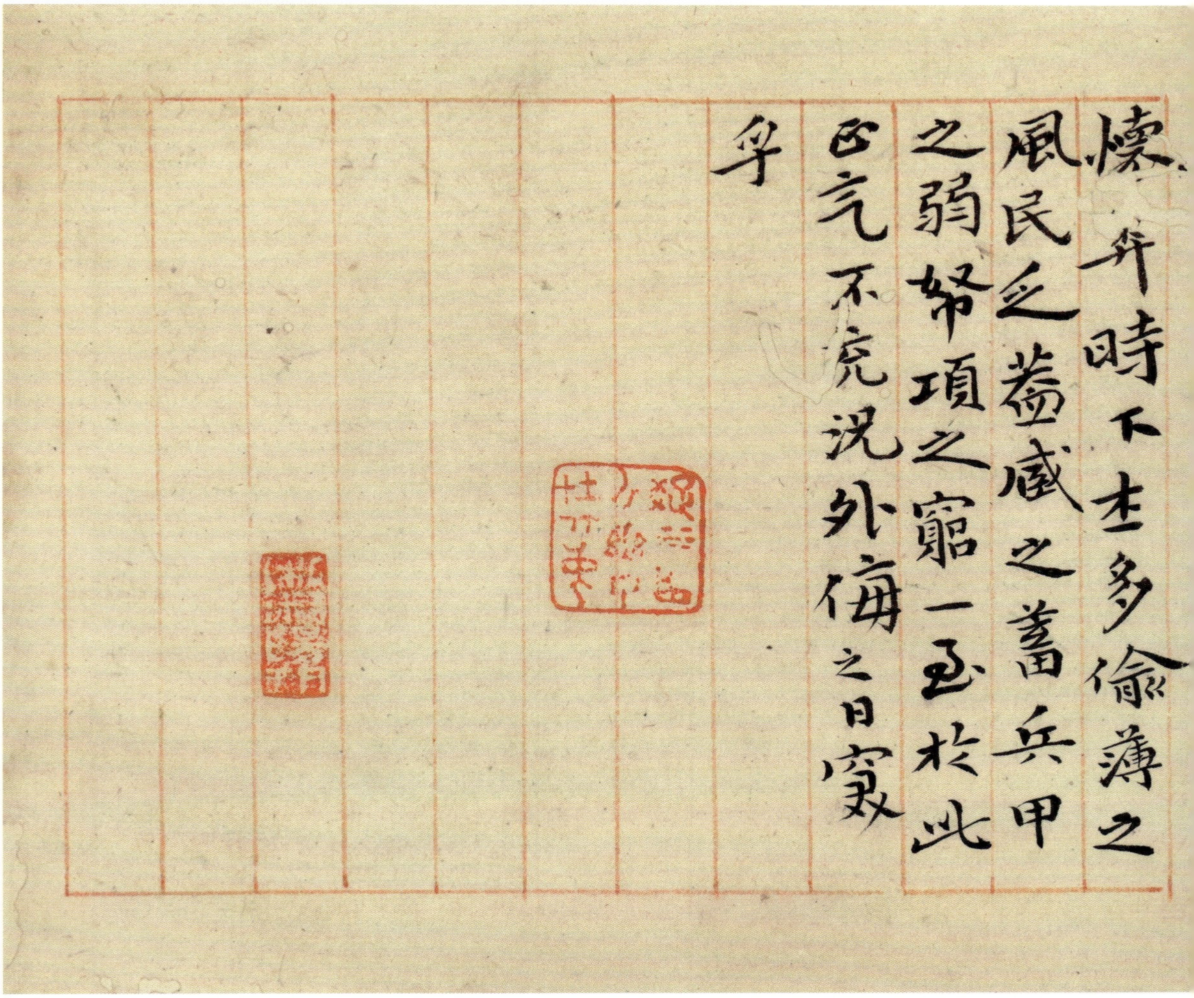

懷口。時下士多偷薄之風，民乏蓋臧之蓄，兵甲之弱，帑項之窮，一至於此。正氣不充，況外侮之日深乎。

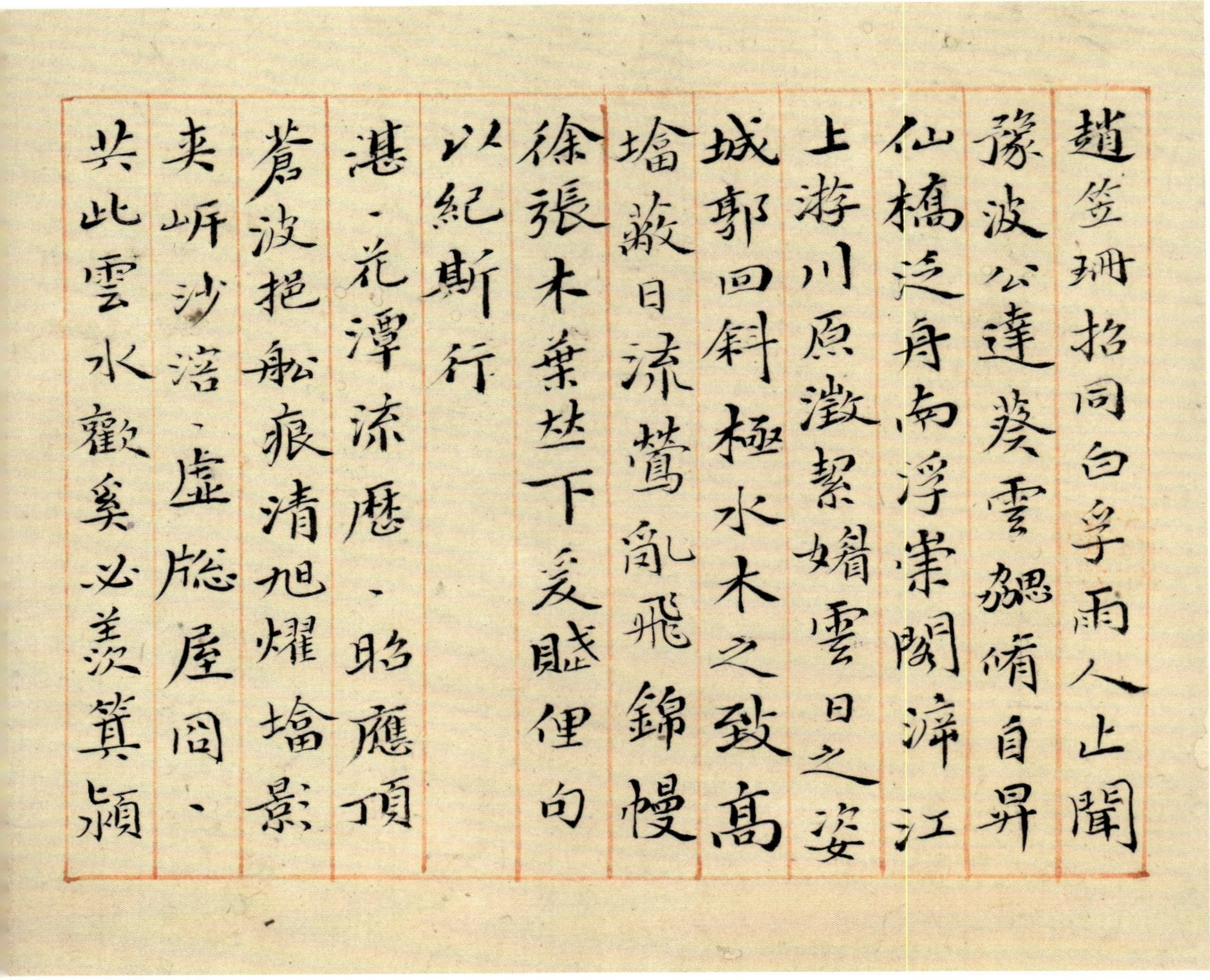

趙笠珊招同白孚、雨人、止聞、
豫波、公達、葵雲、韞脩、自昇、
仙橋泛舟，南浮崇閣，滹江
上游。川原瀲㓗，媚雲日之姿；
城郭回斜，極水木之致。高
墻蔽日，流鶯亂飛，錦幔
徐張，木葉竝下，爰賦俚句，
以紀斯行。
湛湛花潭流，歷歷昭應頂。
蒼波挹舩痕，清旭燿墻影。
夾岍沙溶溶，虛牕屋冏冏。
共此雲水歡，奚必羨箕潁。

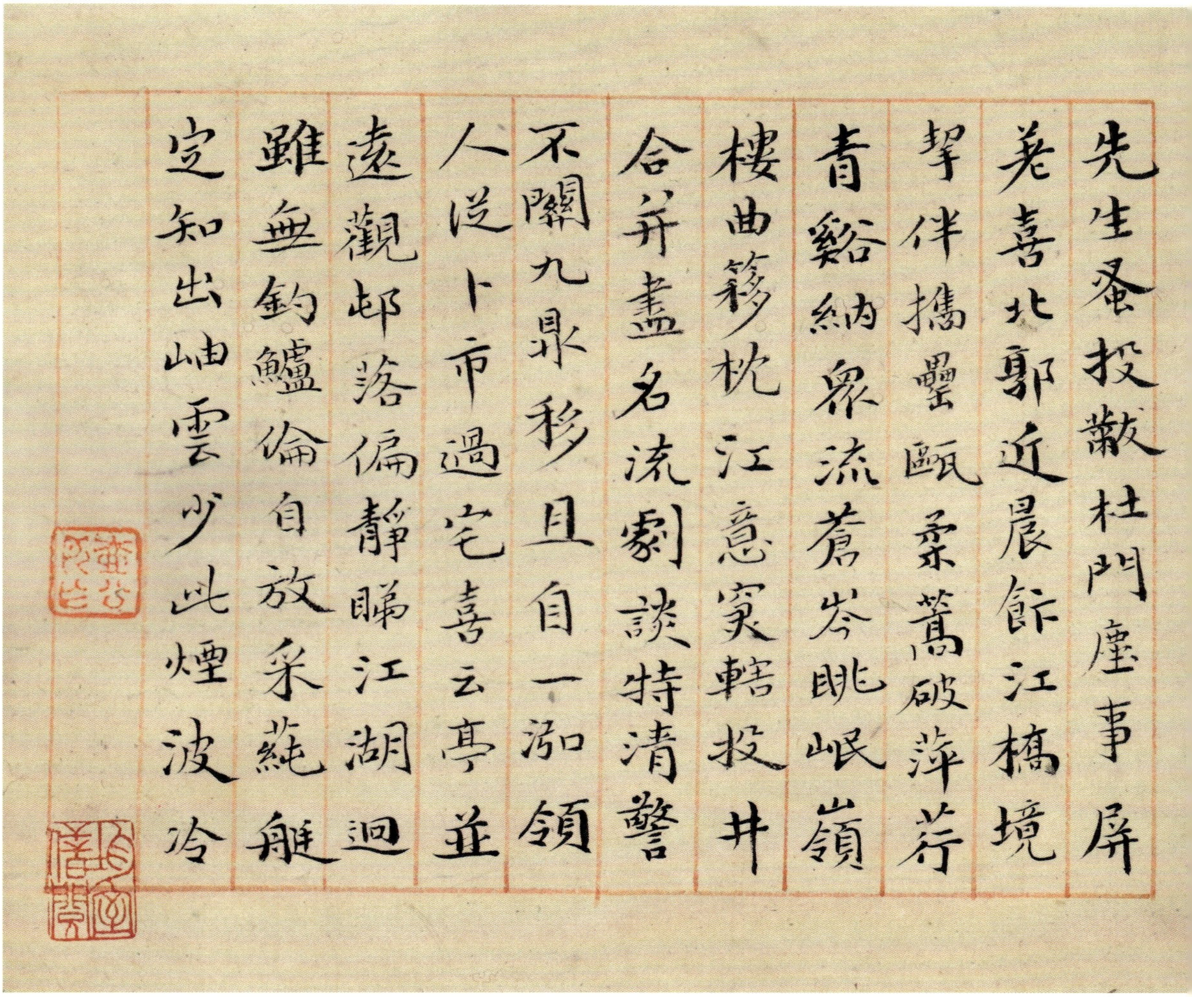

先生蚤投紱，杜門塵事屏。
荖喜北郭近，晨飦江橋境。
挈伴攜罍甌，柔蒿破萍荇。
青谿納眾流，蒼岑眺岷嶺。
樓曲簃枕江，意寀轄投井。
合并盡名流，劇談特清警。
不闗九鼎移，且自一泓領。
人從卜市過，宅喜云亭并。
遠觀郙落偏，靜睇江湖迥。
雖無鈞鱸倫，自放采蓴艇。
定知出岫雲，少此煙波冷。

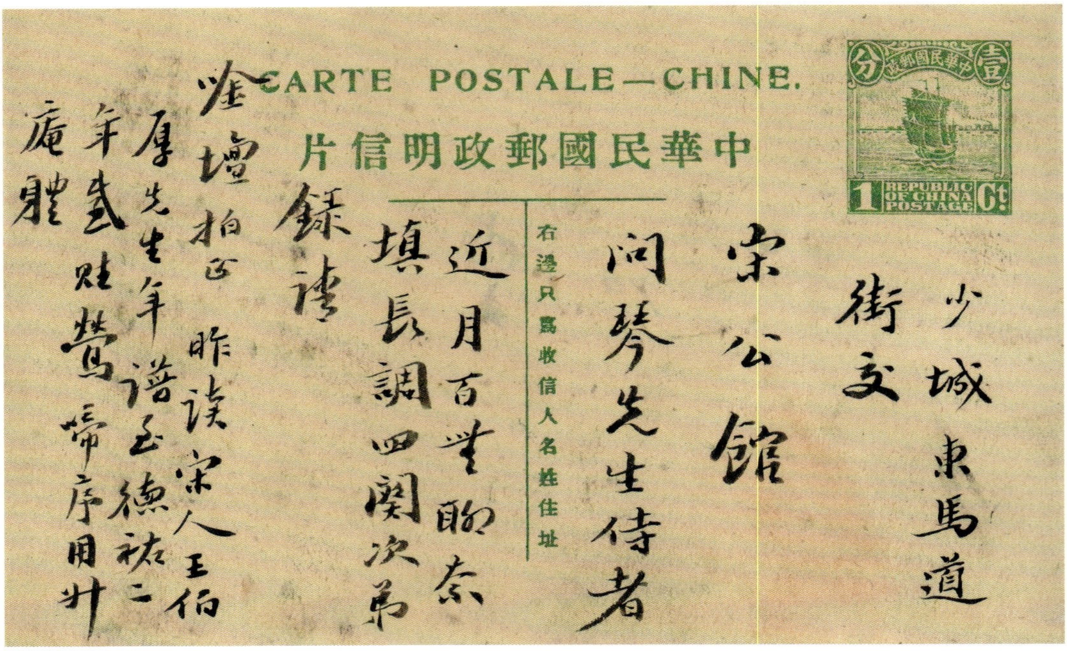

少城　東馬道
街交
宋公館
問琴先生侍者
近月百無聊奈，
填長調四闋，次弟
錄請
唫壇拍正。昨讀宋人王伯
厚先生年譜，至德祐二
年，感賦鶯啼序，用升
庵體。

恭帝猶存看境外元
繞光陰迅數載倥惚虛室遊絲
自裊白石中黃吾嬾學維摩忉
利

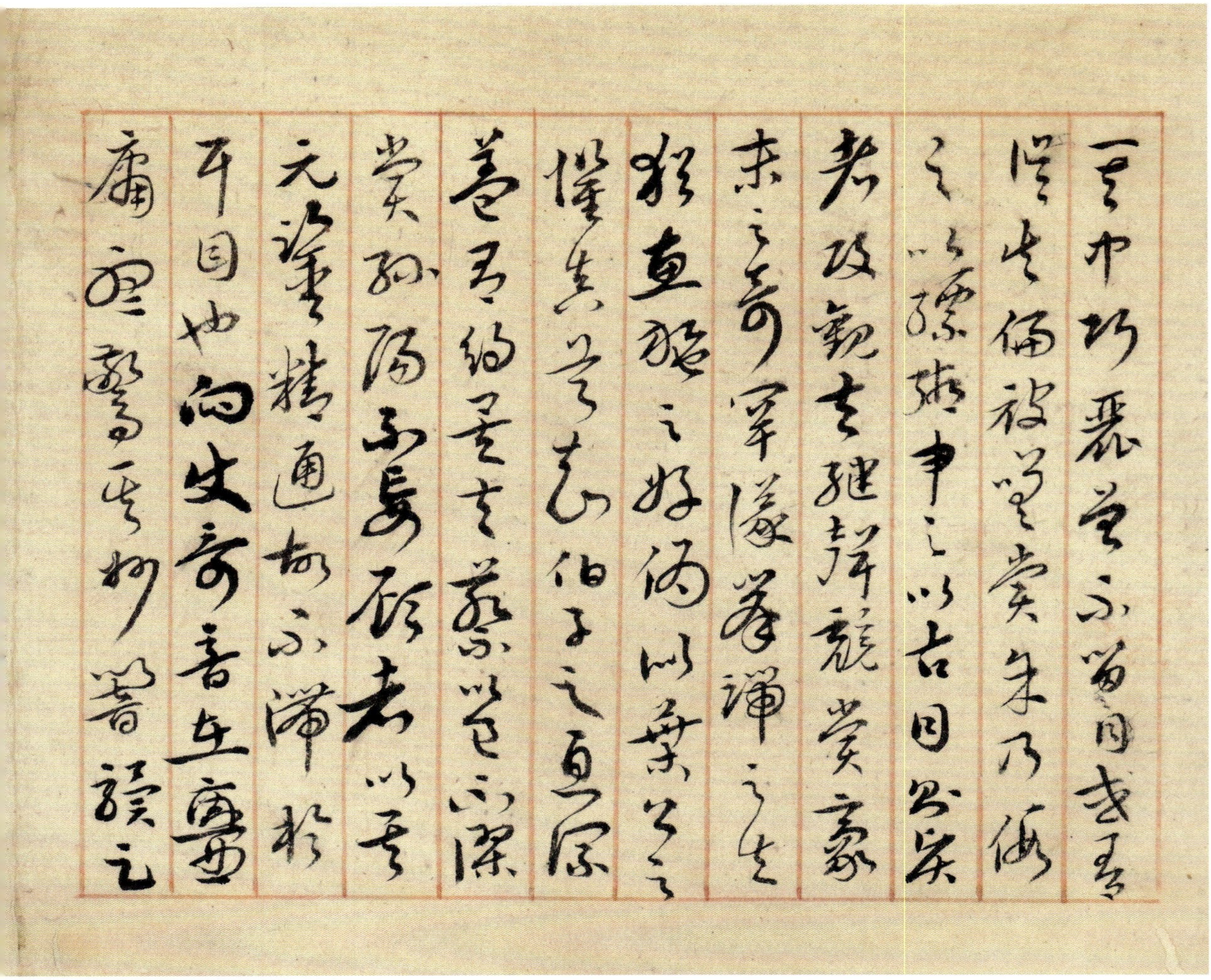

其中巧麗，曾不留目，或有誤失，偏被嗟賞。余乃假之以縹緗，申之以古目，則賢者改觀。夫繼聲競賞豪末之奇，罕議鋒端之失，猶惠施之好偽，似葉公之懼真。是知伯子之息深，蓋有約矣。夫蔡邕不謬賞，孫陽不妄顧者，以其元鑒精通，故不滯於耳目也。向使奇音在爨，庸聽驚其妙響。驥足

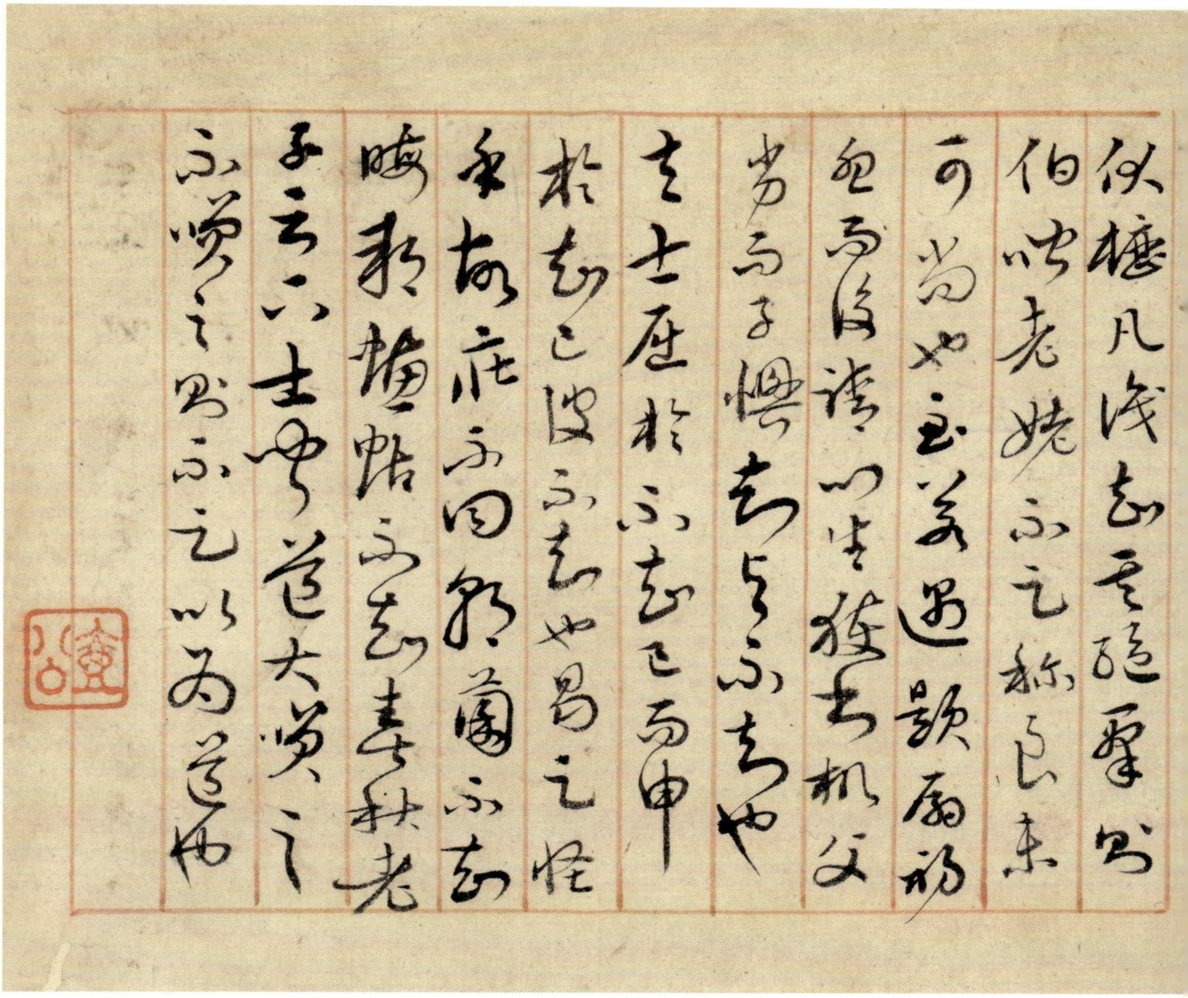

伏櫪，凡識知其絶群。則
伯喈老姥不足稱，良未
可尚也。至若遇題扇，初
怨而後請，門生獲書机，父
劣而子懊，知與不知也。
夫士屈於不知己，而申
於知己，彼不知也，曷足怪
乎。故莊不曰：朝菌不知
晦朔，蟪蛄不知春秋。老
子云：下士聞道，大咲之，
不咲之，則不足以為道也。

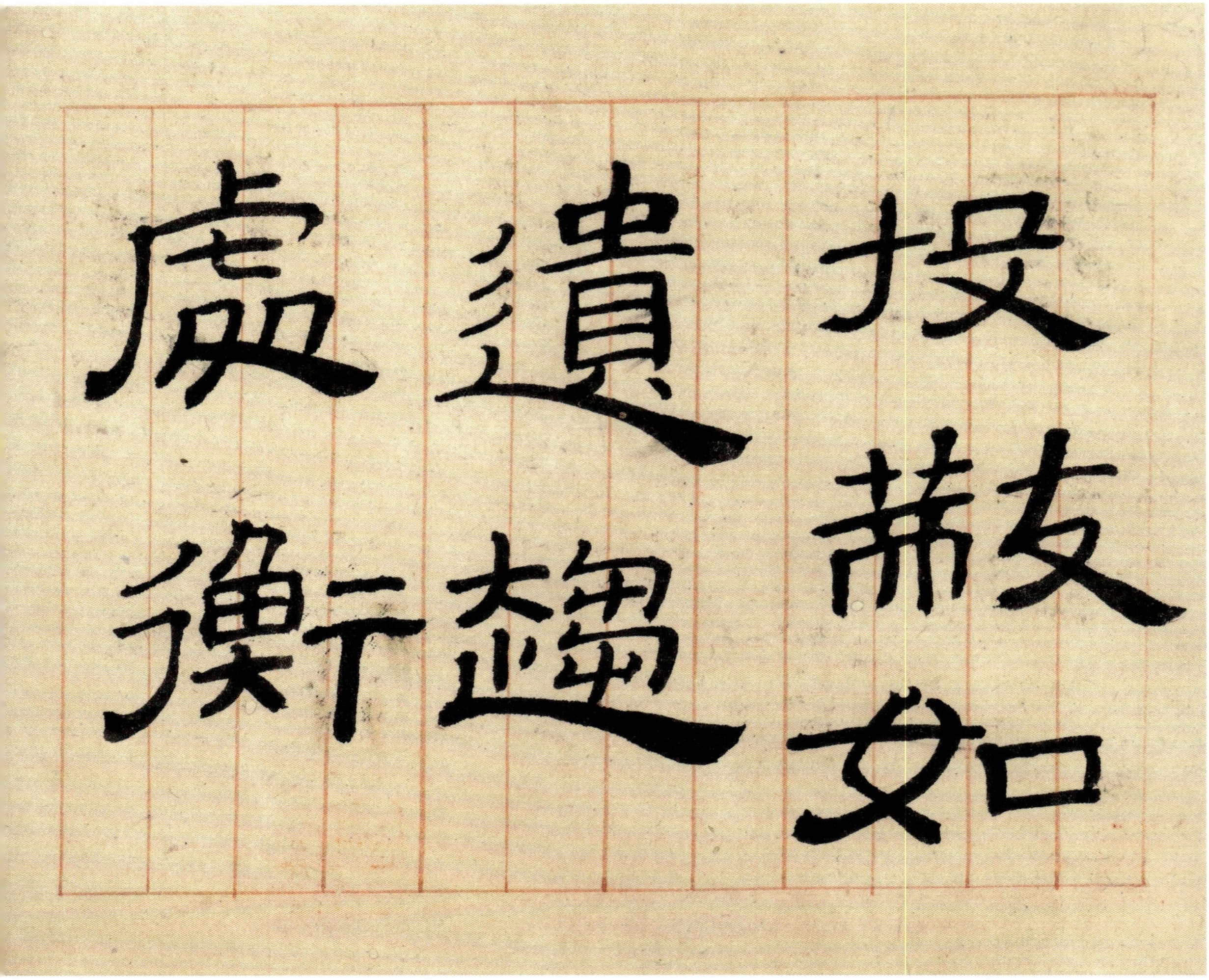

投黼如遺，趨處衡門。年不我予，銘頌玄石。

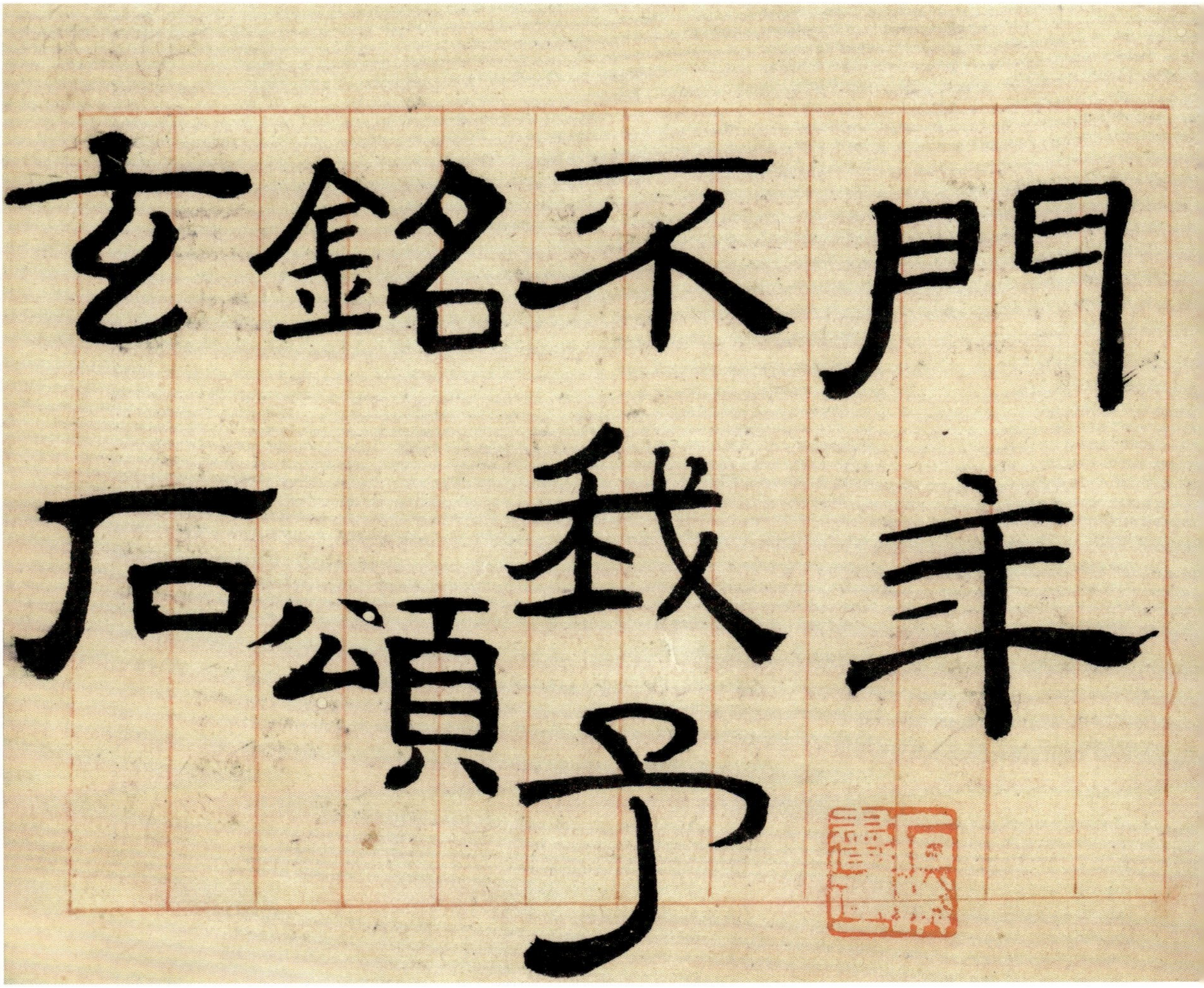
門年
不載予
銘頌
玄石

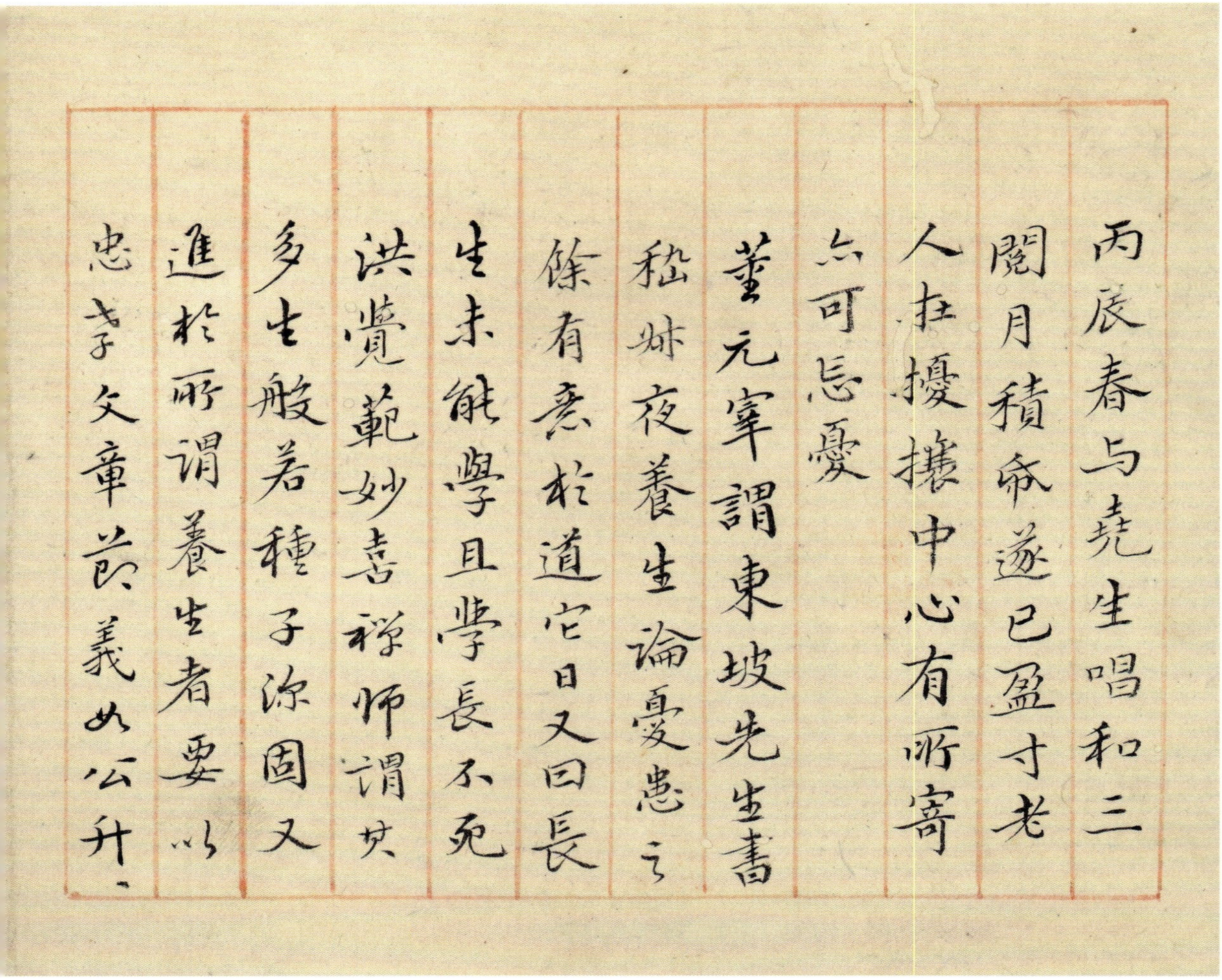

丙辰春與堯生唱和三
閱月，積帋遂已盈寸。老
人在擾攘中，心有所寄，
亦可忘憂。
董元宰謂東坡先生書
嵇叔夜養生論，憂患之
餘，有意於道。它日又曰：長
生未能學，且學長不死。
洪覺範妙喜禪師謂其
多生般若種子深固，又
進於所謂養生者，要以
忠孝文章節義如公，升天

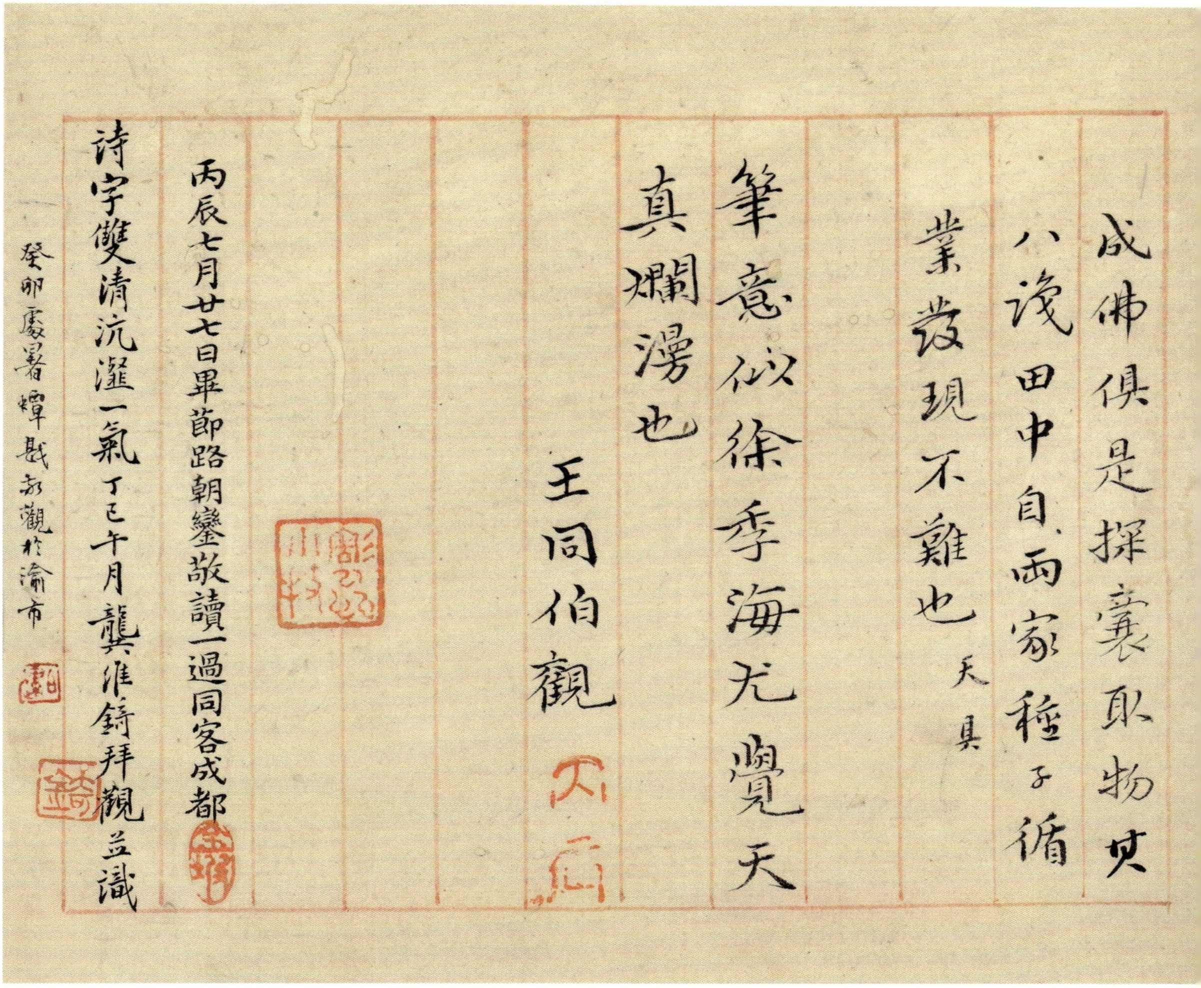

成佛，俱是探囊取物。其
八識田中，自具兩家種子，循
業發現，不難也。
筆意似徐季海，尤覺天
真爛漫也。
王同伯觀。

丙辰七月廿七日畢節路朝鑾敬讀一過，同客成都。
詩字雙清，沆瀣一氣。丁巳午月龔維錡拜觀并識。
癸卯處暑蟫戡敬觀於渝市。

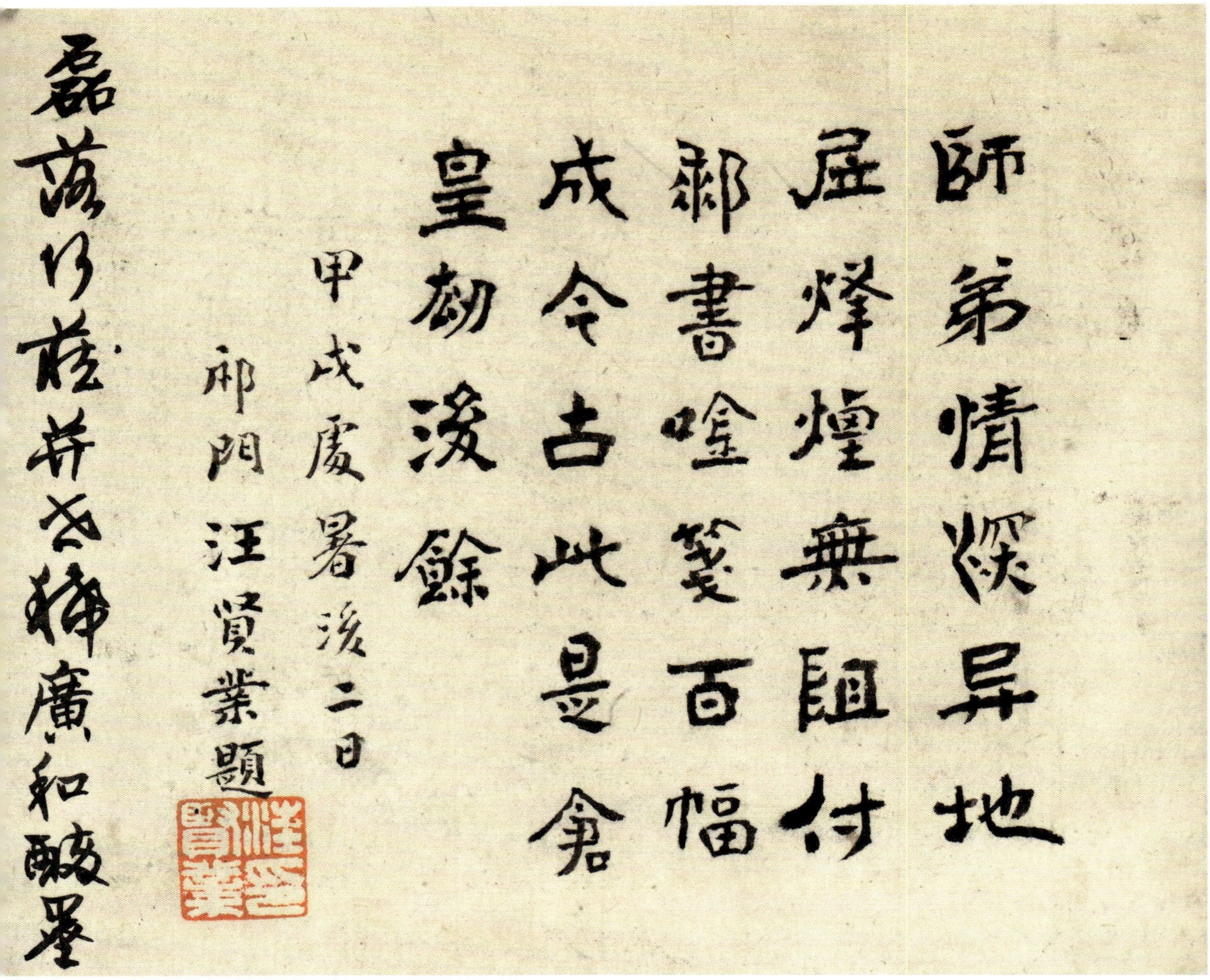

師弟情深異地居，烽煙無阻付郵書。唫箋百幅成今古，此是倉皇劫後餘。
甲戌處暑後二日，祁門汪賢業題。

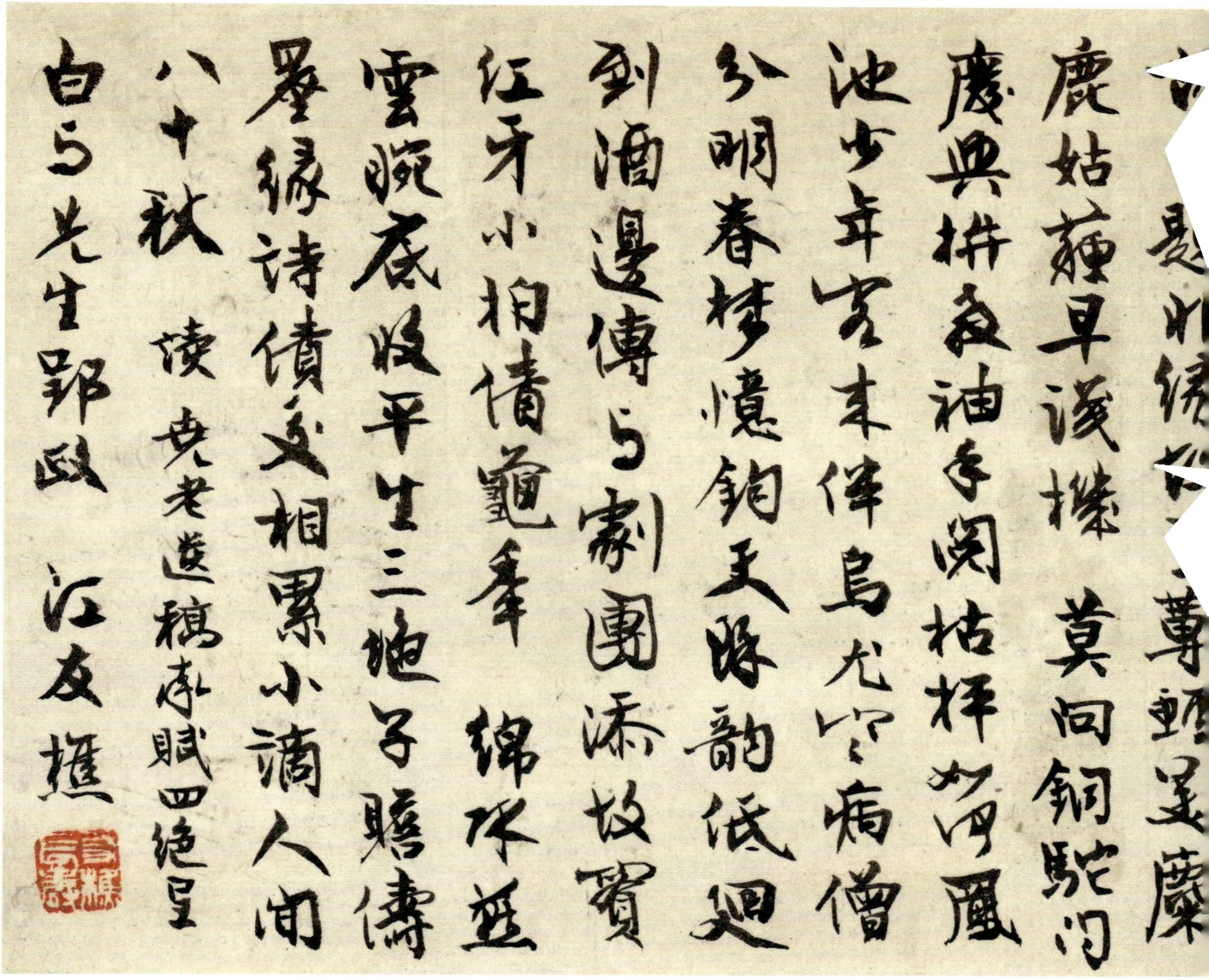

磊落行藏并世稀，廣和醉墨
認留題。非緣故里尊鱸美，麋
鹿姑蘇早識機。莫向銅駝問
廢興，拼教袖手閱枯枰。如何鳳
池少年客，來伴烏尤寒病僧。
分明春夢憶鈞天，餘韻低迴
到酒邊。傳與劇團添故實，
紅牙小拍倩龜年。綿水燕
雲腕底收，平生三絶子瞻儔。
墨緣詩債交相累，小謫人間
八十秋。讀 堯老遺稿，率賦四絶，呈
白與先生郢政。江友樵。

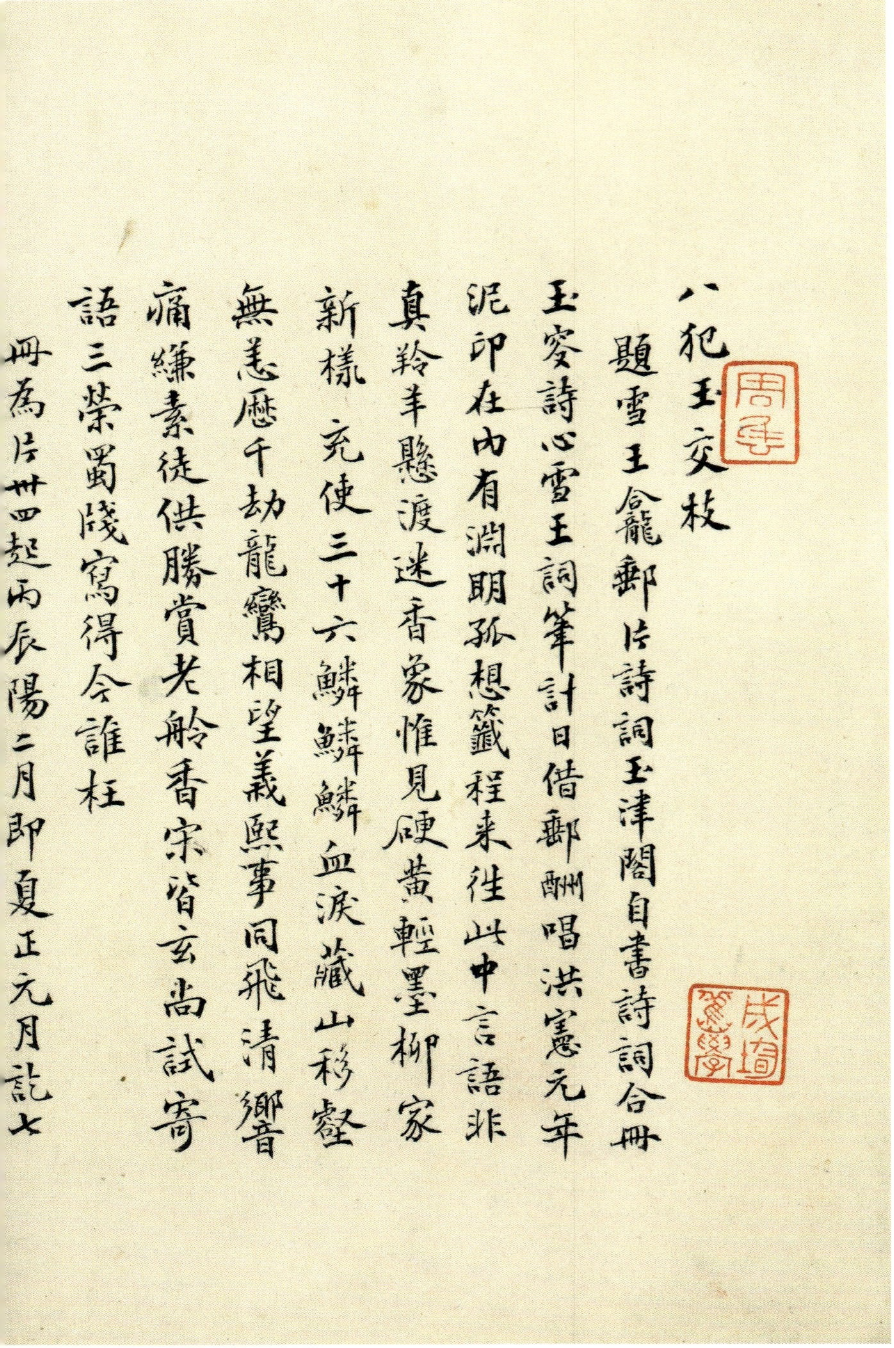

八犯玉交枝
題雪王龕鄦片詩詞玉津閣自書詩詞合册
玉㝉詩心雪王詞筆計日借鄦酬唱洪憲元年
泥印在内有淵明孤想籤程来往此中言語非
真羚羊懸渡迷香象惟見硬黃輕墨柳家
新樣　充使三十六鱗鱗鱗血淚藏山移壑
無恙歷千刧龍鸞相望義熙事同飛清響
痛縑素徒供勝賞老舲香宋皆玄尚試寄
語三榮蜀牋寫得今誰枉
冊為片卌四起丙辰陽二月即夏正元月訖七

八犯玉交枝　題雪王龕鄦片詩詞玉津閣自書詩詞合册。玉宎詩心，雪王詞筆，計日借鄦酬唱。洪憲元年泥印在，內有淵明孤想。籤程來往，此中言語非真，羚羊懸渡迷香象。惟見硬黃輕墨，柳家新樣。充使三十六鱗，鱗鱗血淚。藏山移壑無恙。歷千劫、龍鸞相望。義熙事、同飛清響。痛縑素、徒供勝賞。老舲香宋皆玄尚。試寄語三榮，蜀牋寫得今誰枉。

册為片卌四，起丙辰陽二月，即夏正元月，訖七月，夏正六月。驗鄦印，自三月半以前七片，皆作元年；廿日以後，則作五年。是年洪憲改元，三月解除帝制，故仍作五年也。片為榮縣趙堯生侍御寄成都山陰胡孝博師者，玉津老人自書詩詞閒之，裝褫成册。歷年廿二，微有蠹損，王君白與收得，改裝示予。予亦玉津門下，感懷師友，悵惋彌襟，題此歸之。冀王君寶之無斁云。戊寅長至，威遠周岸登癸叔。

清才高韻萬人知，小字鄦籤百首詩。細膩風光誰得似，錦官絲雨釀寒時。避世千秋多隱逸，吟詩二老亦風流。君家武庫平章徧，收得緗囊抵益州。白與兄出眎玉津香宋二老詞翰，率題。壬午小陽月，無量。

[illegible]驗郵印自三月半以前七字皆作
元年廿日以後則作五年是年洪憲改元三月
解除帝制故仍作元五年也片為榮縣趙堯生
侍御寄成都山陰胡孝博師者玉津老人
自書詩詞間之裝褫成冊歷年廿二徵有
蠹損王君白與收得改裝示予予亦玉
津門下感懷師友悵惋弥襟題此歸之
冀王君寶之無斁云戊寅長至威遠周岸登癸叔

清才高韻萬人知小字郵箋百首詩細
膩風光誰得似錦官絲雨釀寒時
避世千秋多隱逸吟詩二老亦風流君家
武庫平章編收得緗囊抵益州
白与先生眎玉津香宋二老詞翰索題
壬午小陽月
无量

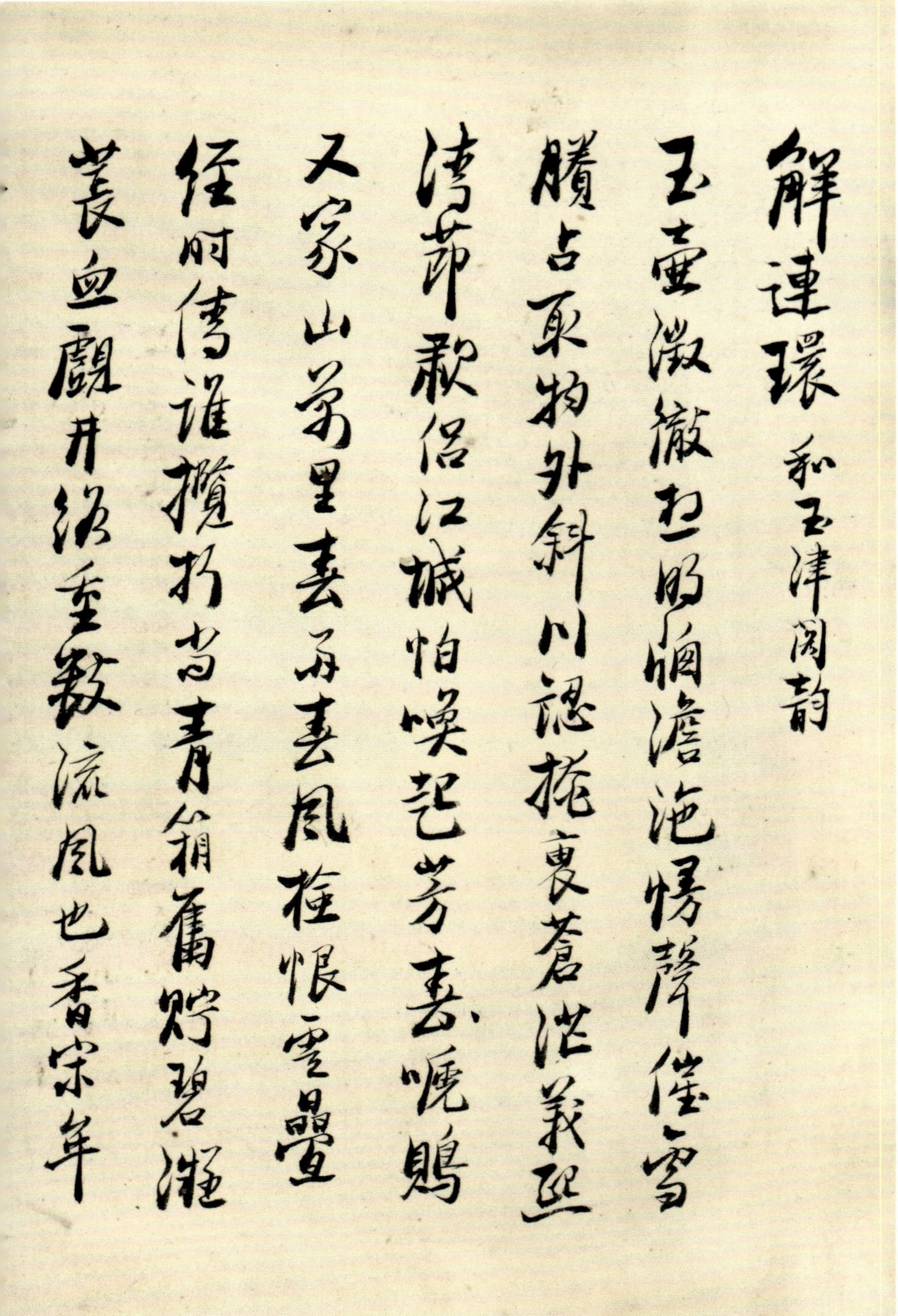
解連環 和玉津閣韵
玉壺澂徹想明牕澹沲慢聲催雪
賸占取物外斜川認掩裏蒼茫義熙
清節歟侶江城怕喚起芳春嚑鵑
又家山萬里春雨春風檢恨靈疊
經時倩誰攬折尚青箱舊貯碧凝
萇血覷井絡重數流風也香宋年

解連環 和玉津閣韻

玉壺澂徹。想明牕澹沲，慢声催雪。賸占取、物外斜川，認掩裏蒼茫，義熙清節。歟侶江城，怕喚起、芳春嚑鵑。又家山萬里，春雨春風，檢恨靈疊。經時倩誰攬折。尚青箱舊貯，碧凝萇血。覷井絡、重數流風，也香宋牟珠，淚傾情熱。何與知音，讓弦外、青山憑說。只而今、浣花句杳，瘦鵑秘舌。

白與先生出示胡玉津、趙香宋二家倡訓册，既為篆眉，再倚此似 正。『芳時』誤書『芳春』。

鄧花溪有牟珠詞，凡關于同作警句，玉津皆錄坿册中。

五季蜀韋端己詞名浣花集，今佚。

彊圉大淵獻之歲，律中蕤賓，幾望，寓錦里武儋山麓，均室易忠籙。

憑說只而今浣花句香夜鶴祕吾

白真先生生不胡玉津趙香宗二家

倪洲冊浣寫家眉再倚此以　正

芳時溪老芳書

鄴花溪看年珠詞九闋于月作聲句玉津

皆錄樹冊中

丙季蜀五年揮己詞名浣花集今佚

彊圉大淵獻之歲津中雜賓裝壁寓

錄里武億山樵均室易書錄

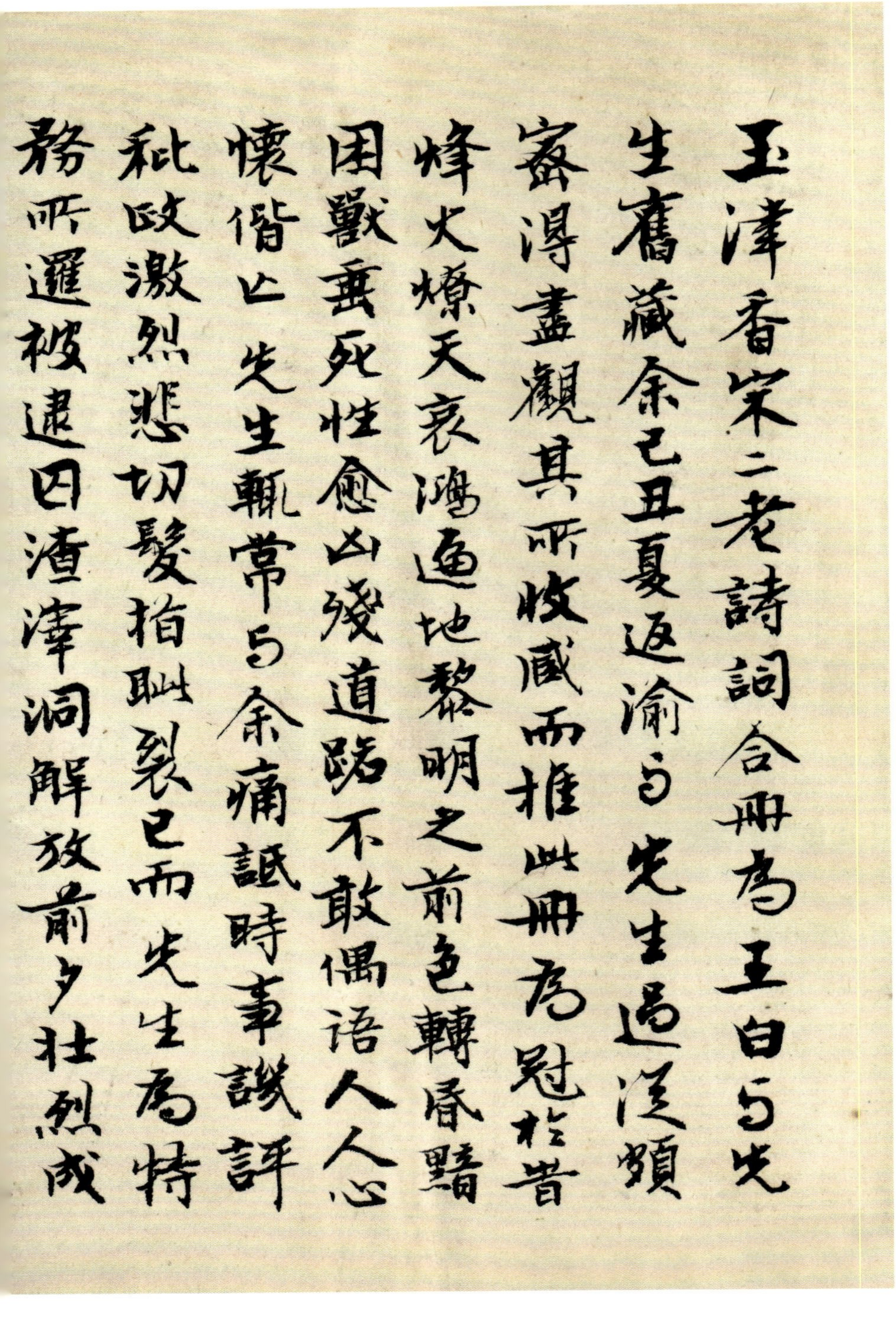

玉津香宋二老詩詞合册，為王白與先生舊藏。余己丑夏返渝，與先生過從頗密，得盡觀其所收藏，而推此册為冠。於旹烽火燎天，哀鴻遍地，黎明之前，色轉昏黯，困獸垂死，性愈兇殘。道路不敢偶語，人人心懷偕亡。先生輒常與余痛詆時事，譏評秕政，激烈悲切，髮指眦裂。已而 先生為特務所邏，被逮囚渣滓洞，解放前夕，壯烈成仁。余遁跡成都得免。一九五三年夏，余奉中共中央宣傳部調入北京，路過重慶，復得此册。覽物懷人，感慨橫集，猶想見其髮指眦裂時也。 江友樵珎藏并記。

……余遁跡……免一……余……

中共中央宣傳部調入北京路過重慶復得

此冊覽物懷人感慨橫集猶想見其髮指

眦裂時也　江友樵珍藏并記

高陽臺　玉局探奇，石�聳秀，西南自古名鄉。二老風流，天教管領詞場。錦江風月平分取，付斯人、刻意平章。更煩他，魚雁遙傳，篇什盈囊。　頻年澒洞煙塵黯，算幾番流轉，殘劫滄桑。應是詞靈，殷勤守護珎藏。往還詶荅存真面，喜連篇、字字琳瑯。待他年，藝苑鈎沉，魯殿靈光。

余就讀四川大學，與白與先生不相見且數年矣。己丑之夏，還鄉省親，得盡觀其所收藏，而推此册為冠。古今書翰往還，片面易於檢點，雙方難於收集。魯迅兩地書外，此册實為全璧。收藏者之苦心，搜羅者之心血，已足珎貴。況此册郵筒往來，無一或缺，盡皆未印之手稿。筆花繚繞，墨瀋淋漓，詞翰書法，竝足矜式。他年付梓，必發異彩。借誦三過，倚聲題還，以誌眼福。即希拍正。　江友樵于重慶。

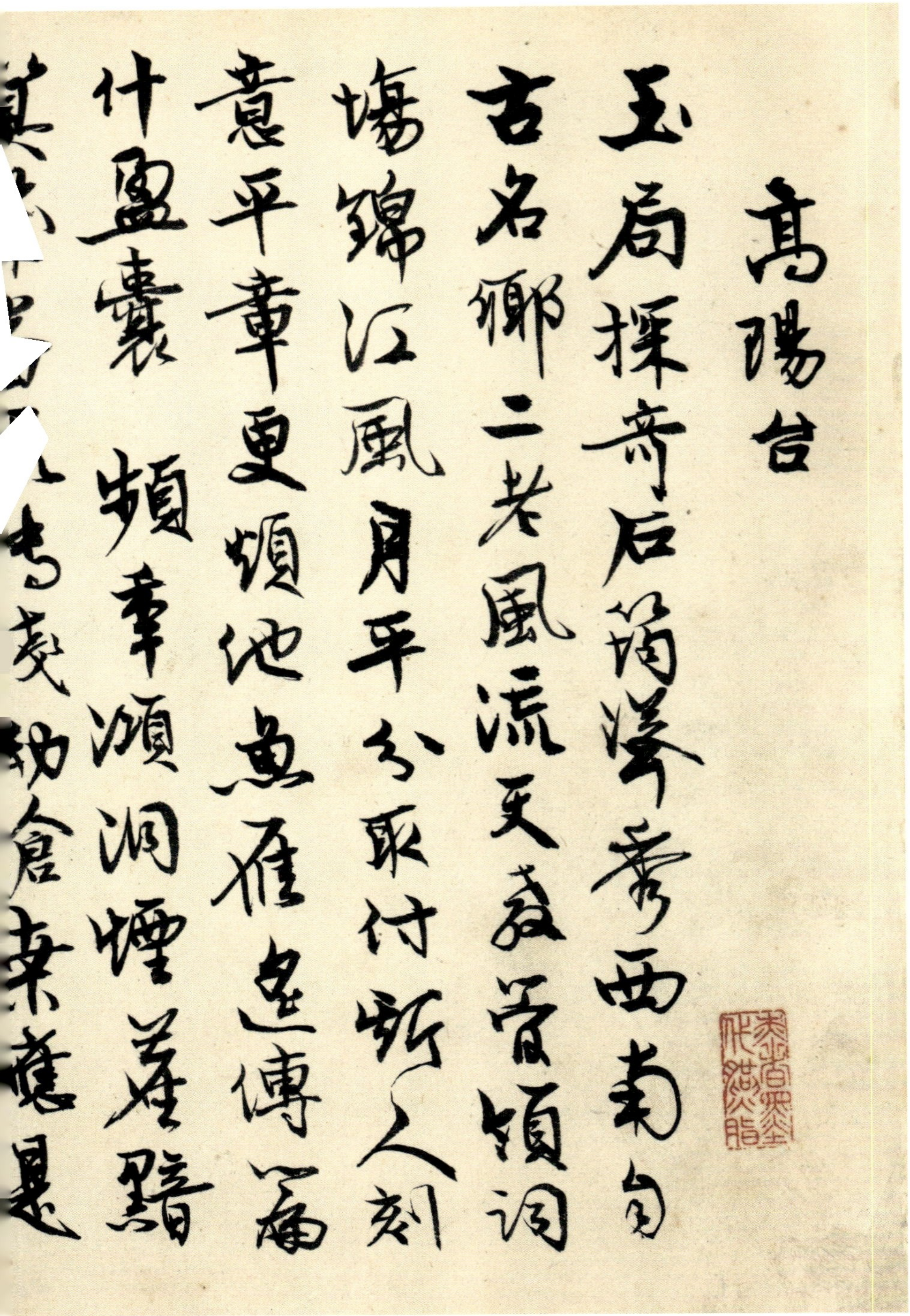

词灵殿勤守护珍藏搜遗训各
存先面喜在遗属宝〻琳琅诗
他年艺苑钩沉鲁殿灵光
余就读四川大学与 白与先生不相见且数年矣
己丑之夏还乡省亲得哭观其所收藏而推此册为
对古今书翰搜遗片面易于检题复方难于收集鲁迅
两地书外此册实为全璧收藏者之苦心搜罗者之
心血已是珍贵况此册邮简往来无一或缺於此未
印之手稿华花缭绕墨沉淋漓词翰书法辉是
补我他年付梓必获异彩偕诵三过倚声题还
以志眼福即希柏正　江友樵于重庆

一卷田歌是道書——整理後記

承竹庵兄的美意，將此『玉雪雙清』册頁交給我整理，費時月餘，終於告成。一般來說，書前應該有一段緣起，敘述底本來歷、介紹著者生平、説明編輯凡例。話雖如此，我等後生小子得以附驥老輩的著作，已屬榮幸之至，實在不敢佛頭著糞，因此將這些内容作為後記放在最末，讀者諸君其諒之。

江友樵先生（一九二六——二〇〇三年）是册頁的曾經保有者，他在一九五三年得到以後，填了一闋高陽臺，其中有『待他年，藝苑鈎沉，魯殿靈光』之句，跋語也説：『他年付梓，必發異彩。』所以，江先生在一九七五年（癸巳）夏又專門為册頁寫了一開説明。現在我們將這段説明文字影印并標點出來，冠於篇首，以代前言，也算了卻江先生的夙願。

一

趙熙是清末民初的著名詩人、書法家，有關情況，江先生的前言敘述已詳，至於這套册頁的形成和流傳，還有許多掌故可言。

趙熙二十歲遊學嘉定府（今樂山市）的九峰書院，頗得山長胡薇元[二]的獎勵，由此結下深厚的師生情誼。光緒八年趙熙以二甲第三十五名賜進士出身，選翰林院庶吉士，從此浮沉宦海。大約在光緒二十五年（一八九九），有留別玉津閣贈胡薇元：『玉蘭花外九峰前，長侍芳筵擘素箋。三百門生年最少，十年雙鬢亦中年。』此後則音問漸疏。

辛亥鼎革未久，又遭遇洪憲復辟，趙熙避地榮縣，始與闊別十餘年，隱居成都的老師重新取得聯繫。趙熙不愧詩人本色，丙辰（一九一六年）人日投寄的第一封明信片便是三首詩：

人日題詩問起居，隔年良問愧交疏。近知薄醉梅花底，白髮寒鐙苦著書。
家貧歲事難供酒，是事如雲笑不言。勤望集成今自定，成都茅屋是桃源。
冬晴兩月野田乾，一雨春來巧作寒。漢代鐃歌新樂府，盡憑綠竹報平安。

收到老學生的詩函，六十七歲的胡薇元歡喜無量，依韻和作：

千竿滌竹野翁居，白髮蕭蕭兩鬢疏。小雅繁霜剛注罷，梅開喜得故人書。
師弟布衣雙祭酒，汜樞詩緯一微言。初胎絳雪開還落，物理難窮造化源。
杜鵑枝上雨聲乾，乍覺東風曉夢寒。欲乞仙方聊辟穀，笑他雞犬逐劉安。

接奉覆書，趙熙詩興大發，乃一而再、再而三地疊用『書』、『源』、『安』三韻作詩。據公子趙元凱、趙念君所編香宋詩抄解題云：『此組詩為前後錄寄胡薇元之作，多涉時事，共一百三十二首。』[二]依此計算，應有四十四組。此外，本書所載三月十三日（如非專門說明，皆指農曆，下同）趙熙寫給胡薇元的明信片提到：『不肖和韻及山腴處，數之近四十矣。故擬足其數，至此不再和。』三月廿七日明信片也說：『賤性尤不喜和韻，往年於上海，古微侍郎過訪，曾一為之，外此惟今春。刺刺不休，意欲足成四十之數，終缺一二，亦可見無聊取適，非作詩法也。』按此推算，也應有近四十組詩，由此知二趙所言不虛。

胡薇元將收到的明信片正反面一剖為二，托裱成片，又用十二行雙開朱絲欄抄寫自己的詩詞和前人的詞章，與明信片合裝成册，然後請一位署名『容秋黃安』[三]的人篆書『玉雪雙清』四字，作為引首。『玉』指胡薇元的『玉津閣』，『雪』則是趙熙的『雪王龕』，這樣的標題十分貼切，因此直接用作此出版物的書名。

冊頁的最后一开，是胡玉津自己寫的跋，文字很简短：『丙辰春與堯生唱和三閱月，積紙已盈寸。老人在擾攘中，心有所寄，亦可忘憂。』其後的空白則用來抄寫董其昌畫禪室隨筆中的文字。再以後是兩行署『王同伯觀』的題跋：『筆意似徐季海，尤覺天真爛漫也。』可令人費解的是，這段話其實見於珊瑚網卷四，是『蘇玉局養老篇墨蹟』後倪瓚之跋語，原件署款為：『癸丑中秋，同王學耕觀于徐良夫之耕漁軒，倪瓚。』[四]冊頁中的這段文字，筆意很像胡薇元自己，或許是他胡亂寫著玩的，并没有『王同伯觀』。

正式在冊頁上題跋的是路朝鑾[五]，他僅寫了一行觀款：『丙辰七月廿七日畢節路朝鑾敬讀一過，時同客成都。』折合公曆為一九一六年八月二十五日，冊頁在此以前應該已經裝裱完成。次年（一九一七）龔維錡也題了一行觀款，此亦在胡薇元生前。至於祁門汪賢業於甲戌（一九三四年）處暑後二日題詩，因為沒有上款，尚不知受者是誰。

胡薇元的學生周岸登[六]戊寅（一九三八年）冬至題一闋八犯玉交枝，并有長跋，正式出現王白與[七]的上款。其後一九四二年謝無量題詩；一九四七年易均室篆書『玉雪詞翰合璧』，並填詞；一九四九年夏江友樵題詩、填詞。上款均是王白與。

一九四九年八月王白與被捕，十一月在渣滓洞遇難，至一九五三年，冊頁遂歸江友樵保存，江又添了一段文字，敘述感慨。冊頁在江友樵手中，僅有許伯建于一九六三年留下一行觀款：『癸卯處暑，蟫戡敬觀於渝市。』此外便是前面提到的，江友樵一九七五年手寫的介紹文字。

二

以上簡介了冊頁的流傳過程，至於價值，大約三端：詩文精雅，可資學習賞鑒；學人手跡，能補文集缺訛；雪爪鴻泥，折射歷史真實。凡此種種，讀者自有會心，不煩喋喋，茲先舉其有裨於近代郵政史研究的一些細枝末節。

榮縣到成都約三百公里，當時的郵路究竟是由自貢、內江到成都，還是經樂山、眉山到成都，具體情況[八]不詳。但三十餘張明信片收寄郵戳與投遞郵戳，鈐蓋基本清楚，均在三至四天內抵達，少有例外。其中四月廿一日（公曆）投寄，四月廿五日（公曆）抵達的明信片，加蓋有『過時投入』的楷書戳記。參考另外一片四月廿二日（公曆）投寄，四月廿五日（公曆）抵達者，可以猜測，前一件明信片因客戶較晚投入郵筒，錯過了當日郵局的發件時間，遂與第二天的郵件同時發送，故稍晚送抵。所謂『過時投入』，乃是向收件人解釋延誤理由。這雖然是微末小事，也見當時郵局工作之高度責任感。

更有意思的是，其中一份明信片，榮縣收寄局的郵戳是『元年三月廿二日』（公曆），而成都局的分揀投遞郵戳卻是『五年三月廿六日』（公曆）。原来民國四年（一九一五年）十二月十二日（公曆）袁世凱接受帝位，改國號為『中華帝國』，年底申令明年為洪憲元年。皇帝體制不得人心，倒袁運動此起彼伏，迫于壓力，袁世凱終於在洪憲元年（一九一六年）三月二十二日（公曆）申令撤銷『承認帝制案』，仍稱大總統，并于次日廢止洪憲年號，恢復民國五年（一九一六年）。

這張明信片恰好跨帝制崩潰的時間分界，屬難得的珍稀郵品。

取消帝制乃人心所向，明信片中趙熙有一組紀實詩：

自古成功不易居，喜聞春令網羅疏。忽得取銷帝制之令，萬戶騰頌。驢聲百里軍區動，長樂花邊罪己書。

依然天意從民意，去國梁鴻費苦言。沸出滇池三百里，餘甘回味醴泉源。

思歸只益陶潛醉，對客羞言范叔寒。從此蛇矛無蕩決，春風嚴尹望陳安。將軍於井廠，甚可敬。

明信片中的詩詞，只有少數收入趙熙集，如上面三首，僅『自古成功不易居』一首入集。其實，後一首『沸出滇池三百里』，贊詠蔡鍔護國軍，第三首『春風嚴尹望陳安』，所指代者或許是袁世凱的亲信，當時首施兩端的陳宧，希望他學習古代的陳安，反戈一擊。詩篇的寓意皆很深刻，也是研究趙熙思想的重要材料。

不獨政治内容，這份册頁也充滿生活情趣。胡薇元作歸去來圖，題詩有句云：『何時蓑笠柯亭下，笑看童烏著太玄。』柯亭在紹興，是胡薇元的老家；童烏是揚雄的兒子，七歲與父親討論太玄。這句詩自擬揚雄，以三歲幼子胡長杰比童烏，希望歸隱山陰，潛心著述。趙熙接奉詩篇，覺得童烏九歲而殤，殊不吉利，乃對老師直言：『童烏句請易之，老人語請以吉祥止止為主。』胡薇元亦豁達，乃在詩後加了一段跋語：『人之壽命於天，豈在多所忌諱哉。東坡先生在儋州，憂不復歸，言父子恐久作海外人，然先生卒歸江南，斜川亦壽。可知應長者，不諱亦長。小家婦子往往以吉祥語命其子，而夭者比比，則諱亦無益。顧堯生之意則可感，因字長杰以百歲云。』

當然，讀者更感興趣的可能是書法藝術。客觀而言，論書寫的技術實力，今人超過古人。但閒適的心境，無意為佳的書寫狀態，是今人夢寐以求，卻難以企及者。信札不同於正式寫件，書寫者但求清爽明晰，並沒有太多的『藝術』表現欲，如此形成的作品，反而讓人歎為觀止。故謝無量題詩說：『清才高韻萬人知，小字郵籤百首詩。細膩風光誰得似，錦官絲雨釀寒時。』

與趙熙相比，胡薇元并不以書法見長，册頁中有一開他臨書譜和一開戲擬隸書十六字，水準不過爾爾。但若論精神之放鬆，胡薇元作為老師，可以信筆揮灑，較趙熙似乎更加自如。趙熙有一闋月底修簫譜，專門表揚老師的書法：『筆筆生疏，濃淡各神秀。看來晉韻唐規，自天生就。』又作詩說：『玉津老詩人，餘事工作字。往往凝密姿，卓有北宋意。多能匪我測，作畫拜君賜……公詩寒雲色，勁氣出老臂。字亦如其詩，畫獨字不類。』胡薇元對此并不以為然，說：『老舲生平不能作書，是其一短，而堯生乃以為佳，何也。』趙熙解釋說：『先生書以生勝，下筆時可無容心也。其體以密勝，一密則靡不妙矣。天下有至寶而不自賞者，非奇事耶。』并且信誓旦旦地表示：『止贊之未盡，無溢詞也。』仔細體會，趙熙乃是站在書法家的立場，羡慕老師書法的天趣和自然，確實非阿諛之辭。

趙熙的詩句：『打鐘掃地清涼債，一卷田歌是道書。』山村野老的淺唱低吟，隱約蘊含歷史的微言大義，由此而論，這份册頁的意義又在集郵、詞章、書法之外了。

三

釋文標點并沒有多大的障礙，我更關心册頁的完整性。除去引首和跋文，册頁共六十二開，其中明信片三十四開，十二行雙開朱絲欄二十八開。明信片趙熙直接寄呈胡薇元者三十二通；趙熙寄鄧華溪，請轉致胡薇元者一通；另有一通擬寄『少城東馬道街宋公館』，收件人為『宋問琴』，系草稿未投遞者。宋問琴即宋育仁，審此片字跡出於胡薇元之手，故册頁實有趙熙的明信片三十三通。這三十三通明信片除一片外，其餘均寫有詩詞。計有前面提到的組詩三十四組，一百零二首詩；七言絕句二十九首；五言古詩三首；詞七首。

結合詩詞及相關注釋分析，以上并不是當年師生唱和之全部內容。如前所引二趙公子在香宋詩抄中所說，一共應有四十四組詩，而明信片所見僅三十四組，缺十組共三十首詩。值得注意的是，一九三八年周岸登應王白與之請，為册頁題寫的跋文：

> 册為片卅四，起丙辰陽二月，即夏正元月，訖七月，夏正六月。驗郵印，自三月半以前七片，皆作元年；廿日以後，則作五年。是年洪憲改元，三月解除帝制，故仍作五年也。片為滎縣趙堯生侍御寄成都山陰胡孝博師者，玉津老人自書詩詞間之，裝褫成册。歷年廿二，微有蠹損，王君白與收得，改裝示予。予亦玉津門下，感懷師友，悵惋彌襟，題此歸之。

周岸登所見明信片為三十四通，明確說『片為榮縣趙堯生侍御寄成都山陰胡孝博師者』，即沒有包括胡薇元致宋育仁而寫廢的那張，如此一來，今天所見冊頁中趙熙明信片已較周岸登見者少了一通。

二〇〇九年以來，若干論壇發表過這份冊頁一小部分圖片[九]，其中唯有一張圖片不見於冊頁（如圖）。這是明信片的背面，上款為『奇嵧園』，時間是『寒食節』，一般指清明前一日，在一九一六年為公曆四月四日。从明信片的内容来看，正是组诗之一，因未见正面，仅存三首中的后两首：

留賓日，愁思看春杜審言。先生游秦往事。老作稽山歸夢影，歸去來圖，題者幾人矣？壺天一壑水歸源。

海棠著雨花潭路，知否吟春犯小寒。亂世何求聊載酒，杜陵遺訓客公安。世亂敢求安，杜子公安句也。凡押安字，以先生管幼安句為天造地設，蓋驪龍珠矣。

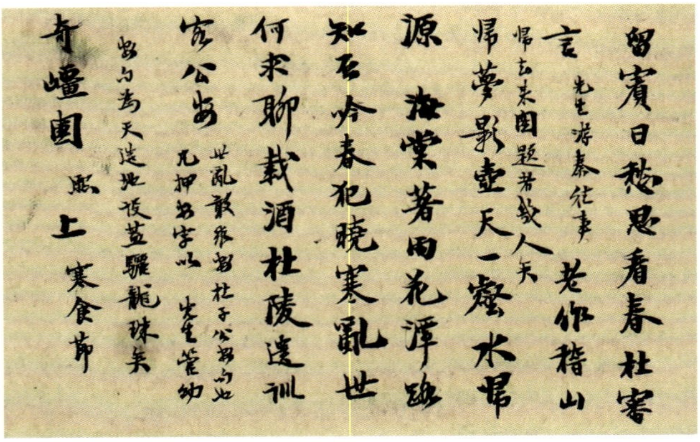
留賓日愁思看春杜審言 先生游秦往事 老作稽山歸夢影 歸去來圖題者幾人矣 壺天一壑水歸源 海棠著雨花潭路知否吟春犯曉寒亂世何求聊載酒杜陵遺訓客公安 世亂敢求安杜子公安句也凡押安字以先生管幼安句為天造地設蓋驪龍珠矣 奇嵧園 上 寒食節

儘管這兩首詩同樣也不見於趙熙集，但前詩注釋所說『歸去來圖』，即冊頁胡薇元提到的『乘舟作歸去來圖，想象桃花源裏人家』；後詩注釋提到『管幼安』，即冊頁中胡薇元再和堯生中的句子『尚有遼東管幼安』。由此證明此片的確是冊頁的一部分，在某次易手時散佚，今保存圖片一幀，以待尋訪。

既然屬於趙熙名下的明信片三十四開，按照周岸登跋語說『玉津老人自書詩詞問之，裝褫成冊』，那屬於胡薇元的部分也應該有同樣數量。而今天所見冊頁，即使包括胡薇元寫廢的一張明信片，也只有二十九開，缺五開。如趙熙在明信片中說：『八歸謹和上，計入鑒。大作後闋起處，驚魂初定上，似鈔脫一句，可補示否？』而冊頁中胡薇元手書部分，并沒有看到有『驚魂初定』等詞句。又如趙熙說『來詩有左右逢源之獎』，也不見於胡薇元手書。同例甚多，因之線索可尋，只能付闕。

四

根據周岸登跋語，册頁在王白與手中經過改裝。胡薇元當初裝裱原貌已不可見，而改裝後的册頁，雖然趙熙與胡薇元之作相間隔，但時間順序混亂，經不起推敲，故本次出版將趙、胡分開。趙熙三十三開明信片在前，依郵戳先後為序。至於題署時月、郵戳時間皆相同者，酌情先後。

胡薇元的二十九開，情況比較複雜，既有自作詩，也有前賢成句，乃至隨筆臨寫的書譜，茲將內容和排序依據簡介如下：

①『丙辰正月上九，得門人趙堯生侍御人日詩，用原韻和寄榮州雪王盦』，此為接到趙熙第一次詩片後和韻之作。

②『再和堯生。懶性偏宜野竹居』，題『雨水節後』，這是回應趙熙雨水節（當年正月十八）來詩。

③『寓公湯顧道山去』，署『正月二十九日』。趙熙二月廿八日片提到『先生前有寓公湯顧之感』，花朝前三日片提到『來詩有荷鍤句』，皆指此組詩。

④『泉石幽棲，煙波肥遁』，署『驚蟄節後，書寄堯生仁弟』，二月初三驚蟄。这是胡薇元为表兄张芋甫藏画填词，调寄扁舟尋舊約。

⑤『丙辰春，玉津年六十七，八兒長杰方三歲』，這是胡薇元為自作歸去來圖題詩，趙熙二月十一日片提到此詩。此外，趙熙春分後一日（二月十九）片提到『今年五度傳詩』，正是以上五篇。

⑥『中衢。中衢設尊罍』，署『丙辰寒食節』，三月初二。五言古詩，感歎世變。

⑦『莫作北方雲，去來風驅之』，五言古詩，未署年月，寓意與前同，姑且相連綴。詩後雜抄莊子。

⑧『觀吳道子畫佛。蘇公訪吳畫』，古風，署『三月上巳』，即三月初三。此詩第五行『怪石蒼』後疑脫一字；第九行『豆人寸馬』後疑脫一字。

⑨『瘦石。十五年前訪舊居』，七言絕句四首，未署年月，趙熙三月七日片亦詠瘦石三首，并說：『敬和原韻』，故此作於三月七日以前。

⑩『月底修簫譜，木化石』，應趙熙之請，為木化石填詞，調寄月底修簫譜。趙熙三月五日片言，有人贈木化石，乞賜詞一闋。三月十四日片則說：『木化石入之詞社，至為丙辰春盛事，賦謝。』故此應作於兩日期之間。

⑪『橫谿閣。榮州北二里，北宋王周彥庠讀書處』，五言古詩，應趙熙之請詠榮縣名勝。趙熙三月十九日片有『石山』五古兩首，皆和此詩，故此應作於三月十九日以前。

⑫『齊天樂，乾龍洞，榮州北五十里』，此亦應趙熙之請，為榮縣景色填詞，調寄齊天樂。後篇題榮德山，亦調寄齊天樂，而用『乾龍洞韻』，可知本篇在前。趙熙三月廿七日片說：『萬景樓、橫溪閣均乞新詞，長調彌佳。期於必得，擬它日刻石其處，與後人助掌故也。』胡薇元因此先後填詞多首。

⑬『老舲生平不能作書，是其一短』，此即咏榮德山，亦調寄齊天樂者。前面小引說：『老舲生平不能作書，是其一短，而堯生乃以為佳，何也。』這是針對趙熙三月九日來片稱『玉津老詩人，餘事工作字』的謙辭。本篇末後題『丙辰夏』，可知作於四月以後。

⑭『壺中天，詠此君軒』，亦榮縣景色，與前作同屬一組。

⑮『最高樓，榮州萬景樓』，亦榮縣景色，與前作同屬一組。

⑯『洞門多白雲，雲根下石瀨』，五古五篇，分別詠景文洞、小有洞、鷺瀾洞、華萼洞，皆是榮縣周邊景色，姑且相連綴。

⑰『天台仙山樓閣圖記』，此圖是胡薇元的藏品，用杜甫觀李固請司馬弟山水圖三首韻作五律三首。

⑱『惲南田蔬果長卷』，七言絕句六首，未署年月。

⑲『鳳翔祈年觀下秦詛楚文，乃東坡八觀之一』，古風，未署年月。

⑳『所居有脩竹千竿，石枏高柳』，散文記自己在成都的居宅。

㉑『老友鄧華溪太史多年不晤，亂後亦僑居成都』，鄧華溪即鄧鴻荃，廣西臨桂人，字雨人，號休庵。鄧與胡薇元多有唱和，此作調寄月華清。

㉒『金縷曲，惜春，再和金坡』，金坡即為册頁寫題跋的路朝鑾。趙熙三月廿七日片提到的『惜春詞兩箋均到』，當與此有關。

㉓『紫閣收帆後，嘉門日隆』，写给朋友的信，后有七律一首请和。

㉔『海雲兄常過從，頗相知好』，似乎也是摘錄自寫給一位朋友的信，其中提到對方賜下爨碑云云，可參考趙熙二月二十八日片說：『爨碑饑不可食，先生真達人也。』同片中趙熙還提到：『舟居、紫閣諸句皆绝妙也。』似是针对前一篇中七律『山多逆勢騰兵氣，水遏天驕滯客舟』而言。故此兩篇的時間應在當年早春。

㉕『趙笠珊招同白孚』，偕友朋泛舟所作五言古風。

㉖『少城東馬道街交宋公館問琴先生侍者』，這是寫給宋育仁的明信片草稿。我猜測，胡薇元之所以將此片付裝褫，大約是因為趙熙詩片均雙面書寫，欲從中剖開，裱工没有經驗，需要先作試驗。此即最初之『試驗品』。藏品某次易手時，便根據周岸登跋語，抽走趙片一開，而以此塞責。

㉗『其中巧麗，曾不留目，或有誤失，偏被嗟賞』，背臨孫過庭書譜，但文字多有出入。

㉘『投黼如遺，趨處衡門，年不我予，銘頌玄石』，隸書十六字。這是節寫隸釋卷九繁陽令楊君碑中的句子，與原文略有出入，當是憑記憶隨寫，為胡薇元的戲筆。

㉙『丙辰春與堯生唱和三闋月，積紙已盈寸』，此為最後一開，自書跋語。

五

最後，對釋文標點中的幾個問題簡要說明：

這次釋文是將册頁作為書法作品來對待，與校點古籍稍有差別。作者所用的異體、訛字，乃至前後不統一

的用字，除極其特殊的情況，一般保持原狀，不予改動，亦不注出正體寫法。比如册頁中『草』與『艸』，『察』與『詧』皆兩見，按字釋文，不予統一。又如『元均』乃是『原韻』之假借，保存原貌。『設』是『敢』的古文隸定，亦尊重原作。稍有例外者，如『笑』，異體可以寫作『咲』，而胡薇元多處都省作『关』，為了不使讀者誤會，釋文改為『咲』。其他如『深』寫作『罙』，讀者尚可揣摩，則不添蛇足矣。

釋文的行格基本按照原件，空格統一為兩個字符。但趙熙明信片中有若干小字旁注，為了排印方便，移入正文相應位置，仍用小字，但改為雙行。遇作者點去、塗抹的文字，釋文不再出現。胡薇元抄寫詩文，偶然脱漏，他習慣在脱漏處加『、』，需添加的字補寫在文末，這種情況皆直接補入釋文，不另加說明。

句讀採用標點，主要使用頓號、逗號、句號；酌用冒號、分號、引號、問號；書名號僅用於圖書，篇章、詞牌等，只要不引起歧義，一般不加符號。

承劉振宇兄惠借資料，賀宏亮兄糾正文字，感謝多多。畢竟水平所限，疏謬難免，尤祈讀者批評指正。

二〇一〇年十一月成都後學曼石王家葵謹記

注釋

[一] 胡薇元 浙江山陰人，字孝博，號詩舲，晚年隱居成都，齋館稱『奇礓園』、『百梅亭』，又用左思蜀都賦『西踰金隄，東越玉津』之意，以『玉津閣』顔書齋。胡薇元生道光三十年（一八五〇），約卒於一九二〇年。

[二] 趙熙著香宋詩抄，成都：四川人民出版社，一九八八年，第一百六十二頁。王仲鏞主編趙熙集，成都：巴蜀書社，一九九六年，卷四亦收載部分組詩。

[三] 『容秋黃安』未知何許人，多方求教，均無線索，尚乞通人指教。從行楷筆跡來看，也不排除胡薇元自己遊戲筆墨的可能性。

[四] 明汪珂玉撰珊瑚網，上册，書錄，卷四，成都古籍書店複製，一九八五年，第八十二頁。

[五] 路朝鑾 貴州畢節人，號金坡。册頁中胡薇元手書金縷曲惜春，即和路朝鑾之作。

[六] 王白與 四川蓬安人，曾主持新蜀報、華西日報。

[七] 周岸登 四川威遠人，字道援，號癸叔。

[八] 據黃永富解放前的榮縣郵政概況介紹，直到抗戰以前，榮縣到成都走『西大路』，即『出縣城向西經過鐵廠鋪、長山橋、踏子山、來牟浦、竹園鋪、三江鎮達到馬踏井，全長百三十里，以三人輪流逐日行走。所有寄成都及以上各地的郵件，概由嘉定府（即樂山）轉運』。轉引自http://hi.baidu.com/%B7%F2%D7%D3/blog/item/c2c8ddc8d9102a157f3e6fff.html

[九] 據二〇一〇年十月三十日不完全檢索，包括此圖片的網頁至少有：

http://bbs.scol.com.cn/thread-858446-1-1.html

http://www.sf108.com/bbs/viewthread.php?tid=225929

http://bbs.art86.cn/thread-60691-1-1.html

圖書在版編目（CIP）數據

玉雪雙清—趙熙胡薇元的翰墨因緣 ／ 王家葵編
. —重慶 ： 重慶出版社，2011.1
ISBN 978-7-229-03593-8

Ⅰ. ①玉… Ⅱ. ①王… Ⅲ. ①明信片－中國－圖集
Ⅳ. ①G894.1

中國版本圖書館CIP數據核字(2010)第257599號

玉雪雙清——趙熙胡薇元的翰墨因緣
YUXUESHUANGQING——ZHAOXI HUWEIYUAN DE HANMOYINYUAN
編　　者：王家葵

出 版 人：羅小衛
策　　劃：蒙　中
責任編輯：郭　宜　蒙　中
裝幀設計：蒙　中
責任校對：李小君

重慶出版集團
重 慶 出 版 社　出版
重慶長江二路205號　郵政編碼：400016　http：//www．cqph．com
重慶市金雅迪彩色印刷有限公司印制
重慶出版集團圖書發行有限公司發行
E-MAIL：fxchu@cqph.com　郵購電話：023-68809452
全國新華書店經銷

開本：787mm×1 092mm　1/16　印張：20
2011年3月第1版　2011年3月第1次印刷
ISBN 978-7-229-03593-8
印數：1500
定價：350.00元

如有印裝質量問題，請向本集團圖書發行有限公司調換：023-68706683
